Inhaltsverzeichnis

Die Zeit von 1800 bis 1900

Ein Zeitalter an der Wende – Die Zeit um 1900

Unser Jahrhundert

Dichter aus Gegenwart und Vergangenheit zu Menschheitsfragen

I. „Sich das Gute zur Gewohnheit machen, ist die Aufgabe ernster Selbsterziehung" (Sprichwort)

II. „Sag mir einer: Was ist Liebe?" (Walther von der Vogelweide)

III. „Weich ist stärker als hart, Wasser ist stärker als Fels, Liebe ist stärker als Gewalt!" (Hermann Hesse)

IV. „Was ist uns Heimat?"

V. „Was du tust, das tue recht"

VI. „Die Zukunft braucht den Menschen, der Liebe und Ehrfurcht vor dem Leben in allen seinen Erscheinungen hat." (Nach: E. Fromm)

VII. „Ich mag die Zivilisation nicht, wenn sie Göttin ist des Schreckens, der Schwelgerei, der Ungerechtigkeit. Ich liebe die Zivilisation, wenn sie das Flammenschwert ist des Lichts." (J. P. Nyunaï)

VIII. „Reisen wir . . .“

Anhang

Lebendige Vergangenheit

Sie haben in dem Augenblick, in dem Sie diese Zeilen lesen, ein bestimmtes Alter, bestimmte Erfahrungen, Gewohnheiten und Gefühle. Sie leben in einer bestimmten Umwelt, haben bereits Ihre eigene Geschichte. Diese Ihre Geschichte ist eingebettet in die Geschichte der Menschheit.

Von Beispielen ausgehend, will dieses Buch Ihnen Einblicke geben, was Menschen einer Zeit gedacht, getan, empfunden haben. Vielleicht können Sie daraus Gestaltungsmöglichkeiten für Ihr eigenes Leben gewinnen.

Viel Bedeutendes ist in diesem Buch ausgelassen, manches sehr vereinfacht dargestellt, um eine Zusammenschau zu erleichtern. Eine erste Ergänzung finden Sie im Nachschlagteil (Angaben über Autoren, literarische Begriffe und Fremdwörter), eine weitere steht Ihnen im Wissen Ihrer Mitmenschen und in Büchern zur Verfügung.

In den im Anschluß an die Texte gestellten Arbeitsaufgaben sind jeweils nur einige Möglichkeiten aufgegriffen, wie Sie die Aussagen zu Ihren Erfahrungen in Beziehung bringen können. Erarbeiten Sie bitte viele weitere zusammen mit Lehrern, Mitschülern, Eltern, Freunden oder Bekannten.

Eine Anregung: Schreiben Sie Ihr persönliches Lesebuch.

Bücher

Alle Bücher dieser Welt
Bringen dir kein Glück,
Doch sie weisen dich geheim
In dich selbst zurück.
Hermann Hesse

Von der Auflösung des Römischen Reiches bis 800

Geschichtliche Ereignisse während dieses Zeitraumes:
    Völkerwanderung, Karl der Große gründet ein Reich in West- und Mitteleuropa, Christianisierung des Abendlandes.

1. Denkmäler der germanischen Dichtung

Rätsel, Sprüche, Heldenlieder, Märchen und Sagen geben Einblick in die germanische Bauern- und Kriegskultur und in den Volksglauben. Leitwerte dieser Kultur sind: Gefolgschaftstreue, Verbundenheit mit der Sippe, Schicksalsgläubigkeit, Tapferkeit.

Die Germanen deuteten unerklärliche Naturerscheinungen, indem sie diese „überirdischen Mächten" zuschrieben. Ihre Phantasie schuf so eine Welt von menschenähnlichen Wesen: Götter, Riesen, Dämonen, Zwerge. Auch das Tier wurde menschenähnlich dargestellt.

Heldenlieder: Hildebrandslied, Nibelungenlied, Gudrunlied, Sagen um Dietrich von Bern.

Bis zum 12. Jahrhundert wurden die Heldenlieder von Sängern, die von Burg zu Burg zogen, zur Unterhaltung vorgesungen.

Formales Zeichen der germanischen Dichtung ist der Stabreim.

Heute noch ist der Stabreim erhalten in: *M*ann und *M*aus, *K*ind und *K*egel.

Der „Bienensegen" zeigt uns, wie sich magisches Denken mit christlichen Elementen verbindet:

Christus, die Immen sind geschwärmt! Nun fliegt wieder her, meine Tiere, damit ihr im göttlichen Frieden, in Gottes Schutz gesund heimkommt.
Sitz, sitz, Biene: Das gebot dir die heilige Maria.
Du sollst keine Erlaubnis haben, in den Wald zu fliegen,
noch sollst du mir entwischen, noch du mir entweichen.
Sitz ganz still und erfülle Gottes Willen.

Hildebrandslied (althochdeutsch)

Ik gihorta dat seggen,
dat sih urhettun aenon muotin,
Hiltibrant enti Hadubrant untar heriun tuem.
sunufatarungo iro saro rihtun.
garutun se iro gudhamun, gurtun sih iro suert ana,
helidos, ubar hringa, dô sie to dero hiltiu ritun,
Hiltibrant gimahalta: her uuas heroro man,
ferahes frotoro; her fragen gistuont
fohem uuortum, hwer sin fater wari
fireo in folche, . . .

Übersetzung:

Ich hörte das sagen,
daß sich ausfordernd einzeln riefen
Hildebrand und Hadubrand zwischen den Heeren,
Sohn und Vater. Sie sahn nach dem Panzer,
schlossen ihr Streithemd, gürteten sich das Schwert um
über den Panzer, die Kühnen, da sie zum Kampfe ritten.
Anhub Hildebrand, er war höher an Jahren,
erfahrener und weiser. Zu fragen begann er
mit wenig Worten, wer sein Vater wäre
von denen im Volke . . .

Verfassen Sie ein Gedicht im Stabreim.
Verschaffen Sie sich Sagen aus Ihrer Heimat.

2. Germanische Kunst

Auf Geräten, Waffen, Gürtelplatten und Gewandschließen erscheint das Kreismotiv als Schmuck. Die anfänglich geometrische Verzierung wird später aufgelockert in Wirbelrosetten, Spiral- und Wellenbänder.

Ornament mit durchflochtenen Wellenbändern und Tierköpfen. 7. Jh.

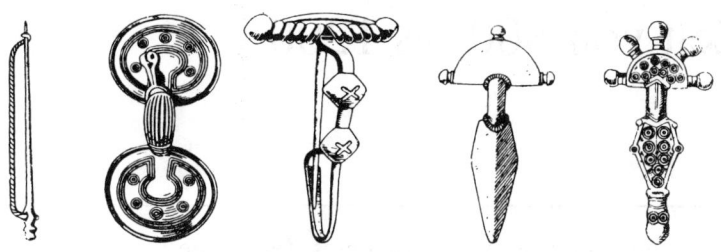

Entwicklung der Fibel

Die Begabung der Germanen für kleinfigurative Gestaltung entwickelte sich reich im Kunsthandwerk. In mühevoller Kleinarbeit wurden Buchdeckel und kirchliche Geräte mit Malereien, Elfenbeinschnitzereien, Emailschmelz- und Metallschmiedearbeiten verziert.

3. Beispiele für den Volksglauben

Das Motiv des Sonnenrades ist noch heute in vielerlei Abwandlungen als schützendes Symbol an Häusern, Möbeln oder landwirtschaftlichen Geräten zu finden. Es stammt aus dem alten Sonnenkult.

Hahn: Symbol der Wiederauferstehung und der Wachsamkeit. Man glaubte, daß sein morgendliches Krähen die Geister der Nacht vertreibe (Wetterhahn auf Kirchtürmen und Wohnhäusern).

Die Zeit von 800 bis 1200

> Geschichtliche Ereignisse während dieses Zeitraumes:
> Teilung des Reiches Karls des Großen, Österreich wird Herzogtum, Kreuz-
> züge.

1. Die Literatur tritt in den Dienst der Christianisierung

Um dem Volk die christlichen Glaubenswahrheiten zugänglich zu machen, über-
setzte man biblische Texte, Gebete, Predigten.

Die erste Dichterin auf deutschem Boden war Hrotsvitha von Gandersheim, eine
Benediktinerin im Kloster Gandersheim. Sie schrieb Dramen in lateinischer Sprache.
Frau Ava war die erste dem Namen nach bekannte Dichterin, die sich der deutschen
Sprache bediente. Sie verfaßte religiöse Gedichte und eine Geschichte des Neuen
Bundes.

Gebet der Frau Ava

Gott, um deines Sohnes Minne,
Gib, daß ich mit meinem Sinne
Recht verstehn und fassen müsse
Deines heilgen Geistes Süße.
Durch des heilgen Daniel Mund
Gabst du dich dem Volke kund,
Also mögst du dich erbarmen
Mein, der Sünderin, der armen.
Ein Geschöpf von deiner Hand
Sieh in mir, und Trost mir sende,
Daß ich mich zu diesem wende,
Wenn mir, trauter Herr, auf Erden
Nirgends mehr kann Trostes werden.
Steht ja doch von dir geschrieben,
Daß in guter Hut geblieben,
Wer sich nur verläßt auf dich,
So beschirme, Herr, auch mich.

2. Die Klöster: Zentren

wirtschaftlichen,
Mönche lehrten: das Land zu roden und zu bebauen (Dreifelderwirtschaft, Obst-, Wein- und Gartenbau), Kräuterheilkunde, Handwerksarbeit.

kulturellen und
Schulen (für den Klerus), Bibliotheken. Alte Texte wurden abgeschrieben, Baumeister und Künstler ausgebildet.

religiösen Lebens
Meßfeier, Gebet. Missionszüge der Mönche; Gründung von neuen geistigen Mittelpunkten (Klöstern).

3. Romanische Kunst

Die romanische Kirche ist aus Stein und fast schmucklos. Sie übt eine strenge, wuchtige, klare Wirkung aus. Jede Linie des Raumes soll das Kirchenvolk auf den Priester und den Altar konzentrieren. Die Fenster sind sehr klein. Die Türme haben ein niedriges, kegelförmiges Dach. In der Frühromanik hatten die Kirchen flache Holzdecken, später baute man Tonnengewölbe ein.

Eine Besonderheit der romanischen Kirche ist das wuchtige Portal, das reich mit Figuren, Säulen und Ornamenten geschmückt ist. Im Bogenfeld (Tympanon) thront Christus als Weltenrichter oder die Muttergottes (Malerei oder Plastik).

Krypta von Gurk
Unter dem Chor befindet sich die Krypta (Unterkirche) mit dem Märtyrergrab oder mit Fürstengräbern (wuchtiges Gewölbe, zierliche Säulen, Halbdunkel)

Seckauer Buchmalerei um 1150

4. Das Rittertum gewinnt an Bedeutung

Die Burg ist:

– Wohnsitz der Ritter,
– Verteidigungsanlage,
– Zufluchtsort für Bauern bei Gefahr,
– Verwaltungszentrum des Gebietes,
– Ort, wo weltliche, ritterliche
  Kultur gepflegt wird.

Pflichten des Ritters:
Gottesdienst,
Herrendienst,
Frauendienst.

Mittelalterliche Burganlage

Die ritterliche Sittenlehre (Ethik) verschmilzt germanische und christliche Werte. Gefordert werden: Ehre, Treue, Beständigkeit, äußere und innere Bildung des Menschen, Bescheidenheit, Mäßigung, Liebe (Minne).

16

Die mündlich überlieferten Heldenlieder werden niedergeschrieben. Gebildete Ritter gestalten Sagenstoffe neu (höfisch-ritterliche Epik):
Heinrich von Veldeke: Eneid
Wolfram von Eschenbach: Parzival
Gottfried von Straßburg: Tristan und Isolde
Hartmann von Aue: Erec, Iwein.

Tristan und Isolde

Die große Königin, Frau Minne,
Sie hatte beider Herz und Sinne
Von Haß so ganz gereinigt,
In Liebe so vereinigt,
Daß eins dem andern mußte sein
Wie Spiegelglas so klar und rein.
Sie hatten beide nur ein Herz,
Isoldes Leid war Tristans Schmerz.

So war's von je, so ist's noch heute,
Solang es Liebe gibt und Meinen,
Daß sich einander Liebesleute
Liebwerter stets und schöner scheinen,
Sobald die Liebe wächst und steigt
Und Blüten erst und Früchte zeigt
Und doppelt lieb ist, doppelt süß,
Als sie beim Anbeginn verhieß.

Zu immer neuer Schönheit schwingt
Sich Liebe, die nun blüht und Früchte bringt,
Das ist der Same, den sie sät,
Durch den sie nimmermehr vergeht.
Gottfried von Straßburg, um 1210; Übersetzung

Eine neue Form von lyrischer Dichtung entsteht, der Minnesang. Diese Gedichte sind meist an eine bestimmte Form gebunden, der Dichter schuf auch die Melodie.
Gruppen: religiöse Lieder, Liebeslieder, politische Lieder. Einer der bedeutendsten Minnesänger war Walther von der Vogelweide.

Welche anderen Minnesänger kennen Sie?

Welche Werte der ritterlichen Ethik erscheinen Ihnen heute noch wichtig?

17

5. Musik

Formen der Liedkunst im weltlichen Bereich sind:

a) Heldenlied,

b) Volkslied (ab dem 15. Jahrhundert niedergeschrieben).

In der Kirche wird der Choral gesungen. Papst Gregor der Große gab ihm im 7. Jh. feste Regeln, die für die gesamte katholische Kirche galten. Diese Musik ist noch heute als gregorianischer Choral bekannt. Der Choral ist einstimmig, an die lateinische Sprache und die Liturgie gebunden. Ab dem 12. Jh. fügte man zur gregorianischen Grundmelodie Stimmen frei hinzu.

Welche Denkmäler romanischer Kunst sind in Ihrer Heimat erhalten?

Besorgen Sie sich Bilder oder fertigen Sie eine Zeichnung an!

Die Zeit von 1200 bis 1500

Geschichtliche Ereignisse während dieses Zeitraumes:
Aufstieg Österreichs unter den Habsburgern. Verfall des Rittertums, Städte
und Bürgertum gewinnen an Bedeutung.

1. Das Rittertum verfällt: Helmbrecht, ein Bild aus dieser Zeit

Mir war ein bied'rer Mann bekannt,
hieß Helmbrecht, war vom Bauernstand;
sein einz'ger Sohn, ein dummer Gauch,
hieß Helmbrecht, wie der Vater auch.
Er ist's, des traurige Geschichte
den Stoff mit beut zu dem Gedichte.

Hört, wie des Burschen Ausseh'n war!
Sein schönes, blondgelocktes Haar
so lang und üppig sich ergoß,
daß es die Schultern ihm umfloß.
Es war bedeckt mit einer Hauben,
die war mit Papagei'n und Tauben
und andern bunten Vögeln mehr
gestickt. Es war ein ganzes Heer
von Wunderdingen drauf zu finden,
von vorne bis ans Ende hinten.

Es trat der Sohn zum Vater hin:
„Zu Hofe treibt mich jetzt mein Sinn",
so sprach er. „Lieber Vater, du,
nun gib auch du dein' Teil dazu."
Das schuf dem Vater Ungemach.
Zu seinem Sohn der Alte sprach:
„Dich auszurüsten geb ich dir
ein Roß, ein schnelles, starkes Tier,
wenn ich's verkäuflich finden kann.
Allein, mein Sohn, erst hör' mich an,
bevor du rüstest deine Fahrt:
es lernt sich schwer des Hofes Art
für den, der seinen Lebenslauf
nicht dort geführt von Jugend auf."

Der Sohn sprach: „Liebes Väterlein,
ich bitte, laß das Reden sein.
Es muß mein Wille doch geschehn,
der treibt zu Hofe mich, zu sehn,
wie dort das Leben schmecke.
Ich will dir deine Säcke
nicht länger mehr zur Mühle tragen,
will auch hinfort dir deine Wagen
nicht mehr mit Mist beladen."

„Mein lieber Sohn, o bleibe hier!
Der Meier Ruprecht bietet dir
zum Eheweib sein einzig Kind,
viel' Schafe, Schwein' und manches Rind
gibt er zu eigen dir dazu.
Mein Sohn, nach Hofe strebest du
und mußt dich placken dort und schinden
und wirst kein gutes Leben finden.
Mein Sohn, das schwör' ich dir bei Gott:
des echten Höflings Hohn und Spott
wirst du mit deiner Bauernart.
Laß ab, mein Kind, von deiner Fahrt!"

„Steht mir nur erst ein Pferd bereit,
so will ich wohl zu jeder Zeit
bei Hofe just so gut bestehn
wie die, die stets zu Hofe gehn.
Wer diese Haube, reich gestickt,
auf meinem langen Haar erblickt,
mit manchem Eide der wohl schwört,
daß einem Ritter sie gehört."

„Mein lieber Sohn, mit träumte doch
in letzter Nacht das Schlimmste noch.
Nun höre von dem Schreckenstraum:
du warst gehenkt an einem Baum.
Mit deinen Füßen hingest du
wohl von der Erde zehen Schuh."
„Verschone mich mit deinen Träumen!
Ich darf fürwahr nicht länger säumen;
ob Gutes sie, ob Böses deuten,
ich werde doch zu Hofe reiten.
Gott nehm' uns all' in seine Pflege."
Damit so ritt er seiner Wege.

Euch alle seine Fahrten sagen,
das könnt' ich kaum in dreien Tagen.

Zu einem Mal trug ihn sein Roß
vor eines wilden Ritters Schloß,
der, weil er gerne Streites pflag,
mit aller Welt in Fehde lag.
Da lernte Helmbrecht denn zur Stunde
den Straßenraub recht aus dem Grunde.
Es ward geraubt im ganzen Gau
und ausgeplündert Mann und Frau.
Er ließ dem Mann nicht Löffels Wert,
er nahm das Wams und nahm das Schwert,
er nahm den Mantel, nahm den Rock,
er nahm die Geiß und nahm den Bock.

Was kommen soll, das muß geschehn.
Das mochte man an Helmbrecht sehn.
Gott geht mit jedem Bösewicht
doch einmal strenge ins Gericht.
Man stach ihm aus die Augen beid',
hieb Hand und Fuß ihm von der Seit'.
Der Räuber Helmbrecht, blind und lahm,
an einem Kreuzweg Abschied nahm,
es führte ihn ein kleiner Knabe.
So schlich er langsam fort am Stabe.

Ein Jahr ist Helmbrecht so gegangen,
dann ward er eines Tags gehangen.
Er schlich im Wald am frühen Morgen,
sich karge Nahrung zu besorgen.
Da traf er eine Bauernschar,
die grade bei der Arbeit war,
die jungen Ruten von den Weiden
um Korbgeflechte sich zu schneiden.
Da sah ihn einer aus der Zahl,
dem eine Kuh aus seinem Stall
Helmbrecht geraubt im letzten Jahr.
Kaum ward des Blinden der gewahr,
als er sogleich die Freunde bat,
ihm beizustehn zur Rachetat.
Sie sprachen höhnend: „Hüte fein
die schöne Haube, Räuberlein!"
In kleinen Fetzen weit zerstreut
nicht ein Stück wie ein Pfennig breit
blieb ungerissen von der Hauben.

Wie lustig flogen da die Tauben,
der Papagei'n und Lerchen Scharen,
die vormals auf der Haube waren!
Was irgend fand der Bauern Faust,
das ward zerrissen und zerzaust;
bald war von Helmbrechts dickem Schopf
auch nicht ein Haar mehr auf dem Kopf.
Den Bauern war's noch nicht genug,
daß Helmbrecht diese Qual ertrug,
sie dachten gründlich sich zu rächen.
Sie ließen ihn die Beichte sprechen;
die Beichte war geendet kaum,
hing Helmbrecht leblos schon am Baum.

Aus: Wernher der Gartenaere, Helmbrecht.
Nach der Übertragung von Carl Schröder

Beschreiben Sie den Unterschied zwischen Bauern- und Rittertum!

Vergleichen Sie die Charakterisierung von Vater und Sohn!

Überlegen Sie, welche Parallelen es heute zum dargestellten Vater-Sohn-Konflikt gibt!

2. Meistergesang, Fastnachts- und Passionsspiel entstehen

In den aufblühenden Städten schlossen sich Handwerker zu Singgemeinschaften zusammen. Sie gingen von Formen des Minnesangs aus und entwickelten in ihrem „Vereinsleben" strenge Regeln für ihre schöpferische Tätigkeit. Nur der durfte sich Meister nennen, der ein Lied in neuem Ton und neuer Strophenform erfunden hatte. – Den Inhalt des Meistergesangs bildeten biblische Geschichten, Marienlob, Legenden, Schwänke, Sittenlehren und Satiren.

Hans Sachs, ein Nürnberger Schuhmachermeister, ist der bedeutendste Meistersinger. Er verfaßte auch Fastnachtsspiele.

Fastnachtsspiel: Weltliche Stoffe (zum Teil vermischt mit heidnischem Gedankengut) werden in kurzen, komisch-derben Szenen gestaltet.

Passionsspiel: Spiel vom Leiden Christi. Auf dem Marktplatz versammelte sich die ganze Bürgerschaft der Städte als Spieler und Zuschauer und vergegenwärtigte sich die christliche Heilsgeschichte.

Neben dem Passionsspiel wurden auch das Weihnachtsspiel (heute Krippenspiel), das Dreikönigs- und Fronleichnamsspiel gepflegt.

Wo werden heute Passionsspiele aufgeführt?

3. Mystik – Streben nach Einswerdung mit Gott

Der Mensch kehrt sich von der Sinnenwelt ab und geht den „Weg nach innen".

Am Anfang der deutschen Mystik stehen zwei Frauen, Hildegard von Bingen und Mechthild von Magdeburg. Ein späterer Hauptvertreter ist der Dominikanermönch Meister Eckhart.

Wenn wir heute von „Eindruck", „Einfluß" oder „Zufall" reden, wenn wir etwas „wesentlich" oder „ursprünglich" nennen, wenn wir etwas „begreifen" oder „nachfühlen" –, dann gebrauchen wir Wendungen, die von Mystikern geprägt wurden.

> „Welches Bild man sich auch von Gott machen mag, er ist nicht so. Was das Wesen Gottes ist, das kann nur der erfahren, der in das Licht versetzt wird, das Gott selber ist."
>
> *Nach Meister Eckhart*

4. Die gotische Kunst

Der mittelalterliche Geist sah in den Künstlern „Schüler Gottes" und in der Schönheit der geschaffenen Dinge einen „Widerschein der Schönheit Gottes".

Die Baumeister wollen die natürliche Schwere des Baumaterials verleugnen und ihm eine aufsteigende Richtung geben, so versucht man z. B. die wuchtigen Mauern durch Pfeiler, Streben und Rippen aufzulockern.

Fiale und Kreuzblume: Bauteile am Mauerwerk werden damit abgeschlossen

Altar von Kefermarkt, Madonna
Plastik: Die Gestalten gewinnen Bewegung, die Gesichter Ausdruck, die gesamte Figur wird als fühlender Mensch dargestellt. Die im Kirchenraum aufgestellte Plastik ist oft bemalt

Enns, Pfarrkirche, sogenannte Strasserkapelle

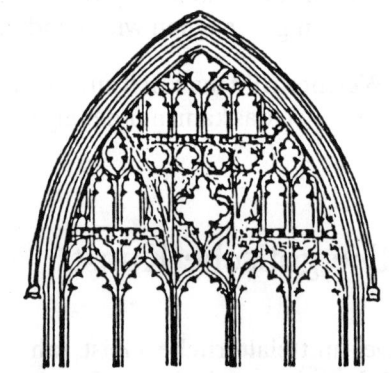

Die riesigen bunten Glasfenster sind von höchster künstlerischer Vollendung

Eine besondere Leistung der späten Gotik ist der F l ü g e l a l t a r. Weltberühmte Flügelaltäre in Österreich: Altar in St. Wolfgang (von Michael Pacher), Kefermarkter Altar, Altar in Mauer bei Melk.

Ansicht von Graz

Welche gotischen Baudenkmäler sind in Ihrer Heimat noch erhalten?

Vergleichen Sie die Eigenart der romanischen und der gotischen Baukunst und schreiben Sie die Unterschiede auf:

	Romanik	Gotik
Mauern		
Fenster		
Bogen		
Plastik		
Malerei		
Andere		

Die Zeit von 1500 bis 1700

> Geschichtliche Ereignisse während dieses Zeitraumes:
> Erfindungen (Buchdruck, Schießpulver), Entdeckungen (Amerika, Seeweg nach Indien), Reformation, Bauernkriege, Türkenkriege, Gegenreformation, Religionskriege, Beginn des Barockzeitalters.

1. Der Mensch und das Diesseits rücken in den Mittelpunkt des Denkens

Diese Ausrichtung des Denkens begünstigt das Streben nach materiellem Besitz (Materialismus). Drei geistige Strömungen, die sich zum Teil überschneiden, zum Teil parallellaufen, prägen den Übergang vom Spätmittelalter zur Neuzeit:

Renaissance:
(frz.: Wiedergeburt)
Allgemein: Wiederaufleben vergangener Kulturepochen.
Ausgehend von Italien entfaltet sich die Renaissance in ganz Europa auf allen Gebieten der Kunst.
In der römischen und der griechischen Antike, so glaubt man, sei das Idealbild des Menschen verwirklicht (der kraftvolle Mensch, der seine Fähigkeiten entfaltet und einsetzt).

Humanismus:
(lat.: human = menschlich)
Allgemein: geistige Haltung, betont die Würde des Menschen und strebt die Entfaltung seiner Kräfte an.

Reformation:
(lat.: Wiederherstellung)
Von Martin Luther ausgelöst. Von Rom unabhängige Kirchen entstehen. Bibelübersetzung.

2. Die Erfindung der Buchdruckerkunst begünstigt die Verbreitung der Lehre M. Luthers

Im Jahr 1519

Am Ufer des Stromes lag die Stadt, welche den Namen Thorn führte. Es war Wochenmarkt.

Am Kirchhof von St. Johannes hatte Hannus, der Buchführer, seinen Tisch aufgeschlagen, einige gebundene Bücher lagen darauf und viele leichte Büchlein, wie sie das Volk gern kaufte. Doch hatte es mit manchem Kunden eigene Bewandtnis: Hannus sprach leise mit ihm und wies ihm ein und das andere Büchlein, welches der Bevorzugte still in seiner Tasche barg und seinen Beutel zog. Dabei spähte der Buchführer sorgfältig umher. *Aus: Gustav Freytag, Marcus König*

So heimlich, wie in diesem Roman geschildert, sind damals in deutschen Landen die Lehren von Martin Luther von Hand zu Hand gegangen. Denn nur wenige Jahrzehnte, bevor Christoph Columbus auf seiner waghalsigen Seereise Amerika entdeckte, erfand ein Mann namens Johannes Gutenberg die Kunst des Buchdruckens.

Bis dahin gab es noch keine gedruckten Bücher. Es gab nur in jahrelanger, mühseliger Arbeit von Mönchen angefertigte Handschriften, die in den Klöstern gehütet wurden und vor allem den geistlichen Ständen vorbehalten waren. Nun aber entwickelte sich rasch die neue Kunst, mit der man einen Text in beliebiger Menge abdrucken konnte, und diese Druckwerke konnten auch von der übrigen Bevölkerung um wenig Geld erworben werden. Neben geistlichen Schriften der Kirche gab es Kalenderblättchen, Bauernregeln und wissenschaftliche Traktate. Bald wurden die bei strengster Strafe verbotenen Büchlein von Martin Luther unterm Volk verbreitet. Luther, der 1517 seine berühmten 95 Thesen an das Kirchentor der Schloßkirche zu Wittenberg schlug, wetterte in seinen Schriften zunächst gegen das Ablaßunwesen der Kirche[1] und gab bald darauf die erste deutsche Übersetzung der Bibel heraus, so daß nun auch der „gemeine Mann" das Wort Gottes verstehen und darüber nachdenken konnte.

3. Volks- und Schwankbücher werden verbreitet

Ein bekanntes Volksbuch ist die „Historia von Doktor Johann Fausten". Der Held dieses Volksbuches hat tatsächlich gelebt. Er machte als Zauberer und Hexenmeister schon zu Lebzeiten von sich reden.

[1] Man konnte sich einen Ablaßbrief kaufen, das heißt gegen eine Geldspende eine mit päpstlicher Vollmacht ausgestellte Erlaubnis erwerben, die einen dazu berechtigte, von einem selbstgewählten Beichtvater Lossprechung von allen Sünden zu erbitten.

Inhalt: Faust geht ein Bündnis mit dem Teufel (Mephistopheles) ein, der Teufel muß ihm 24 Jahre dienen, ihm alle Fragen wahrheitsgemäß beantworten und ihm alle Erkenntnisse und Genüsse, die er fordert, verschaffen. Mit Hilfe des Teufels führt Faust ein ausschweifendes, abenteuerliches Leben und wird auf Grund seiner Gelehrtheit berühmt. Am Ende gewinnt der Teufel den Pakt mit Faust.

Andere Volksbücher: Till Eulenspiegel, Das Buch von den Schildbürgern.

Welche Schwänke kennen Sie?

4. Dichtung des Barock

Im Gegensatz zur Verherrlichung weltlicher und geistlicher Macht in den bildenden Künsten des Barock finden wir in der Literatur realistische Zeitkritik in bilderreichen, manchmal drastischen Formulierungen.

4.1. Hans Jakob Christoffel von Grimmelshausen beschreibt die Schrecken der Zeit des Dreißigjährigen Krieges

Wiewohl ich nicht bin gesinnet gewesen, den friedliebenden Leser mit diesen Reitern in meines Knäns Haus und Hof zu führen, weil es schlimm genug darin hergehen wird, so erfordert jedoch die Folge meiner Histori, daß ich der lieben Nachwelt hinterlasse, was vor Grausamkeiten in diesem unserm teutschen Krieg hin und wieder verübet worden, zumalen mit meinem eigenen Exempel zu bezeugen.

. . . Das erste, das diese Reiter täten, war, daß sie ihre Pferde einställeten; hernach hatte jeglicher seine sonderbare Arbeit zu verrichten, deren jede lauter Untergang und Verderben anzeigte. Denn obzwar etliche anfingen zu metzgen, zu sieden und zu braten, daß es sahe, als sollte ein lustig Bankett abgehalten werden, so waren hingegen andere, die durchstürmten das Haus unten und oben; ja das heimliche Gemach war nicht sicher. Andere machten von Tuch, Kleidungen und allerlei Hausrat große Päck zusammen, als ob sie irgends einen Krempelmarkt anrichten wollten; was sie aber nicht mitzunehmen gedachten, ward zerschlagen . . .

Den Knecht legten sie gebunden auf die Erde, steckten ihm ein Sperrholz ins Maul und schütteten ihm einen Melkkübel voll garstig Mistlachenwasser in Leib; das nannten sie 'nen schwedischen Trunk.

Aus: Hans Jakob Christoffel von Grimmelshausen, Der abenteuerliche Simplicissimus

Worin unterscheiden sich die Schrecken der Kriegsführung von damals und heute?
Sprechen Sie über die Grausamkeit der Menschen von damals und heute.
Lassen Sie sich von jemandem ein Erlebnis aus der Zeit des Zweiten Weltkrieges erzählen.

4.2. In Wien predigt der wortgewaltige Abraham a Sancta Clara

Über die Eitelkeit alles Irdischen (während der großen Pest 1679)

„Kommt her, ihr Weltaffen, ihr Gesichternarren, ihr Venusgenossen, geht mit mir an unterschiedliche Orte zu Wien, allwo große Gruben mit vielen tausend toten Körpern angefüllt, schaut ein wenig dasjenige an, was ihr habt angebetet, vor dem ihr vielfältige Zeremonien geschnitten; schaut diejenige, die euch um Schaf und Schlaf, um Kuh und Ruh, um Wissen und Gewissen gebracht hat. Geht her, schaut recht in die Gruben! Dort liegt die, die dich mit ihren gekrauselten Haarlocken gleichsam verzaubert hat. Jetzt sind diese Lausstauden nicht mehr von der Moschusschachtel eingepulvert, sondern vor Rotz und Eiter picken sie zusammen wie die erhärteten Firnispinsel. Sieh dort diejenige, die mit ihren magnetischen Augen dein Herz angezogen, mit Augen, deren Klarheit du über Diamant erhoben: nunmehr stecken selbe in dem Kopfe vertieft und sind nichts als ausgehöhlte Wurmnester.

Geht weiter mit mir, da ist eine andere Grube, darinnen viel tausend Menschen nicht anders liegen als wie das eingepökelte Wildbret in dem Faß – mit dem Unterschiede, daß anstatt Salz der ungelöschte Kalk verwendet wurde. Sieh, dort liegt dieselbe, deren rote Lefzen dir über Zuckerkandel gewesen – nunmehr hat der ungelöschte Kalk dieses Leckerbissel verzehrt, daß anjetzo die Zähne hervorblecken, wie einem knurrenden Hund an der Kette. Kommt her, schaut dasjenige, was euch betört, was euch verzückt, was euch ergötzt, was euch erfreut hat – jetzt ist alles ein stinkender Haufen Wust, eine Versammlung Kots, ein Köder der Würm, ein grausliches Eiterwesen, eine Zusammenrottung des Unflats. Nehmt ein einziges Tüchel voll dieses Gestankes, tragt's mit euch nach Hause und betrachtet, was das ist, um solches Pfui ewig leiden, ewig! O ewig!"

Was fällt Ihnen an der Sprache Abraham a Sancta Claras auf?

5. Die Dramen William Shakespeares – Höhepunkte dramatischer Kunst

In seinen 36 Bühnenstücken steht der Mensch im Mittelpunkt des Geschehens, zur Größe berufen, doch ständig der Verführung ausgesetzt. Einsam in seinem Handeln, maßlos in seinen Leidenschaften, mag sich der Held Shakespeares soeben noch „höchst königlich" bewähren, um im nächsten Augenblick bereits selbstverschuldet in den Abgrund zu stürzen.

In seinen berühmten Monologen läßt er seine Helden über die Welt und die Menschen nachsinnen, wie es z. B. Hamlet über die Schauspielkunst tut:

Zweite Szene
Ein Saal im Schlosse
(Hamlet und zwei oder drei Schauspieler treten auf.)

H a m l e t. Seid so gut und haltet die Rede, wie ich sie euch vorsagte, leicht von der Zunge weg; aber wenn ihr den Mund so voll nehmt, wie viele unsrer Schauspieler, so möchte ich meine Verse ebensogern von dem Ausrufer hören. Sägt auch nicht zu viel mit den Händen durch die Luft, so – sondern behandelt alles gelinde. Denn mitten in dem Strom, Sturm und, wie ich sagen mag, Wirbelwind eurer Leidenschaft müßt ihr euch eine Mäßigung zu eigen machen, die ihr Geschmeidigkeit gibt. O es ärgert mich in der Seele, wenn solch ein handfester, haarbuschiger Geselle eine Leidenschaft in Fetzen, in rechte Lumpen zerreißt, um den Gründlingen im Parterr' in die Ohren zu donnern, die meistens von nichts wissen als verworrnen, stummen Pantomimen und Lärm. Ich möchte solch einen Kerl für sein Bramarbasieren prügeln lassen; es übertyrannt den Tyrannen. Ich bitte euch, vermeidet das.

E r s t e r S c h a u s p i e l e r. Eure Hoheit kann sich darauf verlassen.

H a m l e t. Seid auch nicht allzu zahm, sondern laßt euer eignes Urteil euren Meister sein: paßt die Gebärde dem Wort, das Wort der Gebärde an; wobei ihr sonderlich darauf achten müßt, niemals die Bescheidenheit der Natur zu überschreiten. Denn alles, was so übertrieben wird, ist dem Vorhaben des Schaupieles entgegen, dessen Zweck sowohl anfangs als jetzt war und ist, der Natur gleichsam den Spiegel vorzuhalten: der Tugend ihre eignen Züge, der Schmach ihr eignes Bild und dem Jahrhundert und Körper der Zeit den Abdruck seiner Gestalt zu zeigen. Wird dies nun übertrieben oder zu schwach vorgestellt, so kann es zwar den Unwissenden zum Lachen bringen, aber den Einsichtsvollen muß es verdrießen; und der Tadel von einem solchen muß in eurer Schätzung ein ganzes Schauspielhaus voll von andern überwiegen. O es gibt Schauspieler, die ich habe spielen sehn und von andern preisen hören, und das höchlich, die, gelinde zu sprechen, weder den Ton noch den Gang von Christen, Heiden oder Menschen hatten und so stolzierten und blökten, daß ich glaubte, irgendein Handlanger der Natur hätte Menschen gemacht, und sie wären ihm nicht geraten; so abscheulich ahmten sie die Menschheit nach.

Sprechen Sie über die Forderung Shakespeares, der Zweck des Schauspiels sei es, „der Natur gleichsam den Spiegel vorzuhalten".

Beobachten Sie bei bestimmten Schauspielern (Fernsehen, Film, Theater), wie weit sie diese Forderung Shakespeares erfüllen, und diskutieren Sie über diese Beobachtungen.

6. Klarheit, Maß, Symmetrie – Kennzeichen des Renaissancestils

Baukunst: Die Formen lassen sich auf die Grundformen Quadrat, Dreieck, Rechteck und Kreis zurückführen.

Schnitt durch einen Zentralbau

Petersplatz, Rom

Leonardo da Vinci: Anna Selbdritt. Leonardo war auch Erfinder, Techniker und Baumeister

Malerei und Plastik: Raum, Landschaft und Personen werden wirklichkeitsgetreu wiedergegeben. Die Künstler betreiben Naturstudien: z. B. Albrecht Dürer.

„Reiß mich aus der Glut, und von ihr getrennt
muß an des Lebens Bächen ich verderben.
Denn ich nähr mich nur von dem, was glüht und brennt,
und ich leb von dem, woran die andern sterben." *Michelangelo*

Michelangelo Buonarotti: Moses

7. Bildende Kunst des Barock

Der Begriff „Barock" (portugiesisch: schiefrund, verschnörkelt) wird auf die gesamte Lebens- und Geisteshaltung des 17. und 18. Jahrhunderts angewandt.

Kennzeichnend für die Kunst des Barock ist die Bewegung. Sie wird erzielt durch den Kontrast zwischen großer und kleiner Form, Licht und Dunkel, Wirklichkeit und Schein (Scheinarchitektur), Darstellung von Diesseits und Jenseits.

Kunst und Wissenschaft arbeiten zusammen. Dies wird in den Bibliotheken besonders deutlich: große helle Räume mit herrlichen Deckenfresken, Skulpturen und Plastiken, großen Globen, kostbar ausgeführten Regalen mit Tausenden von Büchern.

a) F r ü h b a r o c k: Künstler aus Italien bringen diesen Stil nach Norden.

b) H o c h b a r o c k: Die heimischen Künstler übernehmen bald diese Kunstform und führen sie hier zu besonderer Entfaltung. Baumeister: Fischer von Erlach, Lucas von Hildebrandt, Jakob Prandtauer.

Kaiserhaus, Hochadel, Äbte und reiche Bürger wetteifern in der Pflege von Pracht und Glanz. Viele alte Schlösser und Kirchen werden umgebaut, große Schloß- und

Stiftsbauten, viele Pfarrkirchen, Wallfahrtskirchen und Kapellen entstehen, auf Brücken und Plätzen werden Bildstöcke und Statuen errichtet.

Kirchenbau:

Besondere Aufmerksamkeit finden Kuppel und Zwiebelturm. Die Altäre reichen bis an die Decke, die Gewölbe sind mit Fresken und Stuck reich verziert.

Plastik:

Neben der Bauplastik entstehen selbständige Bildwerke: Denkmäler, Porträts, Reiterstandbilder.

Malerei:

Die Maler lieben Schwung und Bewegung, Prunk und Farben und die Gegenüberstellung von Gegensätzen (Heilige – Sünder, Alter – Jugend, Zartheit – Derbheit, irdisches Leid – himmlische Glückseligkeit).

Einige bedeutende Maler: Franz Anton Maulbertsch, Martin Johann Schmidt (Kremser Schmidt), Paul Troger.

Beschreiben Sie die Besonderheiten des Barockbildes.

Welche Barockmaler kennen Sie noch?

Welche Barockdenkmäler befinden sich in Ihrer näheren Umgebung?

Zwei große Barockmaler in den Niederlanden:

Peter Paul Rubens malte religiöse, mythologische und allegorische Bilder in einem kraftvollen, üppigen, farben- und formenreichen Stil.

Der heilige Augustinus

33

Rembrandt van Rijn gelangte vom hochbarocken Prunk zur Darstellung des innersten Wesens des Menschen.

Rembrandts Mutter

8. Zwei deutsche Musiker dieser Zeit

Johann Sebastian Bach:
Bachs Künstlertum und Persönlichkeit bezogen ihre Kraft aus seiner Frömmigkeit. Kunst war für ihn Religion. Darum hatte sie nichts mit der Welt und nichts mit dem Erfolg in der Welt zu tun. Sie war Selbstzweck.

Georg Friedrich Händel:
Bach über Händel: „Das ist der einzige, den ich sehen möchte, ehe ich sterbe, und der ich sein möchte, wenn ich nicht Bach wäre."

Beethoven über Händel:
„Händel ist der unerreichte Meister aller Meister. Geht hin und lernt, mit wenigen Mitteln so große Wirkungen hervorzubringen."

Die Zeit von 1700 bis 1800

Geschichtliche Ereignisse während dieses Zeitraumes:
Türkenkriege, absolute Herrschaft der Landesherren, Einfluß der Aufklärung, Unabhängigkeit der Vereinigten Staaten, Französische Revolution.

1. Der Mensch versucht, sich und die Welt verstandesmäßig zu erfassen (Aufklärung)

Eigene Sinneswahrnehmungen, Erfahrungen und Überlegungen sollen es dem Menschen ermöglichen, zu selbständigen Urteilen zu gelangen.

„Habe Mut, dich deines Verstandes zu bedienen", rief der Philosoph Immanuel Kant seinen Zeitgenossen zu.

Gotthold Ephraim Lessing war der bedeutendste Schriftsteller dieses Zeitabschnittes. Er setzte sich dafür ein, die Ideen der Aufklärung in die Tat umzusetzen.

„Emilia Galotti", erstes bürgerliches Trauerspiel; „Minna von Barnhelm", erstes deutsches Lustspiel; auch Lessings Fabeln sind heute noch lebendig.

In seinem dramatischen Gedicht „Nathan, der Weise" kämpft Lessing für die Duldsamkeit (Toleranz) gegenüber anderen religiösen Überzeugungen.

Die Ringparabel

N a t h a n. Vor grauen Jahren lebt' ein Mann in Osten,
Der einen Ring von unschätzbarem Wert
Aus lieber Hand besaß. Der Stein war ein
Opal, der hundert schöne Farben spielte,
Und hatte die geheime Kraft, vor Gott
Und Menschen angenehm zu machen, wer
In dieser Zuversicht ihn trug. Was Wunder,
Daß ihn der Mann in Osten darum nie
Vom Finger ließ; und die Verfügung traf,
Auf ewig ihn bei seinem Hause zu
Erhalten? Nämlich so. Er ließ den Ring
Von seinen Söhnen dem geliebtesten;
Und setzte fest, daß dieser wiederum
Den Ring von seinen Söhnen dem vermache,
Der ihm der liebste sei; und stets der liebste,
Ohn' Ansehn der Geburt, in Kraft allein
Des Rings, das Haupt, der Fürst des Hauses werde.
Versteh mich, Sultan.

S a l a d i n. Ich versteh dich. Weiter!
N a t h a n. So kam nun dieser Ring, von Sohn zu Sohn,
Auf einen Vater endlich von drei Söhnen;
Die alle drei ihm gleich gehorsam waren,
Die alle drei er folglich gleich zu lieben
Sich nicht entbrechen konnte. Nur von Zeit
Zu Zeit schien ihm bald der, bald dieser, bald
Der dritte, – sowie jeder sich mit ihm
Allein befand, und sein ergießend Herz
Die andern zwei nicht teilten, – würdiger
Des Ringes; den er denn auch einem jeden
Die fromme Schwachheit hatte, zu versprechen.
Das ging nun so, solang es ging. – Allein
Es kam zum Sterben, und der gute Vater
Kömmt in Verlegenheit. Es schmerzt ihn, zwei
Von seinen Söhnen, die sich auf sein Wort
Verlassen, so zu kränken. – Was zu tun? –
Er sendet in geheim zu einem Künstler,
Bei dem er, nach dem Muster seines Ringes,
Zwei andere bestellt, und weder Kosten
Noch Mühe sparen heißt, sie jenem gleich,
Vollkommen gleich zu machen. Das gelingt
Dem Künstler. Da er ihm die Ringe bringt,
Kann selbst der Vater seinen Musterring
Nicht unterscheiden. Froh und freudig ruft
Er seine Söhne, jeden insbesondre;
Gibt jedem insbesondre seinen Segen, –
Und seinen Ring, – und stirbt. – Du hörst doch, Sultan?
S a l a d i n *(der sich betroffen von ihm gewandt)*.
Ich hör, ich höre! – Komm mit deinem Märchen
Nur bald zu Ende. – Wird's?
N a t h a n. Ich bin zu Ende.
Denn was noch folgt, versteht sich ja von selbst. –
Kaum war der Vater tot, so kömmt ein jeder
Mit seinem Ring, und jeder will der Fürst
Des Hauses sein. Man untersucht, man zankt,
Man klagt. Umsonst; der rechte Ring war nicht
Erweislich; – *(nach einer Pause, in welcher er des Sultans*
Antwort erwartet) Fast so unerweislich, als
Uns itzt – der rechte Glaube.
S a l a d i n. Wie? das soll
Die Antwort sein auf meine Frage? . . .
N a t h a n. Soll
Mich bloß entschuldigen, wenn ich die Ringe
Mir nicht getrau zu unterscheiden, die

Der Vater in der Absicht machen ließ,
Damit sie nicht zu unterscheiden wären.
Saladin. Die Ringe! – Spiele nicht mit mir! – Ich dächte,
Daß die Religionen, die ich dir
Genannt, doch wohl zu unterscheiden wären.
Bis auf die Kleidung, bis auf Speis' und Trank!
Nathan. Und nur von seiten ihrer Gründe nicht. –
Denn gründen alle sich nicht auf Geschichte?
Geschrieben oder überliefert! – Und
Geschichte muß doch wohl allein auf Treu
Und Glauben angenommen werden? – Nicht? –
Nun, wessen Treu und Glauben zieht man denn
Am wenigsten in Zweifel? Doch der Seinen?
Doch deren Blut wir sind? Doch deren, die
Von Kindheit an uns Proben ihrer Liebe
Gegeben? die uns nie getäuscht, als wo
Getäuscht zu werden uns heilsamer war? –
Wie kann ich meinen Vätern weniger
Als du den deinen glauben? Oder umgekehrt. –
Kann ich von dir verlangen, daß du deine
Vorfahren Lügen strafst, um meinen nicht
Zu widersprechen? Oder umgekehrt.
Das nämliche gilt von den Christen. Nicht? –
Saladin. (Bei dem Lebendigen! Der Mann hat recht.
Ich muß verstummen.)
Nathan. Laß auf unsre Ring'
Uns wieder kommen. Wie gesagt: die Söhne
Verklagten sich; und jeder schwur dem Richter,
Unmittelbar aus seines Vaters Hand
Den Ring zu haben. – Wie auch wahr! – Nachdem
Er von ihm lange das Versprechen schon
Gehabt, des Ringes Vorrecht einmal zu
Genießen. – Wie nicht minder wahr! – Der Vater,
Beteuerte jeder, könne gegen ihn
Nicht falsch gewesen sein; und eh' er dieses
Von ihm, von einem solchen lieben Vater,
Argwohnen lass': eh' müss' er seine Brüder,
So gern er sonst von ihnen nur das Beste
Bereit zu glauben sei, des falschen Spiels
Bezeihen; und er wolle die Verräter
Schon auszufinden wissen; sich schon rächen.
Saladin. Und nun, der Richter? – Mich verlangt zu hören,
Was du den Richter sagen lässest. Sprich!
Nathan. Der Richter sprach: Wenn ihr mir nun den Vater
Nicht bald zur Stelle schafft, so weis ich euch

Von meinem Stuhle. Denkt ihr, daß ich Rätsel
Zu lösen da bin? Oder harret ihr,
Bis daß der rechte Ring den Mund eröffne? –
Doch halt! Ich höre ja, der rechte Ring
Besitzt die Wunderkraft beliebt zu machen;
Vor Gott und Menschen angenehm. Das muß
Entscheiden! Denn die falschen Ringe werden
Doch das nicht können! – Nun; wen lieben zwei
Von Euch am meisten? – Macht, sagt an! Ihr schweigt?
Die Ringe wirken nur zurück? und nicht
Nach außen? Jeder liebt sich selber nur
Am meisten? – Oh, so seid ihr alle drei
Betrogene Betrüger! Eure Ringe
Sind alle drei nicht echt. Der echte Ring
Vermutlich ging verloren. Den Verlust
Zu bergen, zu ersetzen, ließ der Vater
Die drei für einen machen!
S a l a d i n. Herrlich, herrlich!
N a t h a n. Und also, fuhr der Richter fort, wenn ihr
Nicht meinen Rat, statt meines Spruches, wollt:
Geht nur! – Mein Rat ist aber der: ihr nehmt
Die Sache völlig wie sie liegt. Hat von
Euch jeder seinen Ring von seinem Vater:
So glaube jeder sicher seinen Ring
Den echten. – Möglich; daß der Vater nun
Die Tyrannei des *einen* Rings nicht länger
In seinem Hause dulden wollte! – Und gewiß;
Daß er euch alle drei geliebt, und gleich
Geliebt: indem er zwei nicht drücken mögen,
Um einen zu begünstigen. – Wohlan!
Es eifre jeder seiner unbestochnen,
Von Vorurteilen freien Liebe nach!
Es strebe von euch jeder um die Wette,
Die Kraft des Steins in seinem Ring' an Tag
Zu legen! Komme dieser Kraft mit Sanftmut,
Mit herzlicher Verträglichkeit, mit Wohltun,
Mit innigster Ergebenheit in Gott
Zu Hilf'! Und wenn sich dann der Steine Kräfte
Bei euern Kindes-Kindeskindern äußern:
So lad ich über tausend, tausend Jahre
Sie wiederum vor diesen Stuhl. Da wird
Ein weisrer Mann auf diesem Stuhle sitzen
Als ich; und sprechen. Geht! – So sagte der
Bescheidne Richter.

Aus: Gotthold Ephraim Lessing, Nathan, der Weise

Fassen Sie die Aussage der Ringparabel zusammen.

Diskutieren Sie über das Problem der Toleranz heute. Welche Schwierigkeiten treten auf:

Unter Klassen-kameraden	In der Familie	In der Politik	Zwischen Religionsgemeinschaften	Wo noch

Welche Kräfte wirken in unserer Konsumgesellschaft gegen die Entwicklung von „Verstand und Urteilskraft"?

2. Junge Dichter wehren sich gegen Absolutismus und Überbetonung des Verstandes

Geschrieben wurden vor allem Gedichte und Dramen („Sturm und Drang"). Auch Goethe und Schiller waren in ihrer Jugend Anhänger dieser Bewegung.

Goethe: „Götz von Berlichingen", Schiller: „Die Räuber".

Starkes jugendliches Aufbegehren gegen politische Zwänge paart sich mit Gefühlsüberschwang.

Rastlose Liebe

Dem Schnee, dem Regen,
Dem Wind entgegen,
Im Dampf der Klüfte,
Durch Nebeldüfte,
Immer zu! Immer zu!
Ohne Rast und Ruh!

Wie soll ich fliehen?
Wälderwärts ziehen?
Alles vergebens!
Krone des Lebens,
Glück ohne Ruh,
Liebe, bist du!

Johann Wolfgang von Goethe

3. Die Klassik

Klassisch:
vorbildlich,
mustergültig.

Klassizismus:
Kunstrichtung, deren Vorbild die griechische Klassik ist.

Klassik:
Epoche der deutschen Literatur (1775–1805); Anlehnung an die Antike; der Mensch, wie er sein soll, tritt in den Mittelpunkt (Idealismus). Johann Wolfgang von Goethe und Friedrich von Schiller sind Wegbereiter und Hauptvertreter der Klassik.

Einige klassische Dramen
von

Johann Wolfgang von Goethe:
Iphigenie auf Tauris,
Torquato Tasso.

Friedrich von Schiller:
Wallenstein (Trilogie),
Maria Stuart,
Wilhelm Tell.

An die Freude

Freude, schöner Götterfunken,
Tochter aus Elysium,
wir betreten feuertrunken,
Himmlische, dein Heiligtum.
Deine Zauber binden wieder,
was die Mode streng geteilt;
alle Menschen werden Brüder,
wo dein sanfter Flügel weilt.

Chor:
Seid umschlungen, Millionen!
Diesen Kuß der ganzen Welt!
Brüder – überm Sternenzelt
muß ein lieber Vater wohnen.

Wem der große Wurf gelungen,
eines Freundes Freund zu sein,
wer ein holdes Weib errungen,
mische seinen Jubel ein!
Ja – wer auch nur eine Seele
sein nennt auf dem Erdenrund!
Und wer's nie gekonnt, der stehle
weinend sich aus diesem Bund!

Was den großen Ring bewohnet,
huldige der Sympathie!
Zu den Sternen leitet sie,
wo der Unbekannte thronet.

Freude trinken alle Wesen
an den Brüsten der Natur,
alle Guten, alle Bösen
folgen ihrer Rosenspur.
Küsse gab sie uns und Reben,
einen Freund, geprüft im Tod;
Wollust ward dem Wurm gegeben,
und der Cherub steht vor Gott.

Den der Sterne Wirbel loben,
den des Seraphs Hymne preist,
dieses Glas dem guten Geist
überm Sternenzelt dort oben!

Festen Mut in schweren Leiden,
Hilfe, wo die Unschuld weint,
Ewigkeit geschwornen Eiden,
Wahrheit gegen Freund und Feind,
Männerstolz vor Königsthronen –
Brüder, gält' es Gut und Blut:
Dem Verdienste seine Kronen,
Untergang der Lügenbrut!

Schließt den heilgen Zirkel dichter,
schwört bei diesem goldnen Wein,
dem Gelübde treu zu sein,
schwört es bei dem Sternenrichter!

Friedrich von Schiller (gekürzt)

Welche Ideale finden Sie in diesem Gedicht?

Welche Werke der oben angeführten Dichter kennen Sie noch?

	J. W. von Goethe	*F. von Schiller*
Gedichte		
Balladen		
Dramen		
andere Werke		

4. Klassiker der Musik: Haydn, Mozart, Beethoven

Joseph Haydn

„Junge Leute werden an meinem Beispiel sehen können, daß aus dem Nichts doch etwas werden kann.

Ich setzte mich hin, fing an zu phantasieren, je nachdem mein Gemüt traurig oder fröhlich, ernst oder tändelnd gestimmt war. Hatte ich eine Idee erhascht, so ging mein ganzes Bestreben dahin, sie den Regeln der Kunst gemäß auszuführen. Das ist es, was so vielen unserer neuen Komponisten fehlt; sie reihen ein Stück an das andere, sie brechen ab, wenn sie kaum angefangen haben: aber es bleibt auch nichts im Herzen sitzen, wenn man es angehört hat.

Ich war nie ein Geschwindschreiber, komponierte immer mit Bedächtlichkeit und Fleiß.

Oft, wenn ich mit Hindernissen aller Art rang – da flüsterte mir ein geheimes Gefühl zu: Vielleicht wird deine Arbeit bisweilen eine Quelle, aus welcher der Sorgenvolle auf einige Augenblicke seine Ruhe und seine Erholung schöpfet!"

Worte Haydns

Wolfgang Amadeus Mozart

„Wenn ich recht für mich bin und guter Dinge, etwa auf Reisen im Wagen oder nach guter Mahlzeit, beim Spazieren und in der Nacht, wenn ich nicht schlafen kann, da kommen mir die Gedanken stromweis und am besten. Woher und wie, das weiß ich nicht, kann auch nichts dazu. Die mir nun gefallen, die behalte ich im Kopf und summe sie wohl auch für mich hin, wie mir andere wenigstens gesagt haben. Halt' ich das nun fest, so kommt mir bald eins nach dem andern bei, wozu so ein Brocken zu gebrauchen wäre, wie eine Pastete daraus zu machen, nach Kontrapunkt, nach Klang der verschiedenen Instrumente usw. Das erhitzt mir nun die Seele, wenn ich nämlich nicht gestört werde; da wird es immer größer, und ich breite es immer weiter und heller aus, und das Ding wird im Kopf wahrlich fast fertig, wenn es auch lang ist, so daß ich's hernach mit einem Blick, gleichsam wie ein schönes Bild oder einen hübschen Menschen, im Geiste übersehe und es auch gar nicht nacheinander, wie es hernach kommen muß, in der Einbildung höre, sondern wie gleich alles zusammen. Was nun so geworden ist, das vergesse ich nicht gleich wieder, und das ist vielleicht die beste Gabe, die mir unser Herrgott geschenkt hat."

Aus einem Brief Mozarts

Ludwig van Beethoven

„Ein gehörloser Musiker! Ist ein erblindeter Maler zu denken? Aber den erblindeten Seher kennen wir; ihm gleicht jetzt der ertaubte Meister, der nun einzig nach den Harmonien seines Innern lauscht, aus seiner Tiefe nun einzig noch zu jener Welt spricht, die ihm nichts mehr zu sagen hat. So ist der Genius von jedem Außer-sich befreit, ganz bei sich und in sich."

Richard Wagner über Beethoven

„Könige und Fürsten können wohl Professoren machen und Geheimräte und Titel und Ordensbänder umhängen, aber große Menschen können sie nicht machen. Geister, die über das Weltgeschmeiß hervorragen, das müssen sie wohl bleibenlassen zu machen. – Und wenn so zwei zusammenkommen, wie ich und der Goethe, da müssen diese großen Herren merken, was bei unsereinem als groß gelten kann."

Aus einem Brief Beethovens über eine Begegnung mit der kaiserlichen Familie in Wien

Beachten Sie das gewandelte Selbstbewußtsein des Künstlers, der sich – im Gegensatz zu früheren Zeiten – in seiner Größe Königen und Fürsten gleichgestellt fühlt!

Welche Werke dieser drei Klassiker der Musik kennen Sie?

Haydn:

Mozart:

Beethoven:

Ordnen Sie die Werke:

Oper	Symphonie	Kammermusik	Kirchenmusik

Die Zeit von 1800 bis 1900

Geschichtliche Ereignisse während dieses Zeitraumes:
Napoleonische Kriege, Wiener Kongreß, Industrialisierung, Gegensatz von arm und reich wird immer größer, Revolution von 1848, Zerfallserscheinungen in der Österreichisch-Ungarischen Monarchie, Beginn einer Arbeiterbewegung. Neue Erfindungen und Entdeckungen: Lokomotive, Photographie, Telegraphie, Telephon, Automobil, Rundfunk, Elektromotor, Benzinmotor.

1. Abkehr von der strengen Form der Klassik: Romantik

Kennzeichnend für die Romantik sind: schöpferische Phantasie, Unendlichkeitsgefühl (Sehnsucht), das „Dunkle", Verwischen der Grenzen von Traum und Wirklichkeit, religiöse Ideale, Besinnung auf die Vergangenheit (Mittelalter).

Heute wird der Begriff „romantisch" leider oft abwertend gebraucht, mit Sentimentalität gleichgesetzt.

1.1. Die Romantiker sammeln Überliefertes

Da die Vorherrschaft des Verstandes abgelehnt wird, wendet man sich allem „Natürlichen" zu und findet diese Natürlichkeit in Werken, die nach Meinung der Romantiker unmittelbar und ursprünglich aus dem „Volksgeist" gewachsen sind, wie Volksmärchen und Volkslied (Brüder Grimm: „Kinder- und Hausmärchen", Clemens Brentano und Achim von Arnim: „Des Knaben Wunderhorn" – Sammlung deutscher Volkslieder).

Heute nehmen wir an, daß Volkslied und Volksmärchen auf einzelne Verfasser zurückgehen.

1.2. Das Reich der „Blauen Blume"

Der Dichter Novalis (Friedrich von Hardenberg), der in seinem Leben das Wesen der Romantik am reinsten verwirklichte, schuf in einem Roman dieses Symbol. Gemeint ist damit eine Verbindung von vier Bereichen: Natur, Nacht (als Verbindung zum Jenseits), christliche Liebe und Schönheit der Poesie.

Wenn nicht mehr Zahlen und Figuren
sind Schlüssel aller Kreaturen,
wenn die, so singen oder küssen,
mehr als die Tiefgelehrten wissen,
wenn sich die Welt ins freie Leben
und in die Welt wird zurückbegeben,
wenn dann sich wieder Licht und Schatten
zu echter Klarheit werden gatten
und man in Märchen und Gedichten
erkennt die wahren Weltgeschichten,
dann fliegt von einem geheimen Wort
das ganze verkehrte Wesen fort.

Novalis

1.3. Eichendorff, ein beliebter deutscher Lyriker

Von ihm stammen viele Wanderlieder, Liebeslieder und geistliche Gedichte. Anregungen erhielt er auch von den Volksliedern in „Des Knaben Wunderhorn".

Mondnacht

Es war, als hätt' der Himmel
die Erde still geküßt,
daß sie im Blütenschimmer
von ihm nun träumen müßt'.

Die Luft ging durch die Felder,
die Ähren wogten sacht,
es rauschten leis' die Wälder,
so sternklar war die Nacht.

Und meine Seele spannte
weit ihre Flügel aus,
flog durch die stillen Lande,
als flöge sie nach Haus.

Joseph von Eichendorff, Vertonung: Robert Schumann

Suchen Sie in Ihrem Liederbuch nach Liedtexten von Eichendorff.

1.4. Romantiker schreiben phantastische, bisweilen schaurige Geschichten

Als Beispiel sei der Musikkritiker, Komponist, Dirigent, Maler, Jurist und Dichter E.T.A. Hoffmann angeführt, der eine große Wirkung auf die europäische und amerikanische Literatur ausgeübt hat. Die Oper „Hoffmanns Erzählungen" von Jacques Offenbach basiert auf drei Erzählungen von E.T.A. Hoffmann. Die Erzählung „Das Fräulein von Scuderi" war Vorlage für Hindemiths Oper „Cardillac".

1.5. Heinrich von Kleist, ein „Wegbereiter" und genialer Dramatiker der Weltliteratur

Seine Dichtung steht im Zeichen der Suche nach der menschlichen Bestimmung. Werke: „Der zerbrochene Krug" (Lustspiel), „Das Käthchen von Heilbronn" (Historisches Ritterschauspiel). Kleists Dramen sind in Versen abgefaßt.

In der Novelle „Michael Kohlhaas" will ein Mann sein Recht auch gegen die Rechtsbegriffe seiner Zeit durchsetzen.

2. Dichter beschäftigen sich mit den politischen und sozialen Zuständen der Zeit („Vormärz")

„Vormärz" nennt man die Zeit vor der deutschen Märzrevolution von 1848, die gewaltige politische, soziale und gesellschaftliche Veränderungen mit sich brachte.

Verheißung

Nicht mehr barfuß sollst du traben,
Deutsche Freiheit, durch die Sümpfe,
Endlich kommst du auf die Strümpfe,
Und auch Stiefel sollst du haben!

Auf dem Haupte sollst du tragen
Eine warme Pudelmütze,
Daß sie dir die Ohren schütze
In den kalten Wintertagen.

Heinrich Heine

Was könnte Heinrich Heine mit dem Titel „Verheißung" gemeint haben? Denken Sie an die Freiheitsbestrebungen jener Zeit und die Kluft zwischen arm und reich.

Georg Büchner schuf das erste soziale Drama: „Woyzeck" (Vertonung von Alban Berg: „Wozzeck").

3. Das Biedermeier

Als die Errungenschaften der Märzrevolution wieder aufgehoben wurden, versuchte das Volk, in der Familie und im Heim Ruhe und Geborgenheit zu finden: „Biedermeier" (zuerst nur Spitzname, später Bezeichnung einer Kulturepoche).

3.1. Das Theater Ferdinand Raimunds wurzelt in der Tradition des Wiener Volkstheaters

Märchenfiguren bevölkern seine „Original-Zaubermärchen". Märchenwelt und Wirklichkeit verschmelzen. Gute Mächte kommen den in ihr Schicksal verstrickten Menschen zu Hilfe und lösen am Ende alle Schwierigkeiten.

So schuf Raimund durch die Vereinigung von Phantasie und Realität, von gesprochenem Wort, Gesang und Tanz echte Volksstücke. Den Zuschauern erteilte er die Lehre, daß das wahre Glück in Arbeit, Gesundheit und vor allem in Zufriedenheit liege.

Stücke: „Der Alpenkönig und der Menschenfeind", „Der Bauer als Millionär", „Der Verschwender".

Da streiten sich die Leut' herum
oft um den Wert des Glücks;
der eine heißt den andern dumm,
am End' weiß keiner nix.
Da ist der allerärmste Mann
dem anderen viel zu reich,
das Schicksal setzt den Hobel an
und hobelt s' beide gleich.

Die Jugend will halt stets mit G'walt
in allem glücklich sein;
doch wird man nur ein bissel alt,
da find't man sich schon drein.
Oft zankt mein Weib mit mir, o Graus!
Das bringt mich nicht in Wut.
Da klopf' ich meinen Hobel aus
und denk': „Du brummst mir gut."

Zeigt sich der Tod einst mit Verlaub
und zupft mich: „Brüderl, kumm!",
da stell' ich mich im Anfang taub
und schau mich gar nicht um.
Doch sagt er: „Lieber Valentin,
mach keine Umständ', geh!",
da leg' ich meinen Hobel hin
und sag' der Welt ade!

Hobellied aus: „Der Verschwender"

Lesen Sie im Schauspielführer die Handlung von „Der Verschwender" nach. Was könnte dieses Stück heute für uns bedeuten?

3.2. Johann Nepomuk Nestroy wandelt und schließt die Wiener Volks-komödie ab

Johann Nepomuk Nestroy deckte mit Witz und Angriffslust die menschlichen Schwächen auf und kritisierte soziale Mißstände und aktuelle Ereignisse. Seine Stücke sind in ein realistisches Milieu gestellt. Geistreiche Wortspielereien und Wortschöpfungen unterhalten das Publikum, das über sich selbst lachen kann und sich der eigenen Schwächen bewußt wird.

Werke: „Lumpazivagabundus", „Einen Jux will er sich machen", „Der Talisman".

> Mein Gemüt is zerrissen, da is alles zerstückt,
> und ein zerriß'nes Gemüt wird ein'm nirgends g'flickt,
> und doch – müßt' ich erklären wem den Grund von mein' Schmerz,
> so stünde ich da wie's Mandl beim Sterz.
> Meiner Seel, 's is' a fürchterlich's G'fühl,
> wenn man selber nicht weiß, was man will.
>
> Bald möcht ich die Welt durchflieg'n, ohne zu rasten,
> bald is' mir der Weg z'weit vom Tisch bis zum Kasten;
> bald lad' ich mir Gäst', a paar Dutzend, ins Haus,
> und wie's dasein, so werf ich's gern alle 'naus.
> Bald ekelt mich's Leben an, das Grab nur mir g'fallt,
> gleich drauf möcht' ich wer'n über tausend Jahr' alt.
> Meiner Seel, 's is' a fürchterlich's G'fühl,
> wenn man selber nicht weiß, was man will.
>
> *Couplet aus der Posse „Der Zerrissene"*

Vergleichen Sie die Aussagen der Texte von Raimund und Nestroy.

3.3. Franz Grillparzer – d e r österreichische Klassiker

Grillparzer gilt bis heute als der bedeutendste österreichische Dramatiker.

Anfangs beschäftigten ihn Stoffe aus der griechischen Sage („Sappho", „Das goldene Vließ"), später Stoffe aus der österreichischen Geschichte („König Ottokars Glück und Ende", „Ein Bruderzwist in Habsburg"). Bei seinen heiteren Märchen- und Lustspielen „Der Traum ein Leben" und „Weh dem, der lügt" standen die großen spanischen Barockdramatiker Lope de Vega und Calderon Pate.

Aus dem Trauerspiel „König Ottokars Glück und Ende" (Schluß):

Kaiser Rudolf von Habsburg kniet trauernd vor dem Leichnam des im Kampf gefallenen Ottokar.

So liegst du nackt und schmucklos, großer König,
Das Haupt gelegt in deines Dieners Schoß,
Und ist von deinem Prunk und Reichtum allem
Nicht eine arme Decke dir geblieben,
Als Leichentuch zu hüllen deinen Leib.
Den Kaisermantel, dem du nachgestrebt,
Ich nehm ihn ab und breit ihn über dich,
Daß als ein Kaiser du begraben werdest,
Der du gestorben wie ein Bettler bist.

Auf Rudolfs Wink knien seine Söhne, Albrecht und Rudolf, ebenfalls nieder. Kaiser Rudolf spricht vor allem zu seinem älteren Sohn:

Und nun, mein Sohn, im Angesicht der Leiche
Vor diesem Toten, der ein König war,
Belehn ich dich mit Öst'reichs weitem Erbe.
Sei groß und stark, vermehre dein Geschlecht,
Daß es sich breite in der Erde Fernen
Und Habsburgs Name glänze bei den Sternen!
Du steh in allem deinem Bruder bei!
Doch solltet ihr je übermütig werden,
Mit Stolz erheben euren Herrscherblick,
So denk an den Gewaltigen zurück,
Der jetzt nur fiel in Gottes strenge Hände,
An Ottokar, sein Glück und an sein Ende!
Steh auf! Und du! Und niemals knie wieder,
Ich grüße dich als dieses Landes Herrn.
Und ihr auch grüßt ihn, laßt es laut erschallen,
Daß weit es sich verbreite, donnergleich:
Dem ersten Habsburg Heil in Österreich!

Lesen Sie im Schauspielführer die Handlung des Dramas nach.
Welche anderen Werke von Franz Grillparzer kennen Sie?

Mein Vaterland

Sei mir gegrüßt, mein Österreich,
Auf deinen neuen Wegen,
Es schlägt mein Herz, wie immer gleich,
Auch heute dir entgegen.

Was dir gefehlt zu deiner Zier,
Du hast es dir errungen,
Halb kindlich fromm erbeten dir
Und halb durch Mut erzwungen.

Die Freiheit strahlt ob deinem Haupt,
Wie längst in deinem Herzen,
Denn freier warst du, als man glaubt,
Es zeigten's deine Schmerzen.

Nun aber, Öst'reich, sieh dich vor,
Es gilt die höchsten Güter,
Leih nicht dem Schmeichellaut dein Ohr
Und sei dein eigner Hüter!

Geh nicht zur Schule da und dort,
Wo laute Redner lärmen,
Wo der Gedanke nur im Wort,
Zu leuchten statt zu wärmen;

Wo längst die Wege abgebracht,
Die Kopf und Herz vereinen,
Und, statt der Überzeugung Macht,
Der Mensch ein grübelnd Meinen;

Wo Falsch und Wahr und Schlimm und Gut
Sie längst auf Formeln brachten,
Rasch wechselnd die erlogne Glut
Gleich bunten Kleidertrachten;

Wo selbst die Freiheit, die zur Zeit
Hinjauchzt in tausend Stimmen,
Halb großgesäugt von Eitelkeit
Und von der Lust am Schlimmen.

Bleib du das Land, das stets du warst,
Nur Morgen, wie sonst Abend,
Die Unschuld, die du noch bewahrst,
An heiterm Sinn erlabend.

Denn was der Mensch erdacht, erfand,
Als Höchstes wird er finden:
Gesund natürlichen Verstand
Und richtiges Empfinden.

Franz Grillparzer

3.4. Die bildende Kunst des Biedermeier

Die Maler stellten das Leben der einfachen Menschen bei ihrer Arbeit und bei ihren Festen dar. Beliebt waren Landschaftsbild und Genrebild (Szenen aus dem Alltag und Sittenbilder).

Maler: Rudolf von Alt und Leopold Kupelwieser (Freunde von F. Schubert), Friedrich Gauermann, Ferdinand Georg Waldmüller.

Ferdinand Georg Waldmüller: Am Fronleichnamsmorgen

Baukunst: An die Stelle von Schlössern und Palais traten das schlichte Bürgerhaus, die Villa und das kleine Vorstadthaus.
Die Wohnräume wurden gemütlich, schlicht und geschmackvoll eingerichtet.

4. Dichter beschreiben Mensch und Landschaft

Die Dichter beobachten Landschaft und Brauchtum, den Alltag im Dorf und in der Kleinstadt, das Schicksal von Bauern, Kleinbürgern und Außenseitern (Spielleuten, Zigeunern, Juden). Das, was sie sehen, beschreiben sie in ihren Romanen und Erzählungen unparteiisch, realistisch, stimmungsvoll, ohne aber in krasse, übertriebene und verzerrte Milieuschilderungen zu verfallen wie später die Dichter des Naturalismus und des Expressionismus. Daher bezeichnet man diese Epoche auch als „Poetischen Realismus".

Adalbert Stifters Liebe zur Natur, seine tiefe Ehrfurcht vor den unscheinbaren Formen des Lebens, vor dem „sanften Gesetz", bestimmen sein Werk. Mit unübertroffener Sprachkunst erzeugt er im Gemüt des Lesers eine Ahnung von Harmonie und Ordnung im Gefüge des göttlichen Weltgeschehens und die Sehnsucht danach.	Eine genaue Beobachterin und Darstellerin der Natur ist Annette von Droste-Hülshoff. Ihrer heimatlichen Landschaft und den Schicksalen der Menschen darin verbunden, gestaltet sie ihre Themen mit großer Kraft und ausgeprägtem Sinn für handfeste Tatsachen. Sie schreibt vorwiegend Lyrik, aber auch Erzählungen.
Marie von Ebner-Eschenbach, die einer österreichischen Adelsfamilie entstammt, tritt in ihren Erzählungen für das sozial schlechtergestellte Volk ein. Künstlerisch vollendet in Sprache und Gestaltung, erzählt sie aus dem altösterreichischen Leben. Sie ist auch eine Meisterin des Aphorismus.	In seinen Romanen und Erzählungen stellt Jeremias Gotthelf die Tugenden und Untugenden der Landbevölkerung seiner schweizerischen Heimat dar. Sein Werk zeigt auch erzieherische Absichten.
	Der Schweizer Gottfried Keller zeichnet mit Humor und Menschenkenntnis die Welt des Bürgertums.
In seinen Volksstücken geißelt Ludwig Anzengruber die Schwächen des Bauernstandes mit komischer Übertreibung, Witz und Humor. Sprachlich hat sich Anzengruber eine eigene Mundart geschaffen.	Theodor Storm beschreibt in seinen Novellen sein heimatliches Norddeutschland, dessen Natur (Moor, Heide, Meer), dessen Bewohner und deren Lebensgewohnheiten.

4.1. Peter Rosegger

Als dem kleinen Maxel das Haus niederbrannte

Ich erinnere mich noch gar gut an jene Nacht.

Ein Knall, als wenn die Tür des Schüttbodens zugeworfen worden wäre, weckte mich auf. Und dann klopfte jemand am Fenster und rief in die Stube herein: wer des Kleinmaxel Haus brennen sehen wolle, der möge aufstehen und schauen gehen.

Mein Vater sprang aus dem Bette, ich erhob ein Jammergeschrei und dachte fürs nächste daran, meine Kaninchen zu retten. Wenn bei besonderen Ereignissen wir anderen über und über aus Rand und Band gerieten, so war es allemal die blinde Jula, die uns beruhigte. So sagte sie auch jetzt, daß ja nicht unser Haus im Feuer stehe, daß das Kleinmaxelhaus eine halbe Stunde weit von uns weg wäre; daß es auch nicht sicher sei, ob das Kleinmaxelhaus brenne, daß ein Spaßvogel vorbeigegangen sein könne, der uns die Lug zum Fenster hereingeworfen, und daß es möglich sei, daß gar niemand hereingeschrien hätte, sondern es uns nur so im Traume vorgekommen wäre.

Dabei streifte sie mir das Höselein und die Schuhe an, und wir eilten vor das Haus, um zu sehen.

„Auweh!" rief mein Vater, „'s ist schon alles hin."

Über den Waldrücken herüber, der sich in einem weitgebogenen Sattel durch die Gegend legt und das Ober- und Mittelland voneinander scheidet, strebte still und hell die Flamme auf. Man hörte kein Knistern und Knattern, das schöne neue Haus, welches erst vor einigen Wochen fertig geworden war, brannte wie Öl. Die Luft war feucht, die Sterne des Himmels waren verdeckt; es murrte zuweilen ein Donner, aber das Gewitter zog sich sachte hinaus in die Gegenden von Birkfeld und Weiz.

Ein Blitz – so erzählte nun der Mann, der uns geweckt hatte, der Schafgistel war's – wäre etlichemal hin- und hergezuckt, hätte ein Drudenkreuz an den Himmel geschrieben und wäre dann niederwärts gefahren. Er wäre aber nicht mehr ausgeloschen, der lichte Punkt an seinem unteren Ende wäre geblieben und rasch gewachsen, und da hätte sich er, der Schafgistel, gedacht: Schau du, jetzt hat's den klein' Maxel troffen.

„Wir müssen doch schauen gehen, daß wir was helfen mögen," sagte mein Vater.

„Helfen willst da?" sprach der andere, „wo der Donnerkeil dreinfahrt, da rühr' ich keine Hand mehr. Der Mensch soll unserm Herrgott nicht entgegenarbeiten, und wenn der einmal einen Himletzer (Blitz) aufs Haus wirft, so wird er auch wollen, daß es brennen soll. Hernachen mußt wissen, ist so ein Einschlagets auch gar nicht zu löschen."

„Deine Dummheit auch nicht," rief mein Vater.

Ließ ihn stehen und führte mich an seiner Hand rasch davon. Wir stiegen ins Engtal hinab und gingen am Fresenbach entlang, wo wir das Feuer nicht mehr sehen konnten, sondern nur die Röte in den Wolken. Mein Vater trug einen Wasserzuber bei sich, und ich riet, daß er denselben gleich an der Fresen füllen solle. Mein Vater hörte gar nicht drauf, sondern sagte mehrmals vor sich hin: „Maxel, aber daß dich jetzt so was treffen muß?!"

Ich kannte den kleinen Maxel recht gut. Es war ein behendes, heiteres Männlein, etwa in den Vierzigern; sein Gesicht war voll Blatternarben, und seine Hände waren braun und rauh wie die Rinden der Waldbäume. Er war seit meinem Gedenken Holzhauer in Waldenbach.

„Wenn einem anderen das Haus niederbrennt," sagte mein Vater, „na, so brennt ihm halt das Haus nieder."

„Ist's beim klein' Maxel nicht so?" fragte ich.

„Dem brennt alles nieder. Alles, was er gestern gehabt hat und heut hat und morgen hätt' haben können."

„So hat der Blitz den Maxel leicht selber erschlagen?"

„Das wär 's best', Bub. Ich vergunn' ihm das Leben, Gottseid', ich vergunn' ihm's – aber, wenn er eh'vor hätt' beichten mögen und in keiner Todsünd' wär' gewesen, wollt' richtig gleich sagen, das allerbest', wenn's ihn auch selber troffen hätt'."

„Da wär' er jetzt schon im Himmel oben," sagte ich.

„Watsch' nur nicht so ins nasse Gras hinein. Geh' gleim (nahe) hinter mir und halt' dich beim Jankerzipf an. Vom Maxel, von dem will ich dir jetzt was sagen."

Der Weg ging sanft berganwärts. Mein Vater erzählte.

„Jetzt kann's dreißig Jahr aus sein – ist der Maxel ins Land kommen. Armer Leute Kind. Die erst' Zeit hat er bei den Bauern herum einen Halterbuben gemacht, nachher, wie er sich ausgewachsen hat, ist er in den Holzschlag 'gangen. Ein rechtschaffener Arbeiter und allerweil fleißig und sparsam. Wie er Vorarbeiter ist worden, hat er sich vom Waldherrn ausgebeten, daß er das Sauerwiesel auf der Gjarerhöh' ausreuten und für sein Lebtag behalten dürfe, weil er so viel gern eigen Grund und Boden hätte. Ist ihm gern zugesagt worden, und so ist der Maxel alle Tag, wenn sie im Holzschlag Feierabend gemacht haben, auf sein Sauerwiesel 'gangen, hat den Strupp weggeschlagen, hat Gräben gemacht, hat Steine ausgegraben, hat die Wurzeln des Unkrautes verbrannt – und in zwei Jahren ist das ganze Sauerwiesel trockengelegt und es wachst gutes Gras drauf, und gar ein Fleckel Brandkorn hat er anbaut. Wie es so weit kommen, daß er's auch mit Kohlkraut hat probiert und gesehen, wie gut es den Hasen schmeckt, ist er um Waldbäume einkommen. Die können sie ihm nicht schenken, wie das Sauerwiesel, die muß er abdienen. So hat er Arbeitslohn dafür eingelassen, und die Bäume hat er umgehauen und viereckig gehackt und abgeschnitten zu Zimmerholz – alles in den Feierabenden, wenn die anderen Holzknechte lang' schon gut auf dem Bauch sind gelegen und ihre Pfeifen Tabak haben geraucht. Hätt' selber auch gern geraucht, das ist seine Passion gewest; aber eh' vor er fertig ist mit seiner Wirtschaft, tut er's nit. Und jetzt hat er angehebt, an solchen Feierabenden andere Holzhauer zu verzahlen, daß sie ihm bei Arbeiten helfen, die ein einziger Mensch nicht dermachen kann, und so hat er auf dem Sauerwiesel sein Haus gebaut. Fünf Jahr' lang hat er daran gearbeitet, aber nachher – du weißt ja selber, wie es dagestanden ist mit den guldroten Wänden, mit den hellen Fenstern und der Zierat auf dem Dach herum – schier vornehm anzuschauen. Ein fein Gütel ist worden auf der Sauerwiese, und wie lang' wird's denn her sein, daß uns unser Pfarrer bei der Christenlehr' den klein' Maxel als ein Beispiel des Fleißes und der Arbeitsamkeit hat aufgestellt? Nächst Monat hat er heiraten wollen, und daß er heraufgestiegen ist vom Waiselbuben bis zum braven Hausbesitzer und Hausvater – Bub, da ruck' dein Hütel! – Und jetzt ist auf einmal alles hin. Der ganze Fleiß und alle Arbeit die vielen Jahr' her ist umsonst. Der Maxel steht wieder auf demselben Fleck wie voreh'."

Ich habe dazumal meine Frömmigkeit noch aus der Bibel gezogen, und so entgegnete ich auf des Vaters Erzählung: „Der Himmelvater hat den Maxel halt gestraft, daß er so aufs Zeitliche ist gegangen wie die Heiden, und der Maxel hat sich 'leicht ums Ewige zu wenig gesorgt. Sehet die Vöglein in den Lüften, sie säen nicht, sie ernten nicht –"

„Und sie schwatzen nicht!" unterbrach mich der Vater. „Ich kenn' mich nimmer aus, und das sag' ich, wenn's –"

Er unterbrach sich. Wir standen auf der Anhöhe und vor uns loderte die Wirtschaft des Kleinmaxel und das Haus brach eben in seinen Flammen zusammen. Mehrere Leute waren da mit Hacken und Wassereimern, aber es war nichts anderes zu machen, als dazustehen und zuzuschauen, wie die letzten Kohlenbrände in sich

54

einstürzten. Das Feuer war nicht wütend, es brüllte nicht, es krachte nicht, es fuhr nicht wild in der Luft herum; das ganze Haus war eine Flamme, und die qualmte heiß und weich zum Himmel auf, von wannen sie gekommen.

Eine kleine Strecke vom Brande war der Steinhaufen, auf welchem der Maxel die Steine der Sauerwiese zusammengetragen hatte. An demselben saß er nun, der kleine, braune, blatternarbige Maxel, und sah auf die Glut hin, deren Hitze auf ihn herströmte. Er war halb angekleidet, hatte seinen schwarzen Sonntagsmantel, den er gerettet, über sich gehüllt. Die Leute traten nicht zu ihm; mein Vater wollte ihm gern ein Wort der Teilnahme und des Trostes sagen, aber er getraute sich auch nicht zu ihm. Der Maxel lehnte so da, daß wir meinten, jetzt und jetzt müsse er aufspringen und einen schreckbaren Fluch zum Himmel stoßen und sich dann in die Flammen stürzen.

Und endlich, als das Feuer nur mehr auf dem Erdengrund herum leckte und aus den Aschen die kahle Mauer des Herdes aufstarrte, erhob sich der Maxel. Er schritt zur Glut hin, hob eine Kohle auf und – zündete sich die Pfeife an.

Als ich in der Morgendämmerung den klein' Maxel vor seiner Brandstätte stehen sah, und wie er den blauen Rauch aus der Pfeife sog und von sich blies, da war mir in meiner Brust heiß. Als ob ich es fühlte, wie mächtig der Mensch ist, um wie viel größer als sein Schicksal, und es für das Verhängnis keinen größeren Schimpf gibt, als wenn man ihm in aller Seelenruhe Tabakrauch in die Larve bläst.

Später hat der klein' Maxel die Asche seines Hauses durchwühlt und aus derselben sein Schlagbeil hervorgezogen. Er schaftete einen neuen Stiel an, er machte es an einem Schleifsteine der Nachbarschaft wieder scharf. „Wenn ich noch einmal baue," sprach er vor sich hin, „so mach' ich's besser. Das obere Stübel ist eh nicht sauber gewesen." Seither sind viele Jahre vorbei: Um die Sauerwiese liegen heute schöne Felder, und auf der Brandstätte steht ein neugegründeter Hof. Junges Volk belebt ihn und der Hausvater, der Alte, der klein' Maxel, lehrt seine Söhne das Arbeiten, erlaubt ihnen aber auch das Tabakrauchen. Nicht zu viel – aber ein Pfeiflein zu rechter Zeit.

Aus: Peter Rosegger, Waldheimat

4.2. Marie von Ebner-Eschenbach: „Ein Aphorismus ist der letzte Ring einer langen Gedankenkette."

Macht ist Pflicht – Freiheit ist Verantwortlichkeit.
Die Menschen, denen wir eine Stütze sind, geben uns den Halt im Leben.
Man kann nicht allen helfen! sagt der Engherzige und – hilft keinem.
Du kannst so rasch sinken, daß du zu fliegen meinst.
Wo die Eitelkeit anfängt, hört der Verstand auf.
Die Gedankenlosigkeit hat mehr ehrliche Namen zugrunde gerichtet als die Bosheit.
Wer in Gegenwart von Kindern spottet oder lügt, begeht ein todeswürdiges Verbrechen.
Der Schmerz ist der große Lehrer der Menschen. Unter seinem Hauche entfalten sich die Seelen.
Nichts wird so oft unwiederbringlich versäumt wie eine Gelegenheit, die sich täglich bietet.

Wenn es einen Glauben gibt, der Berge versetzen kann, so ist es der Glaube an die eigene Kraft.

Die meiste Nachsicht übt der, der die wenigste braucht.

Ein Urteil läßt sich widerlegen, aber niemals ein Vorurteil.

Für das Können gibt es nur einen Beweis: das Tun.

Alt werden, heißt sehend werden.

Man muß das Gute tun, damit es in der Welt sei.

Die Güte, die nicht grenzenlos ist, verdient den Namen nicht.

Ordnen Sie diese Aphorismen nach allgemeinen Lebensweisheiten und Erziehungsweisheiten.

Schreiben Sie über einen selbst ausgewählten Aphorismus einen Aufsatz.

5. Die Volkskunst

Während Volksmärchen und Volkslied schon in der Romantik allgemein Aufmerksamkeit und Interesse fanden, geschah dies bei der Volkskunst, den künstlerischen Erzeugnissen der Bauern, Handwerker, Bergleute, Hirten, erst in der zweiten Hälfte des 19. Jahrhunderts.

Volkskunst entsteht aus dem allen Menschen eigenen Wunsch, die Dinge des täglichen Gebrauchs zu schmücken. Dabei greift der Mensch auf Formen zurück, die schon seit Generationen weitergegeben wurden, sich dabei aber nur wenig verändert haben.

Kennzeichnend für die Volkskunst sind die gewollte Vereinfachung (es werden nur wichtige Details beachtet, Menschen, Tiere, Blumen stilisiert) und die große Leuchtkraft der Farben. Symbole und Ornamente spielen eine wichtige Rolle. Da der

Platte eines bemalten Eßtisches,
Oberösterreich (19. Jh.)

Hersteller oft auch zugleich der Verbraucher ist, wird gutes Material ausgewählt und liebevoll – ohne Rücksicht auf den Zeitaufwand – verarbeitet (z. B. Stickerei).

Volkskundliches Handwerk ist dort entstanden, wo sich Geschick für bestimmte Fertigkeiten herausgebildet hat, wie fürs Holzschnitzen, Bemalen von Holz oder Glas, Spitzenklöppeln, und wo diese Tätigkeit dann zu Erwerbszwecken ausgeführt wurde.

Zwei Butterstempel und zwei Abrahmmesser,
Vorarlberg

Kreuzsticharbeiten

Andachtsbild Maria; Hinterglas, Absam, Tirol   Geschmiedete Grabkreuze, Tirol

6. Die bildende Kunst greift auf alte Formen zurück

Prunkhafte barocke Formen werden in spielerische Ornamente umgewandelt: Rokoko (frz. rocaille = Muschelwerk). In der Malerei werden zarte, heitere Farben bevorzugt.

Gegen Mitte des 18. Jahrhunderts wandte man sich in den Städten von den barocken Bauformen ab und griff auf Formen des griechisch-römischen Altertums zurück: Klassizismus (dem gemauerten Kern wurden antike Säulen, Giebel und Statuen vorgesetzt. Auch christliche Kirchen wurden wie griechische Tempel verziert).

In der zweiten Hälfte des 19. Jahrhunderts baute man auch im Stil der Gotik, der Renaissance und des Barock (Neugotik, Neurenaissance, Neubarock): Historismus. In der Haupt- und Residenzstadt Wien entstand – neben einer Reihe von Denkmälern – die berühmte Ringstraße, am Stadtrand wurden viele sogenannte Zinskasernen gebaut. Baumeister: Van der Nüll und Siccardsburg (Staatsoper), Semper und Hasenauer (Kunsthistorisches und Naturhistorisches Museum, Burgtheater).

Griechische Säule

Grabmal für Erzherzogin Maria Christine,
Augustinerkirche, Wien

Musizierende Putten am Sockel des Mozart-
Denkmals im Burggarten, Wien

Burgtheater, Wien

7. Die Musik

„Wie Sie selbst aus verschiedenen Quellen wissen werden, hat die Musik innerhalb eines Zeitraumes von zwei Jahrhunderten so kolossale Fortschritte gemacht, sich in ihrem inneren Organismus so erweitert und vervollständigt, daß wir heute – werfen wir einen Blick auf dieses reiche Material – vor einem bereits vollendeten Kunstbau stehen, an welchem wir eine gewisse Gesetzmäßigkeit in den Gliederungen desselben sowie eine gleiche von diesen Gliedern dem ganzen Kunstbau gegenüber erkennen werden. Wir sehen, wie das eine aus dem anderen hervorwächst, eines ohne das andere nicht bestehen kann und doch jedes für sich wieder ein Ganzes bildet.

So wie jeder wissenschaftliche Zweig sich zur Aufgabe macht, seine Materiale durch das Aufstellen von Gesetzen und Regeln zu ordnen und zu sichten, so hat ebenfalls auch die musikalische Wissenschaft – ich erlaube mir, ihr dieses Attribut beizulegen – ihren ganzen Kunstbau bis in die Atome seziert, die Elemente nach gewissen Gesetzen zusammengruppiert und somit eine Lehre geschaffen, welche auch mit anderen Worten die musikalische Architektur genannt werden kann.

In dieser Lehre bilden wieder die vornehmen Kapitel der Harmonielehre und des Kontrapunktes die Fundamente und die Seele derselben.“

Aus der Antrittsvorlesung Anton Bruckners an der Wiener Universität

8. Zusammenfassende Übersicht

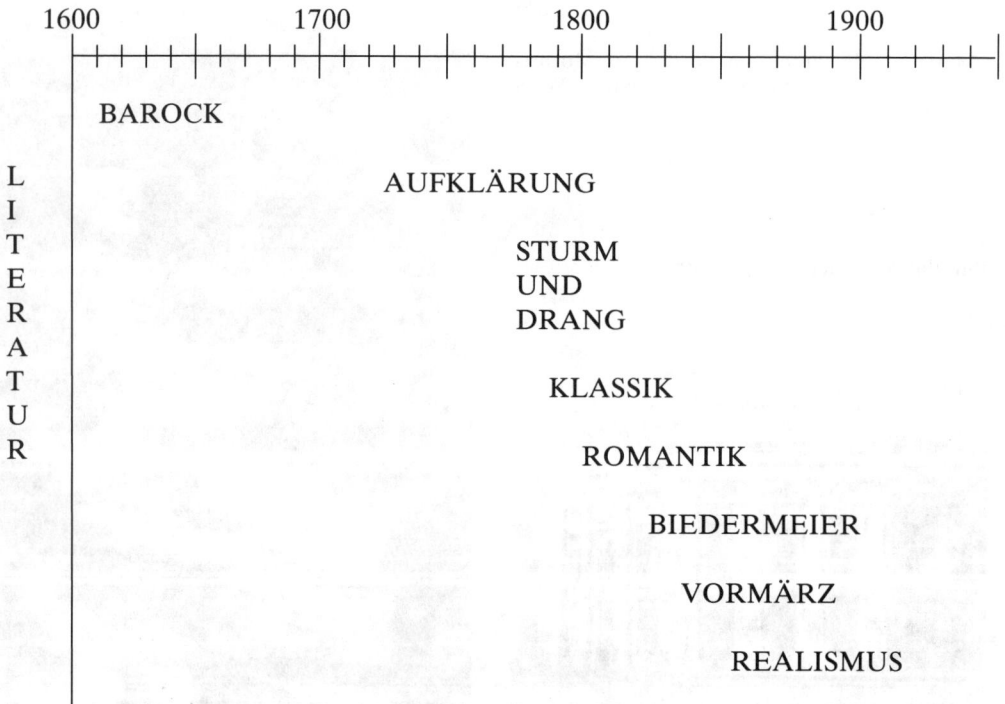

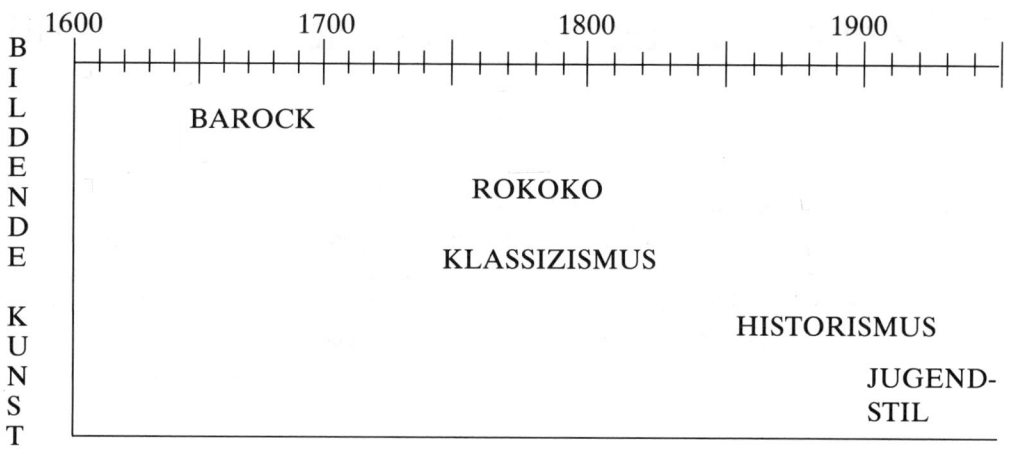

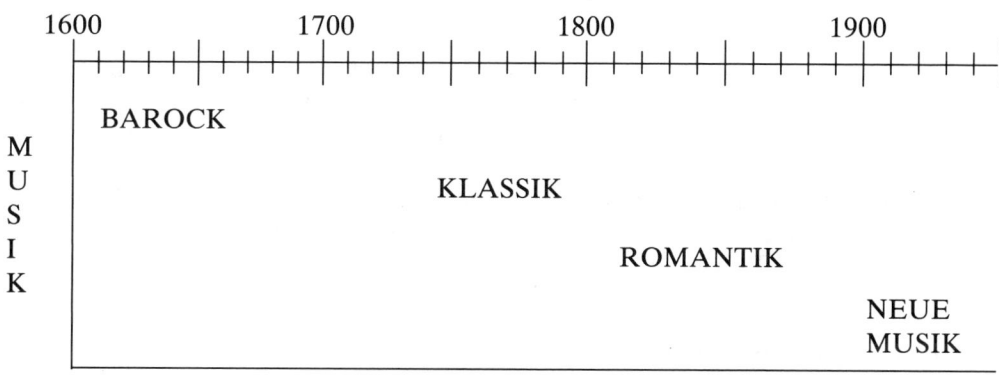

Ein Zeitalter an der Wende – Die Zeit um 1900

Geschichtliche Ereignisse während dieses Zeitraumes:
 Zerfallserscheinungen in der Österreichisch-Ungarischen Monarchie, Erstarken der Arbeiterbewegung (Sozialdemokratie), Erster Weltkrieg, Kommunisten übernehmen die Herrschaft in Rußland, Österreich wird Republik, Entdeckung der Radioaktivität, Entwicklung der Flugtechnik.

1. Nichts soll in den Künsten ausgespart werden, auch nicht das Häßliche und Krankhafte: Naturalismus

Der Mensch – vor allem der sozial schlechter gestellte Mensch – wird zum Helden. Seine Umwelt (das soziale Milieu), die seine Entwicklung nach Ansicht der Naturalisten bestimmt hat und aus der er sich nicht befreien kann, wird mit photographischer Genauigkeit abgebildet.

Gerhart Hauptmann verschrieb sich in den ersten Jahren seines Schaffens dem Naturalismus. Später wandte er sich vom Naturalismus ab (Dramen: „Die Weber", „Die Ratten", „Der Biberpelz"; Romane, Erzählungen).

Arno Holz, naturalistische Lyrik:

Ihr Dach stieß fast bis an die Sterne,
Vom Hof her stampfte die Fabrik,
Es war die richt'ge Mietskaserne
Mit Flur- und Leiermannsmusik!

Im Keller nistete die Ratte,
Parterre gab's Branntwein, Grog und Bier,
Und bis ins fünfte Stockwerk hatte
Das Vorstadtselend sein Quartier.

Aus „Phantasus"

Käthe Kollwitz stellt in ihren Graphiken das Elend der unterdrückten Menschen ergreifend dar.

Der Auszug der Weber (Radierung)

2. Genaue Darstellung von Sinneseindrücken, Stimmungen und Seelenzuständen: Impressionismus

In Wien zeichnet der Arzt Arthur Schnitzler in impressionistischer Manier das Stimmungsbild seiner Zeit. Er deckt die Beziehungen der Menschen untereinander auf und leuchtet in die verborgensten Winkel des Seelenlebens.

„Innerer Monolog" (Selbstgespräch) aus der Novelle „Leutnant Gustl":

Ist das ein Gedränge! Lassen wir die Leut' lieber vorbeipassieren . . . Elegante Person . . . ob das echte Brillanten sind? . . . Die da ist nett . . . Wie sie mich anschaut! . . . So, jetzt schließen wir uns an. Oh, ein Major . . . Sehr liebenswürdig hat er gedankt . . . Bin doch nicht der einzige Offizier hier gewesen . . . Herrgott, ist das ein Gedränge bei der Garderobe! . . . Warten wir lieber noch ein bissel . . . Den kenn' ich ja! – Donnerwetter, das ist ja der Bäckermeister, der immer ins Kaffeehaus kommt . . .

Schreiben Sie einen inneren Monolog.

(Zum Beispiel: Eine langweilige Unterrichtsstunde
Eine unangenehme Situation
Ein Mensch, von dem Sie es nicht erwartet hätten, hat Sie betrogen
Sie haben das Gefühl, daß man Sie ablehnt).

Worauf müssen Sie bei dieser Technik achten?

Die impressionistischen Maler schenken ihre besondere Aufmerksamkeit den Reflexionen des Lichtes.

Claude Monet, Überschwemmung

3. Gedanken und Ideen werden durch Bilder (Symbole) ausgedrückt: Symbolismus

Der Symbolismus entsteht parallel zum Impressionismus. Das Ideal symbolistischer Werke sind Schönheit und Harmonie.

Hugo von Hofmannsthal schrieb das Spiel vom Sterben des reichen Mannes ("Jedermann") und eine Reihe von Operntexten für den Komponisten Richard Strauss ("Der Rosenkavalier"). Seine Jugendwerke werden dem Symbolismus zugeordnet.

Die Beiden

Sie trug den Becher in der Hand
– Ihr Kinn und Mund glich seinem Rand –
So leicht und sicher war ihr Gang,
Kein Tropfen aus dem Becher sprang.

So leicht und fest war seine Hand:
Er ritt auf einem jungen Pferde,
Und mit nachlässiger Gebärde
Erzwang er, daß es zitternd stand.

Jedoch, wenn er aus ihrer Hand
Den leichten Becher nehmen sollte,
so war es beiden allzu schwer:
Denn beide bebten sie so sehr,
Daß keine Hand die andre fand
Und dunkler Wein am Boden rollte.

Hugo von Hofmannsthal

Rainer Maria Rilke kann in Teilen seines Werkes der symbolistischen Richtung zugeordnet werden, nimmt aber gleichzeitig eine Sonderstellung in der deutschsprachigen Dichtung ein. Bereits in den ersten beiden Gedichtbänden, in denen vor allem noch Stimmungsbilder vorherrschen, besticht seine Sprache durch Schönheit und Musikalität. Die Sehnsucht, das in allen Wesen Verborgene sagbar und sichtbar zu machen, durchzieht Rilkes gesamtes Schaffen.

Volksweise

Mich rührt so sehr
böhmischen Volkes Weise,
schleicht sie ins Herz sich leise,
macht sie es schwer.

Wenn ein Kind sacht
singt beim Kartoffeljäten,
klingt dir sein Lied im späten
Traum noch der Nacht.

Magst du auch sein
weit über Land gefahren,
fällt es dir doch nach Jahren
stets wieder ein.

Rainer Maria Rilke

4. Jugendstil

Gegen Ende des 19. Jahrhunderts hatte man genug von der Nachahmung, man pflegte dekadente Grazie und Ornament.

Die Baukunst schwankte zwischen ornamental verzierter Fassade (Otto Wagner) und den Forderungen von Adolf Loos nach der reinen, schmucklosen, nur auf den Zweck ausgerichteten Bauform.

Jugendstilarchitektur in einem Brüsseler Wohnhaus

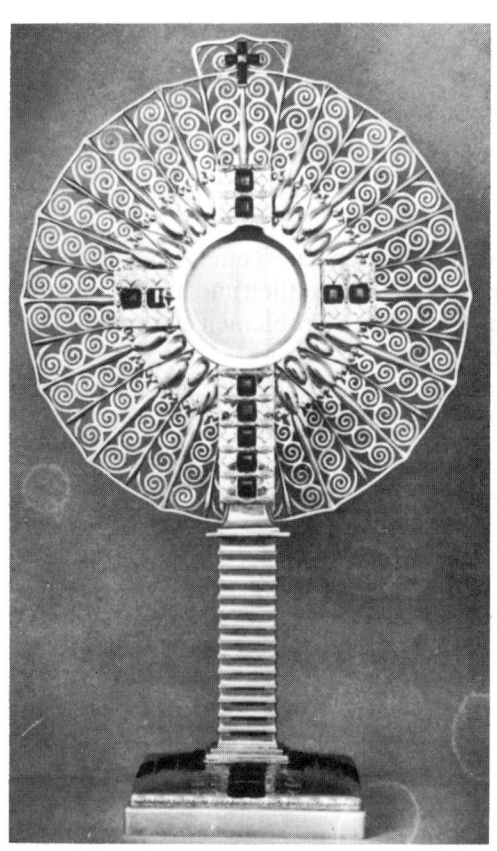

Monstranz, Entwurf von O. Wagner

Stadtbahnstation Karlsplatz, Entwurf von Otto Wagner

Gustav Klimt: Fritza Riedler (Ornamente und byzantinische Motive sind Kennzeichen der Malerei G. Klimts)

5. Wie kommt es in der bildenden Kunst zur „Moderne"?

Die Erfindung der Photographie löst in der bildenden Kunst eine Revolution aus. Das Photo ist dem Künstler im Abbilden der Wirklichkeit zeitlich und in der Genauigkeit objektiv überlegen, so daß sich die Künstler anderen Problemen zuwenden. Dies geschah etwa in der Mitte des 19. Jahrhunderts.

Cézanne gilt als Bahnbrecher der modernen Malerei. Er begann im Stil des Impressionismus, löste sich aber später davon und suchte die Farbe als Hauptmittel der Komposition einzusetzen.

Paul Cézanne,
Stilleben

Die abstrakte Kunst

Ein Beispiel für abstrakte Arbeit sind die Bilder des Niederländers Piet Mondrian. Ihn interessiert die Natur. Er begnügt sich jedoch nicht damit, sie einfach abzubilden, sondern versucht, ihren Aufbau (ihr „Gerüst", ihr „Skelett") zu entdecken. Am Beispiel des Baumes kann man diese Entwicklung sehen:

Immer wieder zeichnet Mondrian Bäume und versucht, das Unwichtige wegzulassen. Er treibt die Reduktion so weit, daß am Ende nur mehr Bilder mit schwarzen Linien auf weißem Grund übrigbleiben, ergänzt durch rote, blaue und gelbe Farbflächen.

6. Musik

Gustav Mahler:

„Wenn es jemals einen Komponisten gab, der seiner Zeit Ausdruck verlieh, dann war es Mahler. Diese Musik ist geradezu grausam in ihren Offenbarungen: sie gleicht einer Filmkamera, die die Gesellschaft im Augenblick ihres beginnenden Zerfalls erfaßt. Erschütternd ist, daß all diese angsterfüllten Bilder durchdrungen werden von der Suche nach dem idealen Leben, von Erinnerungen an kindliche Unschuld, verkettet sind mit dem Streben nach dem Himmlischen, nach Erlösung."

Leonard Bernstein

Neue Musik, Jazz:

Um die Wende zum 20. Jahrhundert erreichte die große europäische Tradition symphonischer Musik einen Punkt der Erschöpfung. Die Komponisten mußten nach neuen Ausdrucksmitteln suchen und experimentierten mit Atonalität, Vierteltonmusik, Ganztonskalen und alten griechischen Skalen.

In New Orleans entstand damals aus afrikanischer Trommelmusik, französischen Militärmärschen und polnischen Polkas eine neue, faszinierende Musik, die man Ragtime nannte. Aus dem Ragtime entwickelte sich in den zwanziger Jahren der Jazz.

Unser Jahrhundert

Geschichtliche Ereignisse während dieses Zeitraumes:
Erster Weltkrieg, Kommunisten übernehmen die Herrschaft in Rußland, Österreich wird Republik, faschistische Bewegungen, Österreich wird dem Deutschen Reich angeschlossen, Zweiter Weltkrieg, Österreich wieder selbständig (2. Republik), Wiederaufbau in Europa, Wohlstandsgesellschaft, regionale Auseinandersetzungen in der Welt, Entstehung der „Dritten Welt", Protestbewegungen, Entwicklung der Flugtechnik, Automatisierung, Atombombe, Raumfahrt, Computertechnik, Elektronik.

1. Eine neue Tendenz in den Künsten: Der Expressionismus

Der allgemeinen Untergangsstimmung setzte der Expressionismus einen neuen Aufbruch entgegen. Eine ekstatische Kunst, die die Wirklichkeit oft übertrieben schildert, zeigt die tiefe Bedrohtheit des Menschen (Gewalt, Mechanisierung, Vermassung).

Winterdämmerung

Schwarze Himmel von Metall.
Kreuz in roten Stürmen wehen
abends hungertolle Krähen
über Parken gram und fahl.

Im Gewölk erfriert ein Strahl;
und vor Satans Flüchen drehen
jene sich im Kreis und gehen
wieder siebenfach an Zahl.

In Verfaultem süß und schal
lautlos ihre Schnäbel mähen.
Häuser dräun aus stummen Nähen;
Helle im Theatersaal.

Kirchen, Brücken und Spital
grauenvoll im Zwielicht stehen.
Blutbefleckte Linnen blähen
Segel sich auf dem Kanal.

Georg Trakl

Eine ganze Reihe bedeutender Dichter wird mit einem Teil ihres Werkes dieser Stilrichtung zugeordnet: Benn, Werfel, Kafka, Lasker-Schüler.

Stellen Sie die typischen Merkmale folgender Stilrichtungen einander gegenüber:

Naturalismus	Impressionismus	Symbolismus	Expressionismus

Zeitlicher Verlauf der „Ismen":

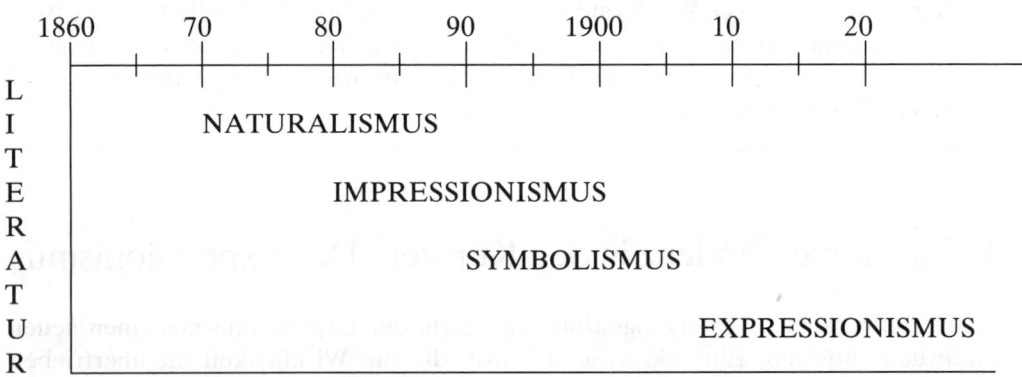

In der bildenden Kunst verlaufen diese Stilrichtungen ähnlich wie in der Literatur. Die impressionistische und symbolistische Malerei gingen von Frankreich aus.

2. Dichtung aus Volk und Heimat

Anknüpfend an die Heimatdichtung des 19. Jahrhunderts, setzen bedeutende Dichter die Tradition fort. Dabei verschiebt sich jedoch der Heimatbegriff, und die Darstellung wendet sich dem kleineren, enger begrenzten Landschaftsraum mit seinen besonderen Eigenheiten zu. Landschaft und soziales Umfeld werden realistischer und nicht mehr idealisiert dargestellt. Vom Nationalismus gefördert (wobei auch viel Wertloses entstand), wurde die Gattung Heimatroman später verallgemeinernd als „Blut- und Boden-Literatur" verteufelt, doch beginnt man sich heute wieder auf bedeutende Leistungen zu besinnen.

Ergänzen Sie die folgende Liste mit Namen von Heimatdichtern, die Sie kennen:

Burgenland: Matthes Nitsch,

Kärnten: Josef Friedrich Perkonig,

Niederösterreich: Maria Grengg,

Oberösterreich: Richard Billinger,

Salzburg: Karl Heinrich Waggerl,

Steiermark: Paula Grogger,

Tirol: Karl Schönherr,

Vorarlberg: Eugen Andergassen,

Wien: Emil Ertl,

Vergleichen Sie

	Werke von „Heimatdichtern"	Heimatroman (Groschenheft)
handelnde Personen (Milieu, Charakteristik)		
Handlungsverlauf (Darstellung u. Lösung des Konflikts)		
Sprache		

Wodurch werden Ihrer Meinung nach Dichter über ihre Heimat hinaus bekannt?

Taubnessel

Am Straßenrand, bedeckt mit Staub,
blüht eine Nessel, die ist taub.
Sie blüht bei Sonnenschein und Frost,
mühselig, aber doch getrost.

Dereinst, am Tage des Gerichts
(sie hört von den Posaunen nichts),
wird Gott ihr einen Boten schicken,
der wird die taube Nessel pflücken
und in den siebten Himmel bringen.
Dort hört auch sie die Engel singen.

Karl Heinrich Waggerl

Was der Mensch erfahren
in vielen Jahren,
macht sein Leben nicht aus.
Was er mit Händen
konnte vollenden,
füllt oft kein Haus.

Doch was er im stillen
um der Liebe willen
tut oder leid't,
reicht von der Erdenzeit
in die Ewigkeit.

Paula Grogger

71

Kinderfrühling

Da liegt ein Land, still und sonnig und geheimnisvoll, weit draußen am Anfange einer langen, staubigen Lebensbahn. Das hat kühle Brunnen und köstliche Schatten und saftige Wiesen mit leuchtendem Löwenzahn und Kornblumen im reifen Feld. In den blühenden Apfelbäumen schlagen Finken und Meisen, und weiße Schäfchenwolken segeln hoch im reinen Blau. Und ein Tag darin ist länger als ein ganzes Jahr der großen Leute und gibt den Sinnen zu trinken, vor allem den Augen, von Bildern und Dingen, daß man des Abends steinmüde zu Bette sinkt, sorglos und sicher vor Räubern und wilden Tieren, denn die Mutter hat uns zur Ruh gebracht und wacht über uns beim Lampenschein. Und Besseres gibt's auf der ganzen Welt nimmer. Das weiß ich auch heute noch.

Denn wie ein Märchen begann das Leben. Die Vögel sprachen und die Tiere, die Dinge standen still und nachdenklich in ihrem Winkel und warteten, bis man sie nähme, um mit ihnen zu spielen. Menschen gab's nur wenige. Die Mutter – und Kinder. Alles übrige waren Leute. Die hatten wohl anderes zu tun, kamen und gingen und trugen nur hie und da etwas an sich, das vorübergehend aufsehen ließ. Im wesentlichen aber waren es die Kinder und die Dinge. Im Frührot der ersten Lebensjahre waren sie aus dem Dunkel getreten und standen nun im hellen Sonnenschein des Tages. Noch gab's keinen Weg, kein Ziel, kein Messen und Schätzen. Eins löste das andere ab, der leuchtende Kelch einer Lilie, darin ein Goldkäfer grübelnd saß, schwingender Glockenklang über unendlichen Wiesen, der Duft eines roten, leckenden Rebenfeuers, der Wohlgeschmack eines gebratenen Apfels.

Das wurde genossen, nein, erfahren, in stiller Einsamkeit oder mit anderen Kindern. Man traf sich in dem Meer von Zeit wie das Wild im Wald. Am Wege, in einem stillen Winkel hatte man was zu schauen, fand wohl ein anderes Kind, und die Welt ringsum und Ort und Zeit versanken im Spiel. Zwei junge Seelen gingen unbewußt nebeneinander auf die Wanderschaft in die Welt der kleinsten Tatsachen. Oder beim Viehweiden am Felde schlüpfte auf einmal ein fremdes Menschenkind durch die Rebenhecke, braun und verwundert. Ein wortloses Mustern, ein Beobachten, ermunternd oder zurückweisend, und wieder war die Welt untergegangen in all dem Neuen, das zwei junge Menschlein an Beobachten und Erkennen sich zu geben hatten. So versank man ins Spiel wie in einen tiefen Brunnen, und sah man, durch ein Äußeres, einen Ton, einen Ruf geweckt, einmal auf, so lag die Welt so winzig klein in der Ferne, wie die ziehenden Wolken hoch überm Brunnenrand.

Die weite Welt – wie wenig Anteil hatte man für sie. Man wußte, da lief die Straße fort ins Weite, bis ans Ende der Welt und weiter noch – bis Graz, wo zur Nacht Gasflammen wie gelbe Schmetterlinge in den Laternen brennen sollten. Möglich, aber was tat's? Im Bereiche der Welt lag nichts, das einem so nahe ging wie Haus und Garten und Hof und der Bodenraum mit seinen tausend Geheimnissen.

Da war unser Garten – und damit steht mir mit einem Male mein eigenes Jugendland morgenklar vor Augen – da war unser Garten, über alles Bedürfen groß nach kindlichen Maßen, mit leuchtenden Blumen und Wegen und Winkeln, mit Schnecken im Buxbaum und Käfern im Laub, mit hundert Stiefmütterchen, deren jedes ein anderes Großmuttergesicht trug, als wollten sie sprechen und könnten's nicht; mit

Blumenherzen, die, an schwanken Ranken gereiht, immer kleiner wurden, und mit Rosen, die – für uns – von hohen Bäumen sich lauschend niederbogen nach den spielenden Kindern. Und wenn ein Falter eine Zentifolie an den dicken Backen nahm und sie tief, so recht tief ins Herz küßte, so waren's eben zwei belebte Wesen, wie ich und mein Spielgesell, nur stiller und daher vornehmer, daß man ihnen andachtsvoll zusah.

Am Garten vorbei lief die Landstraße zur vollen Höhe des Marktplatzes. Das war die weite Welt überm Zaun, oft fremdartig und scharfer Beobachtung wert, aber unsicher und gefahrenumlauert. Die Füße auf den Planken, mit beiden Händen an die Sprossenköpfe geklammert, so sah sich's am besten hinaus und am sichersten. Da zog der Fuhrmann vorbei im blauen Kittel, der mit seinem Vierspännerwagen von Kärnten kam, mit dem bellenden Spitz in der Wiege unterm Wagenboden. Oder es kamen weißlodene Slowaken mit dürren Schindmähren an dem Karren, die Zwiebelkränze und aus flachgebauten Fässern Essig verkauften mit dem klagenden Slawenruf: „Essiga, Essiga!" Oder es war großer Jahrmarkt. Da wanderten Ochsen vorüber, Paar auf Paar, schwer und doch hurtig, wie wandelnde Berge, braune, schwarze, scheckige, mit hundert Abwandlungen des Gehörns, oder ramsnasige Schafe vom Ursulaberge. Oder eine „Leich" zog dahin, schwankend auf den Schultern der Schwarzmäntel, mit Posaunenpracht und seltsam glimmenden Laternenlichtlein am hellen Sonnentag. Und kamen wohl gar einmal Dudelsackpfeifer und Bärentreiber mit Kamelen und Affen, dann war's der ganze Orient, wie er sonst nur beim Weihnachtskripperl in der Kirche im Gefolge der Heiligen Drei Könige zu bestaunen war.

Das Köstlichste aber war doch die Fischergrube. So ward sie nach der alten Nachbarin geheißen. Die hohe Stützmauer am unteren Gartenende stieß rechtwinklig mit einer fremden tiefen Hausmauer zusammen, und nach dem Winkel zu senkte sich von der Straße herab der Rasen mit Blumen und seltsamem Unkraut zu einem mächtigen Hollerbusch im tiefsten Winkel, der wie ein getreuer Pudel oder eine alte Kinderdirn sich zausen und rupfen ließ, der Zweige gab für Hollerbüchsen und grüne Wimpel für Umzüge und dabei immer wieder in stiller Zufriedenheit den Spielen seiner Gäste zusah. Auch der lebte, war wie ein alter Mann mit dem starken, ernsten Hollergeruch, und die Läuse saßen ihm an den Spitzen wie dem Bettler im Pelz.

Wie eine nachdenklichere Seite des Lebens wehte es einen aus dem kühlen, rauchdurchzogenen Winkel an, wenn man aus dem heißen Sonnenglast des Gartens niedergestiegen war zur Fischergrube. Da führte an der schattigen Moosmauer das Geschlecht der Asseln und Ohrwürmer sein verhohlenes Leben, eine Kröte saß im Grunde mit brunnklaren, goldgeränderten Augen, und die Spitzhütchen der Moose standen märchenzart auf dem sammetweichen Boden. Dann hatten wir wohl einmal unter tausendfältigen Gefahren eine mächtige Hummel von einer Taubnessel gefangen und in einem sorgsam geglätteten Lehmverlies hinter einem Glasscherblein eingetürmt. Dahinter tobte sie nun, und wir hockten davor mit dem gesicherten Grauen vor der gebändigten Urkraft.

Dazwischen rief einmal die Mutter und wir mußten einen kleinen „Weg machen", zur Melblerin über die Straße oder zum Kaufmann marktaufwärts.

Die „Kürschnerlenzin" war ein steinaltes, verhutzeltes Weiblein, bleich wie Teig, das vor sich sann, bis das federnde Glöcklein über der Ladentür sie für die kleinen

Kunden weckte. Getrocknete Zwetschken, mehlbestaubt und süß, waren die kleine Draufgabe beim Einkauf, die sie uns nahebrachte.

Beim Kaufmann trat man eine Stufe hinab in den Laden, der niedrig gewölbt und in altem Kobaltblau gefärbelt, mit einzelnen Sternen an der Decke, das Firmament versinnbildlichte. Darin roch es von allen Gewürzen Indiens. Über der „Budel" hing von der Decke ein mächtiges hölzernes, nach der Haartracht zu schließen, weibliches Meerwesen mit weitgespreizten Fischflossenbeinen und seltsam leer ins Weite starrenden Augen. Die waagrechten Flossen entlang hingen an Haken Schuhbänder, Peitschenschnüre, Talgkerzen und hundert anderer Kleinkram für die bäuerlichen Kundschaften. Denn noch schlug man am Kirchplatz Feuer mit dem Zunderschwamm und Stein aus dem „stachlernen" Rücken der festen Messer. Der ansehnliche Kaufherr aber, ein alter, schneeweißer, ernster Mann, stand bei uns in hoher Achtung. Ob seine Frachtwagen die Waren auch nur von Graz oder Leibnitz brachten, für uns war's so weit, als ob sie an den Häfen des Weltmeeres aufgeladen worden wären. Und doch nahm er es wieder gutmütig auf, wenn der Ankauf eines Bundes „Süßwurzel" um einen Kreuzer durch einen von uns von der draußen harrenden Übernahmskommission abgelehnt wurde, und tauschte die Ware gelassen um.

Und so verging ein langer, langer Tag, bis wir zu Bette mußten, noch im Abenddämmer, wenn draußen noch die letzten Kinder um den Marktbrunnen jagten oder singende Burschen nach dem Feierabend die Straße hinabzogen zur Abendrast an der alten Steinbrücke am Bach.

H. Kloepfer, aus: Sulmtal und Kainachboden

Der Tiroler Albin Egger-Lienz malt auf das Wesentliche reduzierte Bilder aus der Welt der Bauern und die Schrecken des Krieges.

Tiroler Totentanz (Ausschnitt), Bauer

74

3. Die „Neue Sachlichkeit"

Dieser Stilbegriff wurde aus der bildenden Kunst in die Literatur übernommen, denn in den bildenden Künsten wird jetzt das Einfache, Geradlinige, Zweckmäßige für die Formgebung bestimmend.

Eine ähnliche Anschauung stellt sich auch bei Dichtern dieser Zeit ein, deren Namen heute noch Weltgeltung haben, wie Erich Kästner, Carl Zuckmayer, Ernst Jünger, Josef Weinheber, Max Mell, Joseph Roth.

In allen Epochen gibt es Dichter, die sich in der Vielfalt ihres Werkes keiner literarischen Stilrichtung zuordnen lassen. In unserem Jahrhundert sind dies so bedeutende Dichter wie Thomas Mann, Franz Kafka, Heimito von Doderer, Hermann Hesse, Robert Musil.

Lesen Sie im Autorenverzeichnis nach, was dort über die angeführten Dichter steht.

4. Zwei große Dramatiker vor dem Zweiten Weltkrieg

Ödön von Horvath: Er zeigt die Welt so, „wie sie leider ist". Volksstücke: „Geschichten aus dem Wienerwald", „Liliom".

Bert Brecht: Sein „episches Theater" reißt den Theaterbesucher durch Handlungsunterbrechungen immer wieder aus dem bloß passiven Zuschauen heraus (durch Songs, von einem Erzähler gesprochene Zwischentexte, Plakate), um ihn damit zum kritischen Denken anzuregen.

Stücke: „Die Dreigroschenoper", „Der kaukasische Kreidekreis", „Der gute Mensch von Sezuan".

> *Gelobt sei der Zweifel*
>
> Ich rate Euch, begrüßt mir
> heiter und mit Achtung den,
> der euer Wort wie einen schlechten Pfennig prüft!
> Ich wollte, ihr wäret weise und gäbt
> euer Wort nicht allzu zuversichtlich . . .
> *Bert Brecht*

5. Literatur während des „Dritten Reiches"

Während der Zeit des Nationalsozialismus versuchte das Regime, jene Formen der Kunst, die der Ideologie zuwiderliefen, zu unterdrücken.

Viele von denen, die aus rassischen oder ideologischen Gründen verfolgt wurden oder sich mit den veränderten politischen Gegebenheiten nicht abfinden konnten, wählten den Weg in die Emigration (Musil, Broch, Joseph Roth, Werfel, Zweig, Canetti, Thomas Mann, Zuckmayer).

Einige (z. B. Alma Johanna Koenig) verschwanden im KZ (Konzentrationslager).

In der Literatur wurde während des Dritten Reiches große Bedeutung auf die heimat- und volksnahe Dichtung gelegt (Kolbenheyer, Hohlbaum, Weinheber, Agnes Miegel, Ina Seidel, Bergengruen, F. K. Ginzkey, Binding . . .).

6. Kriegs- und Nachkriegserlebnisse finden ihren Niederschlag in der Literatur nach dem Zweiten Weltkrieg

a) Prosa:

„Wir sind die Generation ohne Bindung und ohne Tiefe. Unsere Tiefe ist Abgrund. Wir sind die Generation ohne Glück, ohne Heimat und ohne Abschied. Unsere Sonne ist schmal, unsere Liebe grausam und unsere Jugend ist ohne Jugend. Und wir sind die Generation ohne Grenze, ohne Hemmung und Behütung – ausgestoßen aus dem Laufgitter des Kindseins in eine Welt, die uns darum verachtet.

Aber sie gaben uns keinen Gott mit, der unser Herz hätte halten können, wenn die Winde dieser Welt es umwirbelten. So sind wir die Generation ohne Gott, denn wir sind die Generation ohne Bindung, ohne Vergangenheit, ohne Anerkennung."

Wolfgang Borchert, Generation ohne Abschied

Bringen Sie das, was Sie über die Kriegs- und Nachkriegsjahre wissen, mit dem Text in Verbindung, und vergleichen Sie das Schicksal dieser „verlorenen Generation" mit Ihrem Schicksal.

Lesehinweise:
Gerhard Fritsch, „Moos auf den Steinen"
Heinrich Böll, „Der Zug war pünktlich", „Wanderer, kommst du nach Spa . . ."
Luise Rinser, „Mitte des Lebens"
Ilse Aichinger, „Die größere Hoffnung"

Eine neue literarische Form entsteht: die K u r z g e s c h i c h t e. Ihre Form kommt dem Leser des 20. Jahrhunderts besonders entgegen, indem sie den Stoff gedrängt darbietet und in einem Zug gelesen werden kann.

b) Lyrik

Sprachlich suchen die Dichter nach neuen Ausdrucksformen (der „freie Rhythmus" entsteht), inhaltlich suchen sie nach Klärung: teils in Traumvorstellungen, teils in mythisch-religiösen Vorstellungen. Oft setzen sich diese Inhalte – wenn auch mit Unterbrechungen – bis in ihr Spätwerk fort.[1]

Stubenberger Nachtgebet

Laß keinen so müd und elend sein,
daß er nicht noch zum Sternenhimmel
aufschaut und dankt
für das Wunder des Auges,
das soviel Herrlichkeit
wahrnimmt und faßt.   *Christine Busta*

Fadensonnen

Fadensonnen
über der grauschwarzen Ödnis.
Ein baum-
hoher Gedanke
greift sich den Lichtton: es sind
noch Lieder zu singen jenseits
der Menschen.   *Paul Celan*

Celans Ausdrucksstärke liegt in der Neuschöpfung sprachlicher Bilder.

Welche Bilder stammen aus der Natur?

Welche aus dem geistig-ideellen Bereich?

In welchen Bildern verschmelzen beide Bereiche?

Beachten Sie die Wendung von der Trostlosigkeit zur Hoffnung.

c) Drama

Bertolt Brecht hatte schon früher sein „episches Theater" entwickelt; nach seiner Rückkehr aus der Emigration wird er nun mit seinen „politischen Lehrstücken", die schnell die Bühnen erobern, zum wichtigen Anreger.

Eines der ersten Nachkriegsstücke schrieb Wolfgang Borchert: „Draußen vor der Tür". Die Darstellung des Schicksals dieser „verlorenen Generation" wirkte weit über den deutschsprachigen Raum hinaus.

---

[1] Im Teil „Dichter aus Gegenwart und Vergangenheit zu Menschheitsfragen" finden Sie dazu Beispiele folgender Dichter: Bachmann, Busta, Fussenegger, Kießling, Lavant, Mühringer, Szabo.

Auch Carl Zuckmayer setzte sich in vielen seiner Stücke mit sozialen Problemen und tragischen persönlichen Konflikten auseinander („Der Hauptmann von Köpenick", „Des Teufels General").

Der Schweizer Friedrich Dürrenmatt war zwar nicht direkt in den Krieg verwickelt, aber doch ein genauer Beobachter des Zeitgeschehens. Sein Ziel ist es, die Schwächen seiner Mitmenschen, ihr gestörtes Verhältnis zueinander und daraus entstehende gesellschaftliche Irrwege aufzuzeigen („Der Besuch der alten Dame", „Die Physiker").

Max Frisch bemüht sich in seinen Dramen, überlieferte Gegebenheiten nicht hinzunehmen und die Stellung des modernen Menschen zu sich und seiner Umwelt neu zu betrachten. Die groteske Komödie „Biedermann und die Brandstifter" ist eine dramatische Satire auf die politische Gesinnungslosigkeit und gefährliche Naivität des satten Bürgertums. Obwohl der Fabrikant Biedermann vor Brandstiftern gewarnt wird, nimmt er zwei Ganoven in seiner feudalen Villa gastlich auf, nur um sich als Held zu fühlen, und sieht zu, wie sie ihre Vorbereitung zur Brandstiftung treffen. Es macht ihm Spaß, zuzusehen und sich mit den beiden unverschämten Kerlen zu besaufen. Ein „Chor", der aus den „Mannen der Feuerwehr" besteht, verfolgt und kommentiert die gefährliche Handlung, greift aber nicht ein, denn Biedermann wünscht es nicht:

„Meine Herren, ich bin ein freier Bürger, ich kann denken, was ich will ... Ich habe das Recht, meine Herren, überhaupt nichts zu denken ... ganz abgesehen davon, meine Herren, was unter meinem Dach geschieht – ich muß schon sagen, schließlich und endlich bin ich der Hauseigentümer."

Das Spiel mit dem Feuer, dem der „Chor" vergeblich warnend zusah, endet, wie es enden muß. Die Brandstifter legen Feuer.

Mit welchen Gefahren, gegen die nichts oder zuwenig unternommen wird, leben wir heute?

7. Der Rundfunk ermöglichte die Entstehung einer neuen Gattung: des Hörspiels

Im Hörspiel muß das Sichtbare durch Töne und Geräusche ersetzt werden. Damit eröffnet sich die Möglichkeit, Räume und Zeiten zu verschieben und zu vertauschen und auf diese Weise besondere Wirkungen zu erzielen.

Notieren Sie, welche Hörspiele in nächster Zeit im Rundfunk gesendet werden. Vielleicht können Sie eines gemeinsam hören.
Schreiben Sie auf, mit welchen Effekten das Hörspiel arbeitet (Geräusche, Pausen, . . .).

8. Neue Techniken und neue Inhalte in der Literatur der „Moderne"

Zeitereignisse, Befürchtungen und Hoffnungen, die sich daran knüpfen, werden zu allen Zeiten in der Literatur dargestellt. Jetzt sind es Aufrüstungsfragen, das Kräftemessen der Weltmächte („Kalter Krieg"), Atomkriegsvisionen, Wohlstandsgesellschaft, „Dritte-Welt"-Problematik und ähnliches Unbehagen.

8.1. Prosa

Erzählende Werke, insbesondere der Roman, bieten ein weites Feld zur Auseinandersetzung mit Zeitproblemen. Beim Gegenwartsroman lassen sich – grob gesprochen – zwei Gruppen unterscheiden: eine „traditionelle" und eine „moderne".

Die „traditionellen" Erzähler[1]) behandeln die bestehenden Zeitprobleme in der überkommenen Form: Der Handlungsablauf ist linear, spannend, oft unterhaltend, wird einem Happy-End oder einer tragischen Lösung zugeführt, und die Fülle von Gedanken und Überlegungen wie auch die Tiefe der Aussage wird ins Handlungsgeflecht eingewoben.

Die „modernen" Erzähler hingegen haben eine radikale Wendung vollzogen. Der „Held" des Romans (nach altem Muster) ist tot. An seine Stelle tritt der „negative Held", der alltägliche Mensch in seiner Vielschichtigkeit; er ist nicht mehr der „Gute", der „Edle", er ist gut und böse zugleich, hat sympathische und unsympathische Züge.

Auch in den Erzähltechniken ist eine Wende eingetreten. Es wird nicht mehr hintereinander erzählt: Gegenwärtiges, Vergangenes, Zukünftiges schieben sich in- und durcheinander, eine Tat kann sich mit Erinnerungen, Zukunftshoffnungen, Kindheitsängsten verquicken. Manche Autoren haben sich von der gängigen Hochsprache gelöst und verwenden Umgangssprache, Jugendsprache, Slang, Werbejargon und Gossensprache.

Der „moderne" Roman bietet dem Leser nicht mehr Entspannung, Unterhaltung. Im Gegenteil, er verlangt von ihm, selber mitzudenken, selber zu urteilen, denn er stellt ihm unangenehme Situationen, durchschnittliche bis widerliche Charaktere vor Augen. Der Erzähler selbst bietet dabei keine Lösung an, er läßt den Leser allein und überträgt es ihm, Lösungen zu finden. Fast könnte man meinen, der Romanautor gebe dem Leser sein Werk als bloßes Werkzeug zur Selbstbesinnung in die Hand. Der „moderne" Erzähler zweifelt überkommene Wertvorstellungen an, er wendet sich dagegen, daß wir genau wissen, wie's gemacht wird, was das Beste ist, wie und was Ordnung zu sein hat, was „edel", „schön" und „gut" ist. Dabei stellt er vieles in Frage – heutige Zivilisationserscheinungen, Politik, Arbeitsmoral, Wohlstandsdenken,

---

[1]) Im Teil „Dichter aus Gegenwart und Vergangenheit zu Menschheitsfragen" finden Sie Beiträge von Autoren, die in der 2. Hälfte unseres Jahrhunderts auch Prosa im „traditionellen" Stil geschrieben haben: Bachmann, Borchert, Frisch, Fussenegger.

Wirtschaftswachstum – und schreckt auch nicht davor zurück, moralische Werte mit Fragezeichen zu versehen: Treue, Pflicht, Familie, Ehrlichkeit, ja manchmal selbst Glaubenssätze und Worte aus der Bibel. Nein: angenehme Entspannung, gemütlichen Lesestoff nach der Arbeit bieten diese Romane wirklich nicht; aber richtig gelesen, kann man aus ihnen über sich und seine Zeit eine Menge lernen.

Parallel zu den vielfältigen Erscheinungen unserer pluralistischen Gesellschaft ist im „modernen" Roman keine Einheitlichkeit zu erkennen. Vertreter des „modernen" Romans sind: Thomas Bernhard, Barbara Frischmuth, Peter Handke, Franz Innerhofer, Friederike Mayröcker, Ulrich Plenzdorf. Viele Autoren verwenden sowohl „traditionelle" als auch „moderne" Erzähltechniken.

Stellen Sie die Merkmale des „traditionellen" und des „modernen" Romans einander in folgender Tabelle gegenüber:

	„traditioneller" Roman	„moderner" Roman
Handlungsablauf		
Held		
Erzähltechnik		
Lösungsversuch		
Wertvorstellungen		
Sprache		

b) Sprachzertrümmerung: „konkrete" Poesie, Dialektwelle

Eine andere Gruppe hat sich dem Experiment mit der Sprache verschrieben. Satz- oder Wortelemente werden montiert („Montage"), Wörter in bedeutungsvoller Anordnung unter- oder nebeneinandergesetzt („visuelles" Gedicht), lautmalerische Schreibweise bringt eine neue Art der Mundartgedichte hervor.

n   t
n   t
n   t
n   t
nicht
nicht
nicht
nicht
nicht
nicht

nicht
nicht
nicht
nicht
nicht
nicht
nicht
nicht
nicht
ich
ich
ich
ich
ich

Ernst Jandl

nua ka schmoez how e xogt!
nua ka schmoez ned . . .

H. C. Artmann

c) Weiterführen der Tradition

Einige Lyriker bleiben von den wechselnden literarischen Strömungen unbeein-
flußt.

Sensibel
ist die erde über den quellen: kein baum darf
gefällt, keine wurzel
gerodet werden

Die quellen könnten
versiegen

Wie viele bäume werden
gefällt, wie viele wurzeln
gerodet
in uns

Reiner Kunze

Versuchen Sie, selbst ein Gedicht zu schreiben.

8.2. Lyrik

a) Politisches und gesellschaftliches Engagement

Die Veränderungen des geistigen Klimas seit 1960 (Vietnam- und Nahostkrieg,
Studentenproteste 1968) haben viele Lyriker zum politischen Gedicht gedrängt.

Beim Nachdenken über Vorbilder

Die uns
vorleben wollen
wie leicht
das Sterben ist
Wenn sie uns
vorsterben wollten
wie leicht
wäre das Leben

Erich Fried

Zur gleichen Zeit sind auch die Polit-Songs der Liedermacher entstanden.

8.3. Drama

Ähnlich vielfältig wie Prosa und Lyrik ist heute auch die dramatische Literatur.

Da gibt es Stücke mit zeit- und gesellschaftskritischem Inhalt, Stücke mit absurden, dokumentarischen, sprachanalytischen, kabarettistischen Inhalten, das neue Volksstück, die Stücke mit schwarzem Humor, die Kasperliaden.

Ein Beispiel für ein zeit- und sprachkritisches Stück ist Peter Handkes „Kaspar". In diesem Stück stellt der Autor eine Figur auf die Bühne, die nur einen Satz sprechen kann: „Ich möcht ein solcher werden wie einmal ein andrer gewesen ist." Tonbandstimmen, die Einsager, wollen Kaspar durch Sprechen das Sprechen lehren.

Kaspar	Einsager
Kaspar geht zum Sofa. Er entdeckt die Spalten zwischen den Sofateilen. Er steckt die Hand in einen Spalt. Er kriegt die Hand nicht mehr heraus. Er steckt zur Hilfe die zweite Hand hinein. Er kriegt beide Hände nicht mehr aus dem Spalt. Er reißt an dem Sofa. Er bekommt mit einem Ruck beide Hände frei, wobei er auch einen Sofateil von seinem Platz auf den Boden reißt, worauf er nach einem Augenblick des Schauens den Satz sagt: Ich möcht ein solcher werden wie einmal ein andrer gewesen ist.	Schon hast du einen Satz, mit dem du dich bemerkbar machen kannst. Du kannst dich mit dem Satz im Dunkeln bemerkbar machen, damit man dich nicht für ein Tier hält. Du hast einen Satz, mit dem du dir selber schon alles sagen kannst, was du anderen nicht sagen kannst. Du kannst dir selber erklären, wie es um dich steht. Du hast einen Satz, mit dem du dem gleichen Satz schon widersprechen kannst.

Die Einsager haben ungefähr zu sprechen aufgehört, wenn Kaspar an dem jeweiligen Gegenstand etwas angerichtet hat: Der Sofateil fällt zur gleichen Zeit auf den Boden, als die Sprecher ihren Punkt setzen. Dem Satz Kaspars am Ende jedes Zusammentreffens mit den Gegenständen geht eine kleine Pause voraus.

Vergleichen Sie das Verhalten eines Kleinkindes, das die Umwelt mit den Händen entdecken lernt, mit dem Verhalten Kaspars.
Was bedeutet das Wort „begreifen"?
In körperlicher Hinsicht:

In geistiger Hinsicht:

Welcher Zusammenhang besteht zwischen den beiden Bedeutungen?
Führen Sie Beispiele an!

Assoziationsspiel: Bilden Sie Gruppen, wählen Sie abstrakte Begriffe (z. B. schön, weit, tief, Geborgenheit, Glück, Schmerz) und vergleichen Sie die Vorstellungen, die bei jedem einzelnen auftauchen.

Interpretieren Sie die einzelnen Sätze der Einsager.
„Ich möcht ein solcher werden wie einmal ein andrer gewesen ist." Welche Kritik drückt dieser Satz aus?

8.4. Hörspiel

Fortsetzung des traditionellen Hörspiels	politisch engagiertes Hörspiel
Schallspiel Montage aus akustischen Bruchstücken (abgebrochene Wörter, unverständliches Stimmengewirr, Geräusch-Ton-Klang-Fragmente)	„O-Ton"-Hörspiel Geräusche, Töne, Stimmen werden im öffentlichen Bereich aufgenommen und in andere Szenen eingeblendet

9. Beat, Pop und Underground

Beat

Diese Bewegung ging Ende der 50er Jahre von Amerika aus. Sie ist eine Protestbewegung gegen die Wohlstandsgesellschaft, gegen Tradition und überliefertes Kulturverständnis und gegen den Krieg.

Beat heißt dem Wortsinn nach geschlagen, müde, ausgelaugt, die Beatniks übertragen dies auf die Zeiterscheinungen, sie „steigen aus". Einen Niederschlag fand ihr Protest im Lied (Protestsong):

Wehend im Wind

Wie viele Straßen muß einer begeh'n,
Bevor man zum Mann ihn erklärt?
Ja, und wie viele Meere die weiße Taube überfliegen,
Ehe sie schläft im Sand?
Ja, und wie viele Male die Kugel fliegen,
Bevor sie auf ewig verbannt?
   Die Antwort, mein Freund, ist wehend im Wind,
   Die Antwort ist wehend im Wind,
   Die Antwort ist wehend im Wind.
Wie viele Male muß ein Mann aufseh'n,
Bevor er den Himmel erblickt?
Ja, und wie viele Ohren muß einer haben,
Bevor er der Menschen Weinen hört?
Ja, und wie viele Tote braucht's, bis er weiß,
daß zu viele Menschen gestorben?
   Die Antwort . . .
Wie viele Jahre kann ein Berg besteh'n,
Bevor er zum Meere gewaschen?
Ja, und wie viele Jahre können Leute leben,
Bevor ihnen Freiheit erlaubt?
Ja, und wie viele Male kann den Kopf einer dreh'n
und so tun, als sähe er nichts?

Bob Dylan

Pop

(Abkürzung für popular = volkstümlich) hat seinen Ursprung in der Malerei, bezieht sich aber heute auch auf Literatur, Musik und eine Richtung des Verbraucherstils, der inzwischen die Warenhäuser und Wohnungen erreicht hat.

Pop-Texte sind häufig als „Sehtexte" hergestellt, durchsetzt von Foto-Collagen, Comics und Werbesprüchen.

Pop „feiert" den Konsum; der Teenager wird zur Werbefigur.

Roy Lichtenstein, Hoffnungslos

Der Kommerzpop wird bei uns vor allem über die Illustrierten auf den Markt gebracht („Twen", „Bravo", „Jasmin", „Freundin", „Pop", „Underground", „Star-Revue"). Unterhaltungs-Pop kalkuliert kommerziell Leserbedürfnisse, weckt und befriedigt sie. Auf der Welle des Wohlstands-Pop schwimmt gesellschaftliches Analphabetentum.

Pop-Art wendet sich neutral den banalen Formen zu, den kitschigen Waren, der Werbung, den Bildergeschichten.

Andy Warhol, Campbell-Suppenbüchse

Underground –
der totale Angriff auf die Kultur

Als Phänomen der Gesellschaft und der Literatur ist Underground – wie andere Strömungen – nicht völlig neu. Neu sind das Ausmaß und die Aufmerksamkeit, die man ihm widmet.

Underground richtet sich gegen die öffentliche, sich moralisch und ehrbar dünkende Gesellschaft. – Underground war der amerikanische Beat, Undergroundcharakter hatten die Gammler und einige Beat- und Jugendgruppen.

Zwischen Beat, Pop und Underground bestehen viele Verbindungen.

Versuchen Sie, Ihnen bekannte Texte von „Songs" („Hits") einzuordnen.
In welchen finden Sie eher
  melodisch vorgetragene „Alltagsgedanken" (Pop):
  Protest (Beat):
  totale Ablehnung der bestehenden demokratischen Ordnung (Underground):

10. Die bildende Kunst

Durch Technisierung und Industrialisierung sind die Architekten vor neue Aufgaben gestellt (die ehemaligen „Baumeister" werden jetzt zu „Architekten"). Sie arbeiten mit Ingenieuren, Statikern, Städte- und Landschaftsplanern zusammen und entwerfen Wohnanlagen, Schulzentren, Fabriken, Bahnhöfe, Untergrundbahnen, Flughäfen, Brücken.

Neue Materialien sind: Beton, Glas, Metall.

Im Wohnbau setzt sich die Auffassung von Adolf Loos in der Gestaltung der Fassade durch. Ihre klare Gliederung artet jedoch durch die billige Bauweise der Nachkriegszeit ins Unpersönliche, „Nackte" aus.

Seit einem Jahrzehnt bemühen sich einige Architekten und Künstler um Bauformen, die den persönlichen Bedürfnissen des einzelnen mehr entgegenkommen. Statt der geraden Linien und rechten Winkel der „Konstruktion" fordern sie wieder das „Gewachsene" (Friedensreich Hundertwasser).

Bildhauerei: Man geht auf einfache Formen zurück (Henry Moore, Fritz Wotruba).

Henry Moore, König und Königin

Beispiele aus der Malerei:

Oskar Kokoschka, Mädchen mit Blumen im Haar

Kokoschka arbeitet mit kräftigem Pinselstrich, die Farben trägt er dick nebeneinander und übereinander auf. – Er ist Gründer der Sommerakademie „Schule des Sehens" in Salzburg.

Brauer ist neben E. Fuchs, W. Hutter und A. Lehmden ein Vertreter der Wiener Schule des phantastischen Realismus, die sich seit 1948 fortlaufend entwickelt. Kennzeichnend für diesen Stil ist eine dekorativ-künstliche, stillebenartige Szenerie.

Anregungen empfing der Stil aus dem Surrealismus und Dadaismus, zwei Stilrichtungen, die das Unbewußte, das Irrationale und das Traumerleben in den Mittelpunkt stellen.

Erich Brauer, Honigverkäuferin

Pablo Picasso: Mädchen mit einer Mandoline

Picasso ist einer der wichtigsten Anreger der modernen Kunst. Zeitlebens suchte und verwendete er neue Formen. Er schuf auch Plastiken aus verschiedensten Materialien. Zusammen mit Braque begründete er den Kubismus.

Die Kubisten zerlegen Landschaften und Figuren in ihre geometrischen Grundformen (Würfel, Kegel, Kugel) und bauen sie wieder auf.

11. Musik

Es „zeigen sich in der Musik manche ernstzunehmende Querverbindungen zu den exakten Wissenschaften. Spricht man mit Physikern, Biologen oder anderen Gelehrten, die von der Krise im musikalischen Denken unberührt sind, so sieht man immer wieder voll Überraschung, wie ihr Forschen in Bahnen parallel zu musikalischen Erwägungen verläuft . . . Sicherlich finden sich auch Äquivalente zu den grundlegenden Gesetzen der Physik."

Aus: Paul Hindemith, Komponist in seiner Welt

Fertigen Sie eine Übersicht an:

Zeit	Stil-epoche	Dichter	Bildende Kunst	Musik	Geschichtliche Ereignisse
800					
900					
1000	R				
1100	O M A N I K				
1200					
1300	G O				
1400	T I				
1500	K	R E N A I S			
1600		S A N C E			
1700					
1750					
1800					
1850					
1900					
1950					

Dichter aus Gegenwart und Vergangenheit zu Menschheitsfragen

I. „Sich das Gute zur Gewohnheit zu machen, ist die Aufgabe ernster Selbsterziehung"

Sprichwort

Man muß dem Leben der Menschen einen Sinn geben

Ich habe in Juby Gazellen aufgezogen. Wir alle zogen dort Gazellen auf. Wir sperrten sie im Freien in ein vergittertes Häuschen ein, denn die Gazellen brauchen den freien Durchzug der Winde, und es gibt nichts Empfindlicheres als sie. Wenn du sie aber jung einfängst, bleiben sie am Leben und fressen dir aus der Hand. Sie lassen sich streicheln und bohren dir die feuchte Muffel in die Hand. So hältst du sie für gezähmt. So glaubst du, sie vor dem unbekannten Kummer gefeit zu haben, der die Gazellen geräuschlos dahinrafft und ihnen den sanftesten Tod schenkt ... Doch es kommt der Tag, an dem sie ihre kleinen Hörner gegen das Gitter pressen, zur Wüste hin. Sie werden magnetisch angezogen. Sie wissen nicht, daß sie dich fliehen; sie trinken die Milch, die du ihnen bringst, sie lassen sich weiter streicheln, sie bohren noch zärtlicher als bisher ihre Muffel in deine offene Hand ... Doch kaum läßt du sie los, so wirst du gewahr, daß sie nach einem anscheinend glücklichen Galopp wieder zum Gitter zurückgekehrt sind. Und wenn du nicht eingreifst, bleiben sie dort, versuchen nicht einmal, gegen das Hindernis anzukämpfen, sondern drücken bloß mit gesenktem Nacken ihre kleinen Hörner dagegen, so lange, bis sie sterben. Ist die Jahreszeit für die Liebe erschienen, oder ist es bloß das Bedürfnis nach einem langen Galopp, bis sie außer Atem kommen? Sie wissen es nicht. Ihre Augen waren noch nicht geöffnet, als du sie einfingst. Die Freiheit in der Wüste blieb ihnen unbekannt. Doch du bist weit klüger als sie. Das, was sie suchen, du weißt es, ist die Weite, die sie vollenden wird. Du blickst sie an und denkst: Jetzt hat sie das Heimweh gepackt ... Das Heimweh ist die Sehnsucht nach etwas Unbestimmtem. Es gibt ihn, den Gegenstand der Sehnsucht, aber es gibt keine Worte, um ihn auszusprechen.

Staunend entdecken wir, daß es geheimnisvolle Zustände gibt, die uns befruchten. Wir können nur atmen, wenn wir mit anderen durch ein gemeinsames Ziel verbunden sind, das über uns steht.

Was brauchen wir, um für das Leben geboren zu werden? Hingabe. Der Mensch kann mit dem Menschen nur durch das gleiche Ideal Verbindung halten. Die Menschen treffen sich, wenn sie sich im gleichen Gott vereinigen. Wir dürsten danach, in einer verödeten Welt Kameraden wiederzufinden: die Freude am Brot, das man gemeinsam mit Kameraden bricht, ließ uns die Werte des Krieges bejahen. Doch wir brauchen nicht den Krieg, um die Wärme nachbarlicher Schultern in einem Lauf zu finden, der dem gleichen Ziel zustrebt. Der Krieg trügt uns. Der Haß fügt der Begeisterung des Laufs nichts hinzu.

Es genügt ja, um uns zu befreien, daß man uns hilft, ein Ziel zu erkennen, das uns miteinander verbindet. Nur dann werden wir glücklich, wenn wir in der guten Richtung marschieren: der gleichen, die wir von Anbeginn einschlugen, als wir aus dem Lehm erwachten. Nur dann werden wir in Frieden leben können, denn das, was dem Leben Sinn verleiht, gibt auch dem Tod Sinn.

Aus: Antoine de Saint-Exupéry, Dem Leben einen Sinn geben

Schreiben Sie einen Aufsatz zum Thema: „Der Mensch auf der Suche nach seinem Sinn."

Gesang zwischen dir und mir

Siehst du den Abendstern?
Ich sehe.
Hörst du den Wind?
Ich höre.
Fühlst du die Ewigkeit?
Ich fühle.
Und dein Name?
Nenne mich Nacht.
Woher kommst du?
Aus deiner Einsamkeit.
Wohin gehst du?
In deine Innigkeit.
Gib mir die Hand.

Friederike Mayröcker

Beachten Sie die Steigerung des Gesprächs von der Wahrnehmung zum Gefühl, vom Ich zum Miteinander.

Versuchen Sie zu erfassen, was das Wort Innigkeit bedeutet.

Spricht dieses Gedicht mehr Ihren Verstand oder mehr Ihr Gefühl an?

Das Sanfte siegt

Ein ganzes Leben voll Gerechtigkeit, Einfachheit, Bezwingung seiner selbst, Wirksamkeit in seinem Kreise, Bewunderung des Schönen, verbunden mit einem heiteren gelassenen Streben, halte ich für groß: mächtige Bewegungen des Gemütes, furchtbar einherrollenden Zorn, die Begier nach Rache, den entzündeten Geist, der nach Tätigkeit strebt, umreißt, ändert, zerstört und in der Erregung oft das eigene Leben hinwirft, halte ich nicht für größer, sondern für kleiner.

Wenn jemand jedes Ding unbedingt an sich reißt, was sein Wesen braucht, wenn er die Bedingungen des Daseins eines anderen zerstört, so ergrimmt etwas Höheres in uns, wir helfen dem Schwachen und Unterdrückten, wir stellen den Stand wieder her, daß er als ein Mensch bestehe und seine menschliche Bahn gehen könne, und wenn wir das getan haben, so fühlen wir uns befriedigt.

Aus: Adalbert Stifter, Vorrede zu „Bunte Steine"

Kennen Sie Menschen, die durch ein Leben voll Gerechtigkeit, Einfachheit, Hingabe in ihrem Kreis viel bewirkt haben?

Lesen Sie eine Geschichte aus „Bunte Steine".

1913– in den albanischen Bergen

Ein Mann reitet in den Felsen, ein zweiter hinter ihm. Der erste führt und kennt die Sprache. Dragoman nennt man das in den albanischen Bergen. Der zweite ist Kaufmann, ein großer Herr, mit Handelsbriefen in den Taschen und Geld im Gürtel. Was er sonst noch braucht auf dem Weg von Skoplje nach Skutari, wo das Schiff auf ihn wartet, hat er hinter sich im Mantelsack.

Da fällt der Herr aus dem Sattel. Der Dragoman hört es, zügelt sein Pferd und steigt ab. Er geht zurück, sieht, daß der Herr noch atmet, schnallt mit beiden Daumen und Zeigefingern den Mantelsack vom Sattel und legt ihn neben den Herrn. Dann steckt er seine Daumen und Zeigefinger in das lockere Erdreich zwischen den Fels-brocken. Nach einer Weile zieht er sie heraus und bläst die Erde, die daran haftet, in den Wind. Es ist die Cholera, er weiß es, und so vertreibt man sie. Dann steigt er auf, nimmt das ledige Pferd beim Zügel und reitet weiter.

Der Herr erwacht. Von einer Stimme. Die Stimme sagt: „Trink." So viel albanisch versteht der Herr, er schluckt, es schmeckt sauer. Schwarzer Himmel ist über ihm und vor ihm ein grelles Loch. Er weiß nicht, daß der schwarze Himmel ein Zelt aus Ziegenhaar ist und daß er das erste Mal seit zwei Wochen aufwacht.

Als er nach Tagen zum zweitenmal aufwacht, erkennt er schon, daß das Schwarze über ihm kein Himmel ist, sondern ein Dach, und das Grelle die Sonne draußen. Beim nächstenmal kann er sich schon aufsetzen und kratzen, denn da krabbelt und kriecht es, und es juckt ihn, und die Stimme, als sie wiederkommt, ist jetzt ein Mensch.

Ein Hirte, wie der Herr erfährt. Sie verständigen sich, der Herr spricht ein wenig albanisch, der Hirte einen Bergdialekt, aber es helfen die Hände, mit denen sie deuten, und die Finger, mit denen sie in den Bodensand zeichnen.

Der Herr versteht, daß der Hirte ihn gefunden und in seine Wohnung getragen hat. Und das Saure? Das Saure? Das sind die Zitronen. Zitronen helfen gegen die Cholera. Also, du hast es gewußt? Freilich, das sieht doch jeder. Und dich nicht gefürchtet? Kann man denn einen Menschen ohne Hilfe sterben lassen?

Nach sieben Wochen reitet der Herr fort. Er ist soweit, daß er sich im Sattel halten kann, und der Hirte hat einen Zug von Treibern aufgehalten, die ihre Herde an die Küste schaffen und ihm sein Pferd gegeben. Wenn die Treiber wieder in ihre Dörfer reiten, werden sie es ihm zurückbringen.

Auf dem Pfad oben hält der Zug, die Treiber wollen weiter, die Tiere sind unruhig. Der Herr steht vor dem Zelt, er küßt den Hirten auf beide Wangen. „Ich danke dir", sagt er, „ich danke dir!" Er schnallt sich den Geldgürtel vom Leib. „Nimm", sagt er. „Bitte! Nimm!" Der Hirt spreizt die Finger: Nein.

„Nicht Geld", sagt er, „gib mir, was dir lieb ist. So denke ich an dich, und du denkst an mich."

Fortgeritten ist der Herr mit seinem Mantelsack hinter dem Sattel und seinem Geldgürtel um den Leib. Zurückgelassen hat er ein Kettchen. Er hat es unter dem Hemd getragen, ein Kreuz hängt daran. Seine Braut hat es eines Tages von ihrem eigenen Hals genommen und es ihm über seinen Kopf gestreift.

Doris Mühringer

Die Ziehmutter

Witwe, die niemals den Schlummer
eigener Kinder bewacht,
du neigtest dein Antlitz voll Kummer
zum Bette des Findlings zur Nacht.

Patin warst du dem Mündel,
Mutter dem Niemandskind.
Du wandertest oft mit dem Bündel
der Botin durch Nässe und Wind.

Du mähtest im Dämmern am Raine.
Du suchtest das Klaubholz im Schnee.
Du wußtest das Heilkraut im Haine.
Im Betbuch bargst du den Vierblattklee.

Du bangtest, wenn dir geringer
die Wiese, das Äckerlein trug.
Du tunktest die rauhen Finger
vornacht in den Weihbrunnkrug.

Wenn ich der Ahnin begegne,
den Mägden im greisen Haar,
den bresthaften Weiblein, ich segne
in ihnen dich immerdar.

Wilhelm Szabo

Charakterisieren Sie den Hirten und die Ziehmutter. Welche gemeinsamen Eigenschaften haben sie?

Vergleichen Sie den Inhalt dieser Texte mit dem Inhalt des Gleichnisses vom „Barmherzigen Samariter" im Neuen Testament.

Welche Personen kennen Sie, die in einem ähnlichen Geist wirken?

Informieren Sie sich über das Werk Hermann Gmeiners und berichten Sie darüber.

Versuchen Sie zu ergründen, welche Schwierigkeiten Menschen meistern müssen, die in Kinderdörfern, Altersheimen, Heimen für Behinderte arbeiten.

> „Nur wer Ehrfurcht vor dem geistigen Wesen anderer hat,
> kann dem anderen wirklich etwas sein."
>
> *Albert Schweitzer*

Suchen Sie Wörter, die mit dem Begriff Ehrfurcht in Zusammenhang stehen.

Was verstehen Sie unter dem geistigen Wesen anderer?

Höflichkeit

Wenn wir zuweilen die Geduld verlieren, unsere Meinung einfach auf den Tisch werfen und dabei bemerken, daß der andere zusammenzuckt, berufen wir uns mit Vorliebe darauf, daß wir halt ehrlich sind. Oder wie man so gerne sagt, wenn man sich nicht mehr halten kann: Offen gestanden! Und dann, wenn es heraus ist, sind wir zufrieden; denn wir sind nichts anderes als ehrlich gewesen, das ist ja die Hauptsache, und im weiteren überlassen wir es dem anderen, was er mit den Ohrfeigen anfängt, die ihm unsere Tugend versetzt.

Was ist damit getan?

Wenn ich einem Nachbarn sage, daß ich ihn für einen Hornochsen halte – vielleicht braucht es Mut dazu, wenigstens unter gewissen Umständen, aber noch lange keine Liebe, so wenig wie es Liebe ist, wenn ich lüge, wenn ich hingehe und ihm sage, ich bewundere ihn. Beide Haltungen, die wir wechselweise einnehmen, haben eines gemeinsam: sie wollen nicht helfen. Sie verändern nichts. Im Gegenteil, wir wollen nur die Aufgabe loswerden.

Die Höflichkeit, oft als leere Fratze verachtet, offenbart sich als eine Gabe der Weisen. Ohne das Höfliche nämlich, das nicht im Gegensatz zum Wahrhaftigen steht, sondern eine l i e b e v o l l e F o r m für das Wahrhaftige ist, können wir nicht wahrhaftig sein und zugleich in menschlicher Gesellschaft leben.

Aus: Max Frisch, Höflichkeit

Diskutieren Sie, ausgehend vom Text, über das Problem Höflichkeit.

Worin unterscheidet sich wahre Höflichkeit von leerer Höflichkeitsformel?

Der Sohn

Sie wohnten draußen vor dem kleinen Fischerdorf, Vater und Sohn. Beide hießen Snjolfur. Von den anderen wurden sie der alte und der junge Snjolfur genannt. Aber gegenseitig nannten sie sich immer nur Snjolfur, das war so eine Angewohnheit von ihnen. Da sie nun einmal den gleichen Namen trugen, fühlten sie sich noch inniger verbunden, wenn sie einander auch bei diesem Namen nannten. Der alte Snjolfur war in den Fünfzigern, der junge Snjolfur gerade erst zwölf. Sie hielten treulich zusammen. Ungern machte der eine einen Schritt ohne den anderen. Und so war es schon, so weit der junge Snjolfur zurückdenken konnte.

Der alte Snjolfur erinnerte sich dagegen an Zeiten, da er – bis vor etwa dreizehn Jahren – einen großen Hof eine Meile Weges landeinwärts besessen hatte, mit einer guten Frau verheiratet gewesen war und drei gesunde, frische Kinder gehabt hatte.

Da war das Unglück zum erstenmal über ihn hereingebrochen. Die Rinderpest raffte in kurzer Zeit fast seinen ganzen Viehbestand dahin. Gleich darauf bekamen seine Kinder den Keuchhusten und starben alle drei – so kurz hintereinander, daß ein einziges Grab sie aufnahm. Das alles brachte ihn in Schulden, und um sie zu decken, mußte Snjolfur den Hof verkaufen.

Dann erwarb er die kleine Landzunge draußen vor dem Fischerdorf, baute eigenhändig aus Steinen und Grassoden ein Hütte mit zwei Stübchen und konnte auch ohne fremde Hilfe einen Fischschuppen errichten. Und dann blieb ihm grade noch soviel, um sich eine alte Jolle zu kaufen.

Jetzt begann für ihn und seine Frau ein ärmliches, mühseliges Leben. Wohl waren sie Arbeit von früher gewohnt. Doch nicht Armut und ständige Sorgen um das Allernotwendigste. Sozusagen jeden Tag neu mußten sie ihre Nahrung aus der Tiefe des Meeres holen. Oft genug war ihnen das große Meer nur ein kärglicher Spender. Bei weitem nicht jeden Abend legten sie sich satt zu Bett. Und für die Kleidung blieb ihnen fast nichts. Die Frau nahm den Sommer über eine Stelle auf dem Fischtrockenplatz beim Kaufmann des Ortes an. Dort gab es aber nur bei gutem Wetter Arbeit. Und der geringe Stundenlohn reichte nicht weit.

Schließlich gönnte sie sich ohne Wissen ihres Mannes nie mehr so viel Essen, daß sie satt wurde. Denn wenigstens er sollte haben, was er brauchte. Die Folge war, daß sie die Arbeit immer schlechter aushielt. Und so konnte sie endlich nur noch Klein-Snjolfur in die Welt setzen und seinen Namen bestimmen – dann war ihre Kraft erschöpft. Wenige Tage nach seiner Geburt lag sie auf der Bahre. Seitdem lebten Vater und Sohn allein auf der Landzunge.

Der junge Snjolfur erinnerte sich undeutlich einer schrecklichen Zeit, da ihm die Tage gleichsam als ununterbrochene Kette von Weinen, Sehnsucht und Verzweiflung in der einsamen Hütte hingingen – es hatte ja niemand Zeit, auf ihn aufzupassen, solange er zu klein war, um mit auf See genommen zu werden. Deshalb hatte ihn der Vater, ehe er morgens fortging, am Bettpfosten anbinden oder alles beiseiteschaffen müssen, womit er sich Schaden tun konnte. Und hinaus mußte Vater Snjolfur, um die kümmerliche Nahrung für sie beide zu beschaffen.

Etwas deutlicher schon erinnerte sich der junge Snjolfur einer herrlichen Zeit mit sonnenglitzernden Tagen auf See. Er sah sich im Bootssteven sitzen, während der alte Snjolfur die blanken Fische aus der unergründlichen Tiefe zog, wobei das Boot so sanft schaukelte, daß es ihn zuletzt oft in Schlaf wiegte. Doch mischten sich auch bittere Erinnerungen an farblose Tage ein, wenn der Himmel weinte und der alte Snjolfur in seiner Jolle allein ausfahren mußte.

Schließlich aber wuchs der junge Snjolfur so weit heran, daß er bei jedem Wetter mit dem Alten hinaus konnte. Und seitdem hielten die beiden fest zusammen. Sie konnten einander kaum fünf Minuten entbehren. Erwachte der eine in der Nacht, so erwachte gleich auch der andere. Ja, schlief der eine nur unruhig, so konnte auch der andere keine Ruhe finden.

Nun denkt man vielleicht, daß die beiden einander viel zu erzählen hatten und deshalb so unzertrennlich waren. Das war aber nicht der Fall. Sie kannten sich so gut und verließen sich so fest aufeinander, daß sie nicht zu sprechen brauchten. Es konnten Tage vergehen, an denen sie nur einzelne Worte wechselten. Und grade an solchen Tagen fühlten sie sich am wohlsten. Sie brauchten sich nur anzusehen, dann wußten sie schon Bescheid.

Aber in den wenigen Worten, die sie wechselten, kehrte ständig ein Satz wieder – oder vielmehr, immer wieder sprach ihn der alte Snjolfur dem jungen vor, oft ohne besondere Veranlassung. Und dieser Satz lautete: „Man muß immer sehen, jedem das Seine zu geben, keinem etwas schuldig zu bleiben und alles übrige Gott zu überlassen." Die beiden hungerten denn auch lieber, als daß sie in den Laden gingen, ohne bar zahlen zu können. Sie nähten sich Anzüge aus alten Säcken und trugen sie bis zum letzten Fetzen auf, um keinen Stoff auf Borg nehmen zu müssen.

Alle ihre Nachbarn lebten mehr oder weniger auf Borg und bezahlten den Kaufmann nur in großen Abständen – niemals aber ganz. Nur die beiden auf der Landzunge waren noch keinem je auch nur einen Pfennig schuldig geblieben, solange der junge Snjolfur zurückdenken konnte. Vorher hatte der alte Snjolfur, wie jeder andere, ein laufendes Konto beim Kaufmann gehabt. Aber davon wußte der junge Snjolfur nichts.

Die beiden mußen immer darauf bedacht sein, im Sommer etwas für den Winter zurückzulegen, wo die Fischerei aufhörte und Sturm und Kälte die Ausfahrt unmöglich machten. Sie dörrten Fische und salzten sie als Wintervorrat ein. Etwas mußten sie auch an den Händler verkaufen, um Geld für ihre paar sonstigen Lebensbedürfnisse zu haben. Aber jeden Winter ging doch allerhand drauf, ja, die Nahrung hielt mitunter schlecht genug vor. Ein Frühjahr, in dem sie nicht bald mehr, bald weniger hungern mußten, gab es selten. Zwar ruderten sie jeden Tag hinaus, wenn es das Wetter irgend zuließ, aber trotzdem fanden sie nicht immer genügend Nahrung. Sehr oft kamen sie von einer langen Fahrt mit leeren Händen zurück, oder es lagen nur ein paar magere Fischchen auf dem Boden der Jolle. Niemals aber klagten sie. Das fiel ihnen nicht ein. Immer waren sie gleichmäßig guter Laune. Gewohntem Unglück wie seltenem Glück begegneten sie mit unerschütterlicher Ruhe, der Knabe wie der Mann. Sie waren ja keinem etwas schuldig. Und sie trösteten sich ins Unendliche mit dem Glauben: wenn sie auch heute nichts zu essen hätten, werde ihnen der Herrgott doch vielleicht morgen einen Topf voll schicken . . . Oder übermorgen. Aber gegen das Frühjahr hin – in ihrer bösesten Zeit – wurden ihre Gesichter oft blaß, und sie schliefen schwer und unruhig oder lagen die langen Stunden der Nacht wach. –

Und grade in einem solchen Frühjahr – es war noch dazu ungewöhnlich kalt und unfreundlich und stürmte beinah jeden Tag – geschah es, daß den alten Snjolfur das Unglück von neuem traf.

Eines Morgens früh riß eine Lawine die Hütte fort und begrub Vater und Sohn unterm Schnee. Auf wunderbare Weise gelang es dem jungen Snjolfur, sich aus dem Schneehaufen herauszuarbeiten. Und da er sofort sah, daß es hoffnungslos war, in den Schneemassen nach dem Vater zu suchen, rief er schleunigst Hilfe aus dem Dorf herbei. Die Hilfe kam aber zu spät. Der alte Snjolfur war schon erstickt, als es endlich gelang, ihn zu finden und aus dem Schnee zu graben. Sie legten die Leiche auf einen flachen Stein dicht unter der Felswand. Man wollte sie später am Tag mit einem Schlitten holen und ins Dorf bringen.

Als sie die Leiche auf den Stein gelegt hatten, stand der junge Snjolfur lange daneben und strich dem alten Snjolfur über das graue, schneeverklebte Haar. Er murmelte mit leiser Stimme, in der kein Zittern klang, etwas, was niemand verstehen konnte. Aber er weinte nicht. Die Leute wunderten sich, daß der sonderbare Junge nicht weinte, und waren ihm deshalb gram. Das sei doch herzlos, besonders von einem Kind, fand man allgemein. Vielleicht war dies der Grund, daß sich nicht sofort jemand seiner annahm.

Als die Leute heimgingen, um einen Schlitten zu holen und zu frühstücken, blieb er allein draußen auf der Landzunge sitzen.

Die Hütte war von ihrem Platz gerissen und vollständig zertrümmert. Hier und da ragte ein Balken aus dem Schnee oder lag, halb begraben, verstreuter Hausrat. Der junge Snjolfur ging zum Strand hinunter, nach der Jolle zu sehen. Als er ihre Splitter am Ufer liegen sah, zog er nur die Augenbrauen hoch, sagte aber nichts. Dann ging er wieder zu dem Stein hinüber und setzte sich zu Häupten der Leiche.

Das sah schlimm aus, dachte er. Wäre nur das Boot noch ganz, dann hätte er es verkaufen können. Denn schließlich würde ja das Begräbnis etwas kosten. Das wußte er, denn der alte Snjolfur hatte ihm oft eingeschärft, daß man sorgen müsse, bei seinem Tode so viel zu besitzen, daß man anständig unter die Erde komme. Denn sich auf Kosten der Gemeinde begraben zu lassen, das wäre eine Schande. Käme man aber nur ohne Schande unter die Erde, dann dürfe man zufrieden sein – so sei das Leben nun einmal. Aber sie beide könnten sich ja, fügte er immer hinzu, ruhig zum Sterben legen, jederzeit; denn was die Hütte, die Landzunge, das Boot und die Geräte einbrächten, würde sicher reichen, um anständig unter die Erde zu kommen. Und jetzt war alles zerstört. Außer der Landzunge. Und wie sollte er es anstellen, für die etwas zu kriegen? Sie schien ihm ganz wertlos, wie sie da lag, öde und abgelegen . . . Und dabei hatte er bisher noch gar nicht bedacht, daß er selber nichts mehr zu essen haben und also wahrscheinlich Hungers sterben würde. Er verspürte die größte Lust, an den Strand hinunterzulaufen und sich ins Wasser zu stürzen. Aber das ging nicht; denn dann müßten sie alle beide, er und der alte Snjolfur, auf Kosten der Gemeinde begraben werden. Und jetzt fühlte er sich für sie beide verantwortlich. Und daß sie mit Schande unter die Erde kämen, wagte er nicht zu verantworten.

So schwierigen Überlegungen hatte der junge Snjolfur bisher noch nicht gegenübergestanden. Er bekam Kopfweh vor lauter Nachdenken und war nah daran, alles aufzugeben und zu verzweifeln.

Da fiel ihm plötzlich ein, daß er keine Unterkunft für die Nacht hatte. Und es war zu kalt, draußen zu schlafen. Nach einigem Nachsinnen über diese neue Schwierigkeit machte er sich daran, Balken zusammenzutragen. Er stellte sie über der Leiche schräg gegen die Felswand, deckte dann das alte Segel der Jolle darüber und schaufelte Schnee auf das Ganze, damit es drinnen warm wäre. Ein Trost nur, daß er den alten Snjolfur noch einige Tage bei sich behalten durfte, wenn auch kaum länger als eine Woche.

Als er fertig war, setzte er sich in dem engen Schuppen neben der Leiche nieder. Er fühlte sich müde und hungrig und war nah am Einschlafen. Da meldete sich von neuem der Gedanke, woher er das Geld für das Begräbnis nehmen solle, und machte ihn hellwach. Und mit einemmal kam ihm eine Idee – und gleich darauf noch eine. Sofort schien alle Müdigkeit wie weggeblasen. Im Handumdrehen war er aus dem Schuppen und unterwegs ins Dorf. Er steuerte geradenwegs auf das Haus des Kaufmanns zu und schenkte den Häusern, an denen er vorüberkam, keinen Blick, bemerkte aber auch nicht, daß ihm die Leute nicht gerade freundlich nachsahen. „Der herzlose Junge, der für seinen Vater nicht mal eine Träne übrig hatte", sagten sie. – Als er vor dem Haus des Kaufmanns anlangte, ging er gleich in den Laden und fragte den Gehilfen in geschäftlichem Ton, ob er den Kaufmann sprechen könne. Der Gehilfe musterte ihn ziemlich unsicher, ging aber hin und klopfte an die Tür zum Kontor. Gleich darauf erschien dort der Kaufmann, musterte den jungen Snjolfur aufmerksam und forderte ihn auf, einzutreten.

Der junge Snjolfur legte seine Mütze auf den Ladentisch und ging hinein.

„Nun, mein Junge?" fragte der Kaufmann.

Der junge Snjolfur war nah daran, den Mut zu verlieren. Aber er ermannte sich und antwortete erwachsen und ernst: „Du weißt ja, daß unsere Landestelle besser ist als deine für deine Vierer."

Der Kaufmann mußte unwillkürlich über den sachlichen Ton und den besonnenen Ernst des jungen Snjolfur lächeln. „Ja, ich hab davon gehört", erwiderte er, und auch er nahm unwillkürlich seinen Geschäftston an.

„Wenn ich nun deinen Vierern diesen Sommer erlauben würde, unsere Landestelle zu benutzen", fuhr der junge Snjolfur fort, „wieviel würdest du mir dafür zahlen?"

„Wäre es nicht besser, ich kaufte dir die Landzunge ab?" fragte der Kaufmann und suchte sein Lächeln zu verbergen.

„Nein", antwortete der junge Snjolfur. „Dann wüßte ich nicht mehr, wohin."

„Aber du kannst sowieso nicht dort draußen bleiben. Das wird man dir ja nicht erlauben."

„Ich kann mir im Sommer eine Hütte bauen. Und bis dahin habe ich einen Schuppen, den ich mir schon gerichtet habe. Aber ich hab doch den alten Snjolfur und das Boot verloren, da kann ich diesen Sommer nicht zum Fischen hinaus. Deshalb will ich dir die Landestelle für deine Vierruderer vermieten, wenn du sie haben und etwas dafür bezahlen willst. Von dort können sie bei jedem Wetter hinaus. Denk nur an den letzten Sommer, wie oft sie da daheim bleiben mußten, wenn wir hinauskonnten. Das kommt daher, hat der alte Snjolfur gesagt, weil deine Landestelle nicht so gut wie unsere ist."

„Wieviel Miete verlangst du denn für den Sommer?" fragte der Kaufmann.

„Oh, nur so viel, daß der alte Snjolfur einen Sarg kriegen und begraben werden kann, ohne daß es die Gemeinde bezahlen muß."

Der Kaufmann stand auf und reichte ihm die Hand. „Abgemacht. Ich werde für den Sarg und alles andere sorgen. Du kannst ganz ruhig sein."

Der Kaufmann ging zur Tür, als wolle er ihn hinauslassen, der junge Snjolfur aber blieb stehen, obwohl er seine Absicht bemerkte. Er war mit seinem Anliegen noch nicht fertig. „Wann läuft das Frühjahrsschiff mit den Waren für dich ein?" fragte er ernst und bedächtig wie vorher. „Ich denke doch, übermorgen oder nächster Tage", antwortete der Kaufmann und dachte sich dabei: Wo will das hinaus? Er musterte das zwölfjährige Bürschchen mit einer Miene, als wolle er ein Rätsel raten.

„Brauchst du dann nicht einen Laufburschen im Laden – wie letzten Sommer?" fragte der junge Snjolfur und sah ihn ruhig an.

'„Jawohl, aber er sollte schon eingesegnet sein", erwiderte der Kaufmann und mußte lächeln.

„Willst du einen Augenblick mit mir hinauskommen?" fragte der junge Snjolfur – es sah fast aus, als habe er die Antwort des Kaufmanns erwartet.

Der Kaufmann schüttelte den Kopf, folgte ihm aber lächelnd durch den Laden zum Strandplatz hinunter.

Der junge Snjolfur ging schweigend voran bis zu einem Stein, bückte sich, warf die Fausthandschuhe ab, hob den Stein hoch und ließ ihn wieder fallen. Dann wendete er sich an den Kaufmann und sagte: „Das konnte der vom vorigen Jahr nicht – ich hab mehrmals gesehen, wie er es versuchte."

Der Kaufmann lächelte. „Wenn du so stark bist, kann ich dich wohl brauchen, auch wenn du noch nicht eingesegnet bist", sagte er.

„Und dann krieg ich doch wohl Verpflegung bei dir und denselben Lohn wie der andere?" fragte der junge Snjolfur.

„Ja, das kriegst du", antwortete der Kaufmann.

„Gut. Dann brauche ich der Gemeinde nicht zur Last zu fallen", sagte der junge Snjolfur erleichtert. „Wenn man nur selber für sein Essen und seine Kleidung sorgen kann, hat man das nicht nötig", fügte er erklärend hinzu. Dann nahm er seine Mütze ab und gab dem Kaufmann die Hand, wie er es den alten Snjolfur hatte tun sehen. „Lebwohl, dann komm ich also übermorgen."

„Komm noch einen Augenblick mit hinein", forderte ihn der Kaufmann auf. Er ging ihm voran zur Küchentür, ließ den jungen Snjolfur ein und sagte zu der Magd, die beim Kochen war: „Kannst du dem kleinen Burschen nicht etwas zu essen geben?" Der junge Snjolfur schüttelte energisch den Kopf. „Bist du denn nicht hungrig?" fragte der Kaufmann.

„Doch", entgegnete Snjolfur – seine Stimme wollte versagen, und der schöne Essensgeruch verdoppelte seinen Hunger. Aber er riß sich zusammen. „Das ist ein Almosen, und das nehm ich nicht."

Der Kaufmann wurde mit einemmal ernst – sehr ernst. Er ging zu dem Knaben, streichelte ihm den Kopf, nickte der Magd zu, sie solle etwas zu essen bringen, und nahm den Jungen mit sich ins Zimmer. „Du hast sicherlich gesehen, daß dein Vater, wenn er Besuch bekam, seinen Bekannten einen Schnaps anbot – oder eine Tasse Kaffee, nicht wahr?"

„Gewiß", antwortete Snjolfur.

„Siehst du! Man muß seine Gäste bewirten. Und wenn die Gäste es nicht annehmen wollen, kann man mit ihnen nicht mehr gut Freund sein. Du mußt also mit mir essen, verstehst du. Denn du hast mich ja besucht, und wir haben wichtige Dinge besprochen, die nicht in Ordnung kommen können, wenn du nicht mein Gast sein willst."

„Ja, dann muß ich wohl", seufzte Snjolfur. Er saß eine Weile nachdenklich da, schließlich sagte er ernsthaft: „Man muß immer sehen, jedem das Seine zu geben, keinem etwas schuldig zu bleiben und das übrige Gott zu überlassen."

„Ja, das sind wahre Worte", sagte der Kaufmann, jetzt aber mußte er sein Taschentuch herausziehen, denn er weinte und lachte zugleich. „Das ist das Blut", murmelte er vor sich hin. Laut aber sagte er: „Gott segne dich, mein Junge!" und streichelte dem jungen Snjolfur den Kopf.

Der bemerkte staunend die Rührung des Kaufmanns. Eine Weile betrachtete er ihn stumm. Dann sagte er: „Der alte Snjolfur hat nie geweint", und fügte nach einer kurzen Pause hinzu: „Ich habe auch nie geweint, seit ich klein war . . . Ich hatte wohl Lust zu weinen, als ich sah, daß der alte Snjolfur tot war. Aber ich fürchtete, es hätte ihm nicht gefallen. Deshalb ließ ich es lieber bleiben . . ."

Im nächsten Augenblick lag der junge Snjolfur dem Kaufmann schluchzend in den Armen.   *Gunnar Gunnarsson*

Suchen Sie Stellen, die über den Charakter des Kaufmannes Aufschluß geben.

Schreiben Sie eine Charakteristik des jungen Snjolfur.

Wer mit dem Leben spielt,
kommt nie zurecht;
wer sich nicht selbst befiehlt,
bleibt immer Knecht.
Johann Wolfgang von Goethe

In welchem Alter beginnt der Mensch, sich selbst zu erziehen?

Welche Bedeutung hat die Selbsterziehung für Sie?

Aus des Schicksals dunkler Quelle
rinnt dein wechselvolles Los.
Heute stehst du fest und groß,
morgen wankst du auf der Welle.
Auf dem Stuttgarter Schicksalsbrunnen

Was bedeutet das Wort Schicksal für Sie?

Was befähigt den Menschen, sein Schicksal zu gestalten?

In welcher Zeit waren die Menschen besonders schicksalsgläubig?

Sprechen Sie über Horoskope und Aberglauben.

Was denken Sie über die völlige Ergebung in die Macht des Schicksals (Fatalismus) in alltäglichen Dingen?

Die Frage nach dem Christkind

Der Mann kam nach Hause, setzte sich an den Tisch und las die Zeitung. Die Frau strickte, der Junge hockte auf dem Boden und spielte mit einem kleinen Auto. Draußen war es dunkel, der Regen schlug gegen die Fensterscheiben, und alle fünf Minuten donnerte ein Stadtbahnzug vorüber. Drinnen war es warm, das Licht der Lampe strahlte angenehm gelb und weich. Auf dem Ofen stand ein Teekessel und summte.

Der Mann legte die Zeitung weg, betrachtete den Jungen eine Weile und fragte: „Hast du schon deinen Brief an das Christkind geschrieben?"

Der Junge hielt sein Auto fest und sah auf. „Nein", sagte er.

„Warum denn nicht?"

Ein Achselzucken, aber keine Antwort.

„Willst du nicht, daß dir das Christkind was bringt?"

Lange Pause. Dann senkte der Junge wieder den Blick, schob das Auto ein wenig hin und her, ohne es aus der Hand zu lassen. „Es gibt ja gar kein Christkind", meinte er endlich.

Die Frau hörte auf zu stricken, der Mann beugte sich vor. „Es gibt gar keines? Woher weißt du denn das?"

„Der Krisch hat es mir gesagt."

„So. Der Krisch."

„Und die Fanny auch."

„Die Fanny auch. Na, und glaubst du, daß die zwei recht haben?"

Der Junge schaute nicht auf, er klammerte sich an sein Auto und starrte auf den Boden. „Ja", flüsterte er.

„Und woher kommen die Spielsachen zu Weihnachten, wenn es kein Christkind gibt?"

„Die kaufen die Eltern."

„Und warum tun die Eltern das?"

Nun hob der Junge den Kopf und sah den Vater verständnislos an. „Was?" fragte er.

„Warum kaufen die Eltern den Kindern zu Weihnachten Spielsachen?"

Der Junge rührte sich nicht.

„Müssen sie denn was kaufen?"

Keine Antwort. Der Vater stand auf, setzte sich neben den Jungen auf den Boden und nahm das kleine Auto in die Hand. „Das ist vom vorigen Jahr. Das Christkind hat es dir gebracht. Und jetzt gibt es also kein Christkind. Der Krisch hat es gesagt. Und die Fanny hat es auch gesagt. Weißt du, wer das Christkind eigentlich ist?"

„Nein."

„Weißt du, wie es heißt?"

„Christkind."

„Nein. Du kennst doch die Geschichte, wie es geboren worden ist. Mit der Krippe und den Hirten und den drei Königen aus dem Morgenland?"

„Ja."

„Und was später mit dem kleinen Kind geschehen ist?"

„Nein."

„Hast du nie etwas von dem Mann auf dem Kreuz gehört? Jesus von Nazareth?"

„Das schon."

„Das ist das Christkind. Der Jesus. Und er ist auch der Liebe Gott. Das Christkind ist der Liebe Gott. Hast du das noch nicht gewußt?"

„Nein."

Der Mann lächelte. „Du glaubst wahrscheinlich, daß der Liebe Gott auf einer Wolke sitzt und einen langen Bart hat. Nein, Söhnchen. Der Liebe Gott ist ein Kind. Aber er ist kein Mensch, er ist ein Geist, und Geister kann man nicht sehen. Das weißt du doch?"

„Geister kann man nicht sehen, nein."

„Eben. Deswegen kann man auch das Christkind nicht sehen. Und das Christkind kann auch nichts einkaufen und nichts tragen, weil es ja keine Arme hat und nicht sprechen kann und unsichtbar ist. Und drum kann es auch der Krisch nicht sehen und die Fanny auch nicht. Und deswegen glauben sie, daß es kein Christkind gibt. Aber glaube mir: es gibt ein Christkind."

Der Junge starrte und rührte sich nicht. Die Mutter begann wieder zu stricken. Ein Stadtbahnzug fuhr vorüber.

„Das Christkind ist der Liebe Gott und ist ein kleines Kind und hat die Kinder sehr gern, und es will, daß alle Kinder es gern haben. Und es spricht auch zu den Menschen, nur man hört es nicht laut, sondern in sich drinnen. Einmal im Jahr, zu seinem Geburtstag, da spricht es mit den Eltern und bittet sie, daß sie den Kindern was schenken sollen, weil es das ja selber nicht tun kann. Und die Eltern hören das Christkind und gehen hin und kaufen Spielsachen. Und dann schmücken sie den Baum und legen die Geschenke darunter und läuten mit einer Glocke. Aber schuld daran, daß die Kinder etwas kriegen, ist doch das Christkind. Auch wenn man es nicht sehen kann."

„Aber wenn man es nicht sehen kann –"

„Man spürt es. Man spürt es immer, wenn man zu einem Menschen gut ist und ihn gern hat. Wenn man zu jemandem böse ist, dann weint das Christkind. Wenn du gut zu ihm bist, dann freut es sich, und das spürst du genau. Und fromm sein heißt auch nichts anderes als die Menschen liebhaben und ihnen Gutes tun. Denn wenn du sie liebhast, dann machst du genau, was das Christkind will."

„Und das Beten?"

„Beten tust du, wenn du mit dem Christkind sprichst. Das Vaterunser auswendig lernen, das kann man bald. Aber denk immer daran, daß der Liebe Gott ein Kind ist, mit dem du sprechen kannst und das sich nicht so sehr freut, wenn man ihm jeden Tag nur dasselbe Vaterunser sagt. Rede jeden Tag mit ihm, erzähle ihm, was du den Tag über gemacht hast. Danke ihm, wenn der Tag schön war, und denke nach, ob du alles gut gemacht hast. Und versprich dem Christkind, daß du es immer besser machen wirst. Das ist gebetet. Und gut sein, damit sich das Christkind freut, das ist fromm."

Der Junge schüttelte den Kopf. „Und wenn ich den Brief schreibe? Das Christkind kann ihn doch nicht lesen."

„Wir werden ihn lesen, und das Christkind liest mit uns. Also, setz dich hin und schreib deinen Zettel."

Der Vater stand auf, der Junge lief aus dem Zimmer, um Papier und Bleistift zu holen.

„Heute fragt er nach dem Christkind", sagte die Mutter. „In acht Jahren wird er nach Gott fragen."

„Dann werde ich ihm dasselbe sagen."

Er setzte sich wieder, griff nach einem Buch und begann zu lesen. Die Frau strickte, der Junge malte langsam seine Blockbuchstaben. Es war Abend, und draußen regnete es, und die Stadtbahnzüge fuhren vorbei, und Weihnachten stand vor der Tür und ein neues Jahr. Und dahinter warteten viele andere Jahre, in denen es immer wieder Kinder geben würde, die eines Tages sagen: „Der Krisch hat es mir erklärt – es gibt gar kein Christkind."

Und es wird immer schwierig sein, darauf eine Antwort zu geben, weil für die Menschen eben nur die Spielsachen sichtbar sind, nicht aber die Liebe.

Fritz Habeck

Warum kaufen die Eltern den Kindern zu Weihnachten Geschenke?

Was würden Sie einem Kind auf die Frage nach dem „Christkind" antworten?

ich wage es nicht, dich
den ich nicht kenne
dessen hand ich nie
ertasten konnte
herr zu nennen

vielleicht bist du
der schatten
in meinen augen
der wind
hinter dem ich
meine tage
hertrage

aber ich sage nicht
herr
vielleicht daß ein flügel
in mein schweigen wächst
eine erdige wurzel
die mich hält

Heinz Janisch

Sprechen Sie über
den Glauben nach christlicher Überlieferung
den Glauben als Suche nach dem Wesen Gottes
den Glauben als persönliche Erfahrung.

Was bedeutet für Sie der Begriff „Herr"?

Was sagt Ihnen das Bild vom Flügel, was das Bild von der Wurzel? Versuchen Sie, diese Bilder mit „Jenseits" und „Diesseits" in Zusammenhang zu bringen.

Was kann uns Halt im Leben geben?

Laßt uns in Würde sterben!

Ich erinnere mich an den Tod eines Bauern in meiner Kindheit. Er fiel vom Baum und wurde tödlich verletzt. Nacheinander rief er jede Tochter ans Bett, um ein paar Minuten mit ihr allein zu sprechen. Trotz großer Schmerzen ordnete er ruhig seine Angelegenheiten und verfügte über das Hab und Gut, das zu Lebzeiten seiner Witwe nicht aufgeteilt werden sollte; er bat jedes Kind, die Arbeiten und Pflichten auf sich zu nehmen, die er bis zu seinem Unfall selbst geleistet hatte. Seine Freunde wurden gebeten, ihn noch einmal zu besuchen, und obwohl ich damals noch klein war, nahm er mich und meine Geschwister von diesem Abschiedsbesuch nicht aus. Wir durften an den Vorbereitungen der Familie und an ihrer Trauer teilnehmen. Als der Bauer gestorben war, blieb er bis zur Beerdigung in dem Haus, das er selbst gebaut und sehr geliebt hatte, blieb unter Freunden und Nachbarn. Ich berichte so ausführlich von dieser „altmodischen" Sitte, weil sie nach meiner Ansicht zeigt, wie man das unausweichliche Ende des Lebens würdig annehmen kann; sie hilft dem Sterbenden und seiner Familie, die sich mit seinem Verlust abfinden muß.

Wenn man den Kindern gestattet, in dem von einem Unglück getroffenen Haus zu bleiben und sich an Gesprächen und Sorgen zu beteiligen, läßt man sie in ihren Ängsten nicht allein, sondern gewährt ihnen den Trost, daß sie an der gemeinsamen Verantwortung und Trauer teilhaben. Es bereitet sie darauf vor, den Tod als Teil des Lebens aufzufassen, und läßt sie an dem Erlebnis wachsen und reifen.

Völlig anders verhält sich die Gesellschaft, für die der Tod tabu ist, die Gespräche über das Sterben als morbid ablehnt. Man hält die Kinder fern, weil es für sie „zuviel" sein könnte, schickt sie zu Verwandten, speist sie mit ungeschickten Lügen wie „Mutter macht eine lange Reise" ab.

Man sollte ja eigentlich annehmen, daß unsere Emanzipation, unsere Naturwissenschaft und die neuen Erkenntnisse über die menschliche Natur uns bessere Wege und Mittel gewiesen hätten, uns selbst und unsere Angehörigen auf das unvermeidliche Ereignis vorzubereiten. Doch im Gegenteil: Die Zeiten sind vorbei, in denen ein Mensch in Frieden und Würde sterben durfte. Je tiefer wir in die Naturwissenschaft eindringen, um so mehr scheinen wir die Realität des Todes zu fürchten und zu verleugnen. Wie ist das möglich?

Sicher gibt es mehrere Motive für die Flucht vor der Realität des Todes, doch das wichtigste liegt vielleicht in der Tatsache, daß Sterben heute grausamer als früher ist, so einsam, so mechanisiert und unpersönlich, daß man zuweilen nicht mehr angeben kann, in welchem Augenblick der Tod eintritt.

Die Einsamkeit, die unpersönliche Behandlung setzen schon ein, wenn der Kranke aus der gewohnten Umgebung herausgerissen und hastig ins Krankenhaus geschafft wird. Wer sich jemals in solchem Augenblick nach Ruhe und Trost gesehnt hat, vergißt niemals, wie man ihn auf die Trage packte und mit heulenden Sirenen ins Krankenhaus transportierte: Der Transport ist der Beginn einer langen Leidenszeit.

Im Notaufnahmeraum der Klinik entfaltet sich sofort die Geschäftigkeit von Schwestern, Pflegern, Assistenzärzten. Langsam, unausweichlich beginnt man ihn als Gegenstand zu behandeln, er hört auf, eine Person zu sein. Oft entscheidet man gegen seine Wünsche, und wenn er sich dagegen aufzulehnen versucht, verabreicht man ihm ein Beruhigungsmittel. Er mag um Ruhe, Frieden und Würde flehen – man wird ihm Infusionen, Transfusionen, die Herz-Lungen-Maschine verordnen – was eben medizinisch notwendig erscheint. Vielleicht sehnt er sich nur danach, daß ein einziger Mensch einmal einen Augenblick bei ihm stillhält, damit er ihm eine einzige Frage stellen kann – doch ein Dutzend Leute macht sich rund um die Uhr an ihm zu schaffen, kümmert sich um seine Herz- und Pulsfrequenz, um seine Sekrete und Exkremente – nur nicht um ihn als Persönlichkeit. Auflehnung hilft nichts, denn alles wird ja nur getan, um sein Leben zu erhalten – und wenn man es retten kann, ist ja später immer noch Zeit, an ihn als Individuum zu denken. Wer zuerst den gesamten Menschen in Betracht zieht, könnte darüber wertvolle Zeit zu seiner Rettung verlieren! Das jedenfalls scheint die Begründung oder Rechtfertigung der ganzen Betriebsamkeit zu sein – oder ist es ganz anders? Liegt die Ursache dieser immer mehr mechanischen, unpersönlichen Behandlung in uns selbst, in unserer eigenen Abwehrhaltung? Können wir vielleicht nur auf diese Weise mit den Ängsten fertig werden, die ein schwer oder hoffnungslos Erkrankter in uns selbst auslöst? Konzentrieren wir uns auf Blutdruckmesser und andere Instrumente, weil wir den drohenden Tod nicht sehen wollen, der so furchtbar und erschreckend ist, daß wir unser ganzes Wissen auf Apparaturen übertragen? Denn Instrumente bedrücken uns weniger als die leidenden Züge eines menschlichen Wesens, das uns wieder einmal an die eigene Ohnmacht erinnert, an unsere Grenzen, unser Versagen, unsere eigene Sterblichkeit.

Vielleicht müßte die Frage lauten: Werden wir menschlicher oder unmenschlicher?

Aus: Elisabeth Kübler-Ross, Interviews mit Sterbenden

Wie tritt dieser sterbende Bauer seinem „Schicksal" entgegen?

Warum soll sich auch der junge Mensch schon mit Fragen des Sterbens auseinandersetzen?

Überlegen Sie, wie Sie gegebenenfalls mit Schwer- oder Todkranken umgehen könnten.

Leichtsinniger Umgang mit dem Leben (z. B. im Verkehr), Abschieben der Todkranken in Spitäler: In welchem Zusammenhang könnten diese gegensätzlichen Verhaltensweisen stehen?

Was sagen Ihnen die Verse: „Und viel mehr Blumen während des Lebens, denn auf den Gräbern sind sie vergebens"?

Allein

Es führen über die Erde
Straßen und Wege viel,
Aber alle haben
Dasselbe Ziel.

Du kannst reisen und fahren
Zu zwein und zu drein,
Den letzten Schritt mußt du
Gehen allein.

Drum ist kein Wissen
Noch Können so gut,
Als daß man alles Schwere
Alleine tut.

Hermann Hesse

Bedrückt Sie die Erkenntnis, daß der Mensch im Grunde seines Wesens allein ist?

Inwiefern macht dieses Alleinsein den Menschen reif und verantwortlich?

Zu welchen Mitteln greifen viele Menschen, um einer Verantwortung zu entkommen?

Einem Freund von gestern

Du hast ein Haus gebaut
einen Zaun gezogen
zur Straße die Mauer
mit gläsernen Scherben bespickt

Für den Garten
hast du dir einen Hund gekauft
Nun suchst du
Freunde
die deinen Geschmack
bewundern

Alois Vogel

Welche Auffassung vom Sinn des Lebens hat der „Freund von gestern"?

Vergleichen Sie diese Auffassung mit Ihren Gedanken über den Sinn des Lebens.

*Was will der Dichter mit den Bildern von Zaun, Mauer und gläsernen Scherben aus-
drücken?*

Die beiden Frösche

Zwei Frösche fallen in einen Kübel mit Rahm.
    Ruft der eine: „Ach! Ach! Ach! Ich ertrinke!"
    Der andere sagt gar nichts, aber er tritt und rudert mit Armen und
Beinen und tritt und rudert und tritt und rudert . . .
    Am Morgen ist der Rahm Butter, und die beiden krabbeln heraus.
    „Man muß sich zu helfen wissen", sagte der andere.

Eine Fabel

Was meinen Sie zu dieser Geschichte?

II. „Sag mir einer: Was ist Liebe?"

Walther von der Vogelweide

Eine Begegnung

Aber endlich setzte ich die Flöte ab und erhob mich, und da stand sie, zehn Schritte von mir, und hielt das leere Krüglein in der Hand. Ich lächelte sie an; sie senkte den Blick, sah wieder auf, errötete leicht und lächelte zurück. So standen wir eine ganze Weile einander gegenüber, und wieder war's jenes namenlose Gefühl der Erwartung, das mich besaß. Ich wartete auf das, was ich erwartete. Aber ich war nicht sicher, ob geschehen würde, was ich erwartete. Die Gewißheit ist es, die uns undankbar und gleichgültig werden läßt. Je länger wir standen, um so sicherer fühlte ich, daß wir beide in einer Schlinge saßen, die sich – Sekunde für Sekunde – enger um uns legte.

„Du willst mir das Krüglein zurückgeben?" sagte ich schließlich.

„Ja", erwiderte sie. „Ich danke dir."

Ich trat einige Schritte näher. Sie wollte vielleicht das gleiche tun, aber sie vermochte es nicht.

„Wenn du wolltest", sprach ich leise, „würde es nie leer werden."

Sie lächelte.

Ich trat nahe an sie heran. „Gib es mir, daß ich es zum Abend neu füllen kann."

Sie reichte es mir. Ihre Hand bebte. „Ich danke dir", wiederholte sie.

„Nein", entgegnete ich. „Ich danke dir, daß du es von mir annimmst."

„Ich nehme es gern." Aber das kam so leise, als hätte sie es zu sich selbst gesagt.

Als sie so dastand, ein leises Rot auf den Wangen, die Stirn leicht zur Seite geneigt, daß ihr Haar das Kinn berührte, trieb es mich, sie in die Arme zu schließen; aber ich wußte gut, daß sie das erschrecken müßte. Sie sah mich zum ersten Male, nur ich war schon ein alter Liebhaber.

„Ich will wieder gehen", sagte sie schließlich.

„Ich gehe ein Stück mit dir. Ich kenne ja den Weg."

Sie erwiderte nichts, und wir gingen langsam nebeneinander her. Sie war nur um weniges kleiner als ich, und wir gingen manchmal im gleichen Schritt. Ich sah ihre Füße, schöne, kräftige Füße mit schmalen, dicht nebeneinander gewachsenen Zehen, und dachte bei mir: „Wie schön Füße doch sein können . . ." Ich hatte nur häßliche oder schmutzige oder breitgetretene Füße gesehen bisher. Aber darüber konnte man nicht sprechen. Die Liebe ist ein schwieriges Geschäft, das fühlte ich, selig und unglücklich zugleich.

Aus: Rudolf Hagelstange, Spielball der Götter

Beschreiben Sie, wie in diesem Text eine Beziehung angeknüpft wird.

Sprechen Sie über unterschiedliche Formen beim Anknüpfen von Beziehungen heute.

Die Liebe hat einen Triumph

Die Liebe hat einen Triumph und der Tod hat einen,
die Zeit und die Zeit danach.
Wir haben keinen.

Nur Sinken um uns von Gestirnen. Abglanz und Schweigen.
Doch das Lied überm Staub danach
wird uns übersteigen.

Ingeborg Bachmann

Welche Ideen und Gefühle umspannt das Wort Liebe im Gedicht von Ingeborg Bachmann, welche in der Geschichte von Rudolf Hagelstange?

Welche Stellung hat das Bild vom „Sinken um uns von Gestirnen" im Gedicht? (Ist es für die Grundidee des Gedichtes ein zentrales Bild?)

Der Student und die Rose

„Sie sagte, sie würde mit mir tanzen, wenn ich ihr rote Rosen brächte", rief der junge Student. „Aber in meinem ganzen Garten ist keine rote Rose." In ihrem Nest auf dem Eichbaum hörte ihn die Nachtigall, guckte durch das Laub und wunderte sich.

„Keine rote Rose in meinem ganzen Garten!" rief er, und seine schönen Augen waren voll Tränen. „Ach, an was für kleinen Dingen das Glück hängt. Alles habe ich gelesen, was weise Männer geschrieben haben, alle Geheimnisse der Philosophie sind mein, und wegen einer roten Rose ist mein Leben unglücklich und elend."

„Das ist endlich einmal ein treuer Liebhaber", sagte die Nachtigall. „Nacht für Nacht habe ich von ihm gesungen, obgleich ich ihn nicht kannte; Nacht für Nacht habe ich seine Geschichte den Sternen erzählt, und nun seh ich ihn. Sein Haar ist dunkel wie die Hyazinthe, und sein Mund ist rot wie die Rose seiner Sehnsucht; aber Leidenschaft hat sein Gesicht bleich wie Elfenbein gemacht, und der Kummer hat ihm sein Siegel auf die Stirn gedrückt."

„Der Prinz gibt morgen nacht einen Ball", sprach der junge Student leise, „und meine Geliebte wird dasein. Wenn ich ihr eine rote Rose bringe, wird sie mit mir tanzen bis zum Morgen. Wenn ich ihr eine rote Rose bringe, wird sie ihren Kopf an meine Schulter lehnen, und ihre Hand wird in der meinen liegen. Aber in meinem Garten ist keine rote Rose, so werde ich einsam sitzen, und sie wird an mir vorübergehen. Sie wird meiner nicht achten, und mir wird das Herz brechen."

„Das ist wirklich der treue Liebhaber", sagte die Nachtigall. „Was ich singe, um das leidet er; was mir Freude ist, das ist ihm Schmerz. Wahrhaftig, die Liebe ist etwas Wundervolles. Kostbarer ist sie als Smaragde und teurer als feine Opale. Perlen und Granaten können sie nicht kaufen, und auf den Märkten wird sie nicht feilgeboten. Sie kann von den Kaufleuten nicht gehandelt werden und kann nicht für Gold ausgewogen werden auf der Waage."

„Die Musikanten werden auf ihrer Galerie sitzen", sagte der junge Student, „und auf ihren Saiteninstrumenten spielen, und meine Geliebte wird zum Klang der Harfe und der Geige tanzen. So leicht wird sie tanzen, daß ihre Füße den Boden kaum berühren, und die Höflinge in ihren bunten Gewändern werden sich um sie scharen. Aber mit mir wird sie nicht tanzen, denn ich habe keine rote Rose für sie"; und er warf sich ins Gras, barg sein Gesicht in den Händen und weinte.

„Weshalb weint er?" fragte ein kleiner grüner Eidechs, während er mit dem Schwänzchen in der Luft an ihm vorbeilief. „Ja, warum?" fragte ein Schmetterling, der einem Sonnenstrahl nachjagte.

„Er weint um eine rote Rose", sagte die Nachtigall.

„Um eine rote Rose!" riefen alle; „Wie lächerlich!" und der kleine Eidechs, der so etwas wie ein Zyniker war, lachte überlaut.

Aber die Nachtigall wußte um des Studenten Kummer und saß schweigend in dem Eichbaum und sann über das Geheimnis der Liebe. Plötzlich breitete sie ihre braunen Flügel aus und flog auf. Wie ein Schatten huschte sie durch das Gehölz, und wie ein Schatten flog sie über den Garten.

Da stand mitten auf dem Rasen ein wundervoller Rosenstock, und als sie ihn sah, flog sie auf ihn zu und setzte sich auf einen Zweig.

„Gib mir eine rote Rose", rief sie, „und ich will dir dafür mein süßestes Lied singen."

Aber der Strauch schüttelte seinen Kopf. „Meine Rosen sind weiß", antwortete er; „so weiß wie der Schaum des Meeres und weißer als der Schnee auf den Bergen. Aber geh zu meinem Bruder, der sich um die alte Sonnenuhr rankt, der gibt dir vielleicht, was du verlangst."

So flog die Nachtigall hinüber zu dem Rosenstrauch bei der alten Sonnenuhr.

„Gib mir eine rote Rose", rief sie, „und ich will dir dafür mein süßestes Lied singen."

Aber der Strauch schüttelte seinen Kopf.

„Meine Rosen sind gelb", antwortete er; „so gelb wie das Haar der Meerjungfrau, die auf einem Bernsteinthrone sitzt, und gelber als die gelbe Narzisse, die auf der Wiese blüht, bevor der Mäher mit seiner Sense kommt. Aber geh zu meinem Bruder, der unter des Studenten Fenster blüht, und vielleicht gibt der dir, was du verlangst."

So flog die Nachtigall zum Rosenstrauch unter des Studenten Fenster. „Gib mir eine rote Rose", rief sie, „und ich will dir dafür mein süßestes Lied singen."

Aber der Rosenstrauch schüttelte den Kopf. „Meine Rosen sind rot", antwortete er, „so rot wie die Füße der Taube und röter als die Korallenfächer, die in der Meergrotte fächeln. Aber der Winter machte meine Adern erstarren, der Frost hat meine Knospen zerbissen und der Sturm meine Zweige gebrochen, und so habe ich keine Rosen dies ganze Jahr."

„Nur eine einzige rote Rose brauche ich", rief die Nachtigall, „nur eine rote Rose! Gibt es denn nichts, daß ich eine rote Rose bekomme?"

„Ein Mittel gibt es", antwortete der Baum, „aber es ist so schrecklich, daß ich mir es dir nicht zu sagen traue."

„Sag es mir", sprach die Nachtigall, „ich fürchte mich nicht."

„Wenn du eine rote Rose haben willst", sagte der Baum, „dann mußt du sie beim

Mondlicht aus Liedern machen und sie färben mit deinem eignen Herzblut. Du mußt für mich singen und deine Brust an einen Dorn pressen. Die ganze Nacht mußt du singen, und der Dorn muß dein Herz durchbohren, und dein Lebensblut muß in meine Adern fließen und mein werden."

„Der Tod ist ein hoher Preis für eine rote Rose", sagte die Nachtigall, „und das Leben ist allen sehr teuer. Es ist lustig, im grünen Wald zu sitzen und die Sonne in ihrem goldenen Wagen zu sehen und den Mond in seinem Perlenwagen. Süß ist der Duft des Weißdorns, und süß sind die Glockenblumen im Tale und das Heidekraut auf den Hügeln. Aber die Liebe ist besser als das Leben, und was ist ein Vogelherz gegen ein Menschenherz?"

So breitete sie ihre braunen Flügel und flog auf. Wie ein Schatten schwebte sie über den Garten, und wie ein Schatten huschte sie durch das Gehölz.

Da lag noch der junge Student im Rasen, wie sie ihn verlassen hatte, und die Tränen seiner schönen Augen waren noch nicht getrocknet. „Freu dich", rief die Nachtigall, „freu dich; du sollst deine rote Rose haben. Ich will sie beim Mondlicht bilden aus Liedern und färben mit meinem eignen Herzblut. Alles, was ich von dir dafür verlange, ist, daß du deiner Liebe treu bleiben sollst, denn die Liebe ist weiser als die Philosophie, wenn die auch weise ist, und mächtiger als Macht, wenn die auch mächtig ist. Flammenfarben sind ihre Flügel, und flammenfarben ist ihr Leib. Ihre Lippen sind süß wie Honig, und ihr Atem ist wie Weihrauch."

Der Student blickte aus dem Grase auf und horchte, aber er konnte nicht verstehen, was die Nachtigall zu ihm sprach, denn er verstand nur die Bücher. Aber der Eichbaum verstand und ward traurig, denn er liebte die kleine Nachtigall sehr, die ihr Nest in seinen Zweigen gebaut hatte.

„Sing mir noch ein letztes Lied", flüsterte er; „ich werd mich sehr einsam fühlen, wenn du fort bist." Und die Nachtigall sang für den Eichbaum, und ihre Stimme war wie Wasser, das aus einem silbernen Kruge rinnt.

Als sie ihr Lied geendet hatte, stand der Student auf und nahm ein Notizbuch und einen Bleistift aus der Tasche.

„Sie hat Form", sagte er zu sich, als er aus dem Gehölz schritt, „– sie hat ein Formtalent, das kann ihr nicht abgesprochen werden; aber ob sie auch Gefühl hat? Ich fürchte, nein. Sie wird wohl sein wie die meisten Künstler: alles nur Stil und keine echte Innerlichkeit. Sie würde sich kaum für andere opfern. Sie denkt vor allem an die Musik, und man weiß ja, wie egoistisch die Künste sind. Aber zugeben muß man, sie hat einige schöne Töne in ihrer Stimme. Schade, daß sie gar keinen Sinn haben, nichts ausdrücken und ohne praktischen Wert sind." Und er ging auf sein Zimmer und legte sich auf sein schmales Feldbett und fing an, an seine Liebe zu denken; bald war er eingeschlafen.

Und als der Mond in den Himmel schien, flog die Nachtigall zu dem Rosenstrauch und preßte ihre Brust gegen den Dorn. Die ganze Nacht sang sie, die Brust gegen den Dorn gepreßt, und der kalte kristallne Mond neigte sich herab und lauschte. Die ganze Nacht sang sie, und der Dorn drang tiefer und tiefer in ihre Brust, und ihr Lebensblut sickerte weg von ihr.

Zuerst sang sie von dem Werden der Liebe in dem Herzen eines Knaben und eines Mädchens. Und an der Spitze des Rosenstrauchs erblühte eine herrliche Rose, Blatt reihte sich an Blatt wie Lied auf Lied. Erst war sie bleich wie der Nebel, der über dem Fluß hängt, bleich wie die Füße des Morgens und silbern wie die Flügel des Dämmers. Wie das Schattenbild einer Rose in einem Silberspiegel, wie das Schattenbild einer Rose im Teiche, so war die Rose, die aufblühte an der Spitze des Rosenstocks. Der aber rief der Nachtigall zu, daß sie sich fester noch gegen den Dorn presse. „Drück fester, kleine Nachtigall", rief er, „sonst bricht der Tag an, bevor die Rose vollendet ist." Und so drückte die Nachtigall sich fester gegen den Dorn, und lauter und lauter wurde ihr Lied, denn sie sang nun von dem Erwachen der Leidenschaft in der Seele von Mann und Weib. Und ein zartes Rot kam auf die Blätter der Rose, wie das Erröten auf das Antlitz des Bräutigams, wenn er die Lippen seiner Braut küßt. Aber der Dorn hatte ihr Herz noch nicht getroffen, und so blieb das Herz der Rose weiß, denn bloß einer Nachtigall Herzblut kann das Herz einer Rose färben. Und der Baum rief der Nachtigall zu, daß sie sich fester noch gegen den Dorn drücke. „Drücke fester, kleine Nachtigall", rief er, „sonst ist es Tag, bevor die Rose vollendet ist."

Und so drückte die Nachtigall sich fester gegen den Dorn, und der Dorn berührte ihr Herz, und ein heftiger Schmerz durchzuckte sie. Bitter, bitter war der Schmerz, und wilder, wilder wurde das Lied, denn sie sang nun von der Liebe, die der Tod verklärt, von der Liebe, die auch im Grabe nicht stirbt. Und die wundervolle Rose färbte sich rot wie die Rose des östlichen Himmels. Rot war der Gürtel ihrer Blätter, und rot wie ein Rubin war ihr Herz. Aber die Stimme der Nachtigall wurde schwächer, und ihre kleinen Flügel begannen zu flattern, und ein leichter Schleier kam über ihre Augen. Schwächer und schwächer wurde ihr Lied, und sie fühlte etwas in der Kehle.

Dann schluchzte sie noch einmal auf in letzten Tönen. Der weiße Mond hörte es, und vergaß unterzugehen und verweilte am Himmel. Die rote Rose hörte es und zitterte ganz vor Wonne und öffnete ihre Blätter dem kühlen Morgenwind. Das Echo trug es in seine Purpurhöhle in den Bergen und weckte die schlafenden Schläfer aus ihren Träumen. Es schwebte über das Schilf am Fluß, und der trug die Botschaft dem Meere zu. „Sieh, sieh!" rief der Rosenstrauch, „nun ist die Rose fertig"; aber die Nachtigall gab keine Antwort; denn sie lag tot im hohen Gras, mit dem Dorn im Herzen.

Um Mittag öffnete der Student sein Fenster und blickte hinaus.

„Was für ein Wunder und Glück!" rief er. „Da ist eine rote Rose! Nie in meinem Leben habe ich eine solche Rose gesehen. Sie ist so schön, ich bin sicher, sie hat einen langen lateinischen Namen"; und er lehnte sich hinaus und pflückte sie. Dann setzte er seinen Hut auf und lief dem Professor ins Haus, mit der Rose in der Hand.

Des Professors Tochter saß in der Einfahrt und wand blaue Seide auf eine Spule, und ihr Hündchen lag ihr zu Füßen.

„Ihr sagtet, Ihr würdet mit mir tanzen, wenn ich Euch eine rote Rose brächte", sagte der Student. „Hier ist die röteste Rose der Welt. Tragt sie heut abend an Eurem Herzen, und wenn wir zusammen tanzen, wird sie Euch erzählen, wie ich Euch liebe." Aber das Mädchen verzog den Mund. „Ich fürchte, sie paßt nicht zu meinem Kleid", sprach sie; „und dann hat mir auch der Neffe des Kammerherrn echte Juwelen geschickt, und das weiß doch jeder, daß Juwelen mehr wert sind als Blumen."

„Wahrhaftig, Ihr seid sehr undankbar", rief der Student gereizt; und er warf die Rose auf die Straße, wo sie in die Gosse fiel, und ein Wagenrad ging darüber.

„Undankbar?" sagte das Mädchen. „Ich will Euch was sagen, Ihr seid sehr ungezogen; und dann – wer seid Ihr eigentlich? Ein Student, nichts weiter. Ich glaube, Ihr habt nicht einmal Silberschnallen an den Schuhen wie des Kammerherrn Neffe." Und sie stand auf und ging ins Haus.

„Wie dumm ist doch die Liebe", sagte sich der Student, als er fortging. „Sie ist nicht halb so nützlich wie die Logik, denn sie beweist gar nichts und spricht einem immer von Dingen, die nicht geschehen werden, und läßt einen Dinge glauben, die nicht wahr sind. Sie ist wirklich etwas ganz Unpraktisches, und da in unserer Zeit das Praktische alles ist, so gehe ich wieder zur Philosophie und studiere Metaphysik." So ging er wieder auf sein Zimmer und holte ein großes staubiges Buch hervor und begann zu lesen.

Oscar Wilde

Unterstreichen Sie die Vergleiche, die Wilde verwendet.

Versuchen Sie zu klären, welche Einstellung die Tochter des Professors zur Liebe hat und wie sich diese Einstellung auf die des Studenten auswirkt!

Beobachten Sie, welche Schwierigkeiten sich aus verschiedenen Einstellungen zur Liebe ergeben.

„Die wahre Liebe: das Werden durch ein Netz von Beziehungen."

Antoine de Saint Exupéry

Überdenken Sie, in welchem Netz von Beziehungen Sie „geworden" sind.

Wenn du gehst

Wenn du gehst,
wird das Glück der Welt nicht kleiner,
und mein Kummer zählt wie keiner,
wenn du gehst . . .

Wenn du gehst,
wird den Blumen nichts geschehen.
Doch wie kann ich Blumen sehen,
wenn du gehst?

Wenn du gehst,
wirst du mir im Traum noch lachen.
Doch ich dürfte nicht erwachen,
wenn du gehst . . .

Wenn du gehst,
wird ein Stein am andern bleiben.
Doch mein Haus wird mich vertreiben,
wenn du gehst ...
Wenn du gehst,
geht mein Herz mit deinen Schritten.
Sag, was kann ich Gott noch bitten,
wenn du gehst? ...

Franz Kießling

Überlegen Sie, welche Gefühle aufbrechen, wenn jemand von einem Menschen verlassen wird, der ihm sehr nahesteht.

Finden Sie Bitterkeit, Haß oder Vorwürfe in diesem Gedicht?

Warum ist es schiefgegangen?

Marianne: Du warst ständig mit den Kindern zusammen. Du hast mit ihnen gespielt, ihnen Märchen vorgelesen, du warst so zärtlich und lieb und geduldig. Viel geduldiger als ich. Erinnerst du dich noch, wie beunruhigt du warst, als sie nur den geringsten Anflug von Krankheit zeigten? Du hattest eine viel glücklichere Hand mit ihnen als ich. Und sie liebten dich. Weißt du noch, wie wir an Wochenenden zusammen waren? (Traurig) Warum ist es nur so gekommen? Warum ist es schiefgegangen? Wann wurden die Kinder dir gleichgültig? Wo sind alle Liebe und alle Fürsorge geblieben? Und alle Freude? Denk doch nur an den Sommer, als wir um das Mittelmeer herumkutschierten und die Mädchen in deinem alten Schrotthaufen von Auto mitnahmen. Und zelteten. Erinnerst du dich noch an diese August-Nächte an der spanischen Küste, als wir alle vier unter bloßem Himmel dicht beieinander schliefen? Weißt du überhaupt noch, wie warm und wunderbar und gut wir vier es überhaupt zusammen hatten?

Johann: Ich weine nicht über den Schnee von gestern. Die Kinder werden groß. Beziehungen zerbrechen. Liebe endet, ebenso Zärtlichkeit, Freundschaft und Zusammengehörigkeit. Das ist nichts Besonderes. Es ist einfach nur so.

Marianne: Manchmal finde ich, daß wir wie zwei verwöhnte und bevorzugte Sonntagskinder gewesen sind, die ihre Möglichkeiten verspielt haben und plötzlich arm und bitter und wütend dastehen. Wir müssen irgendwo einen Fehler gemacht haben, und es ist niemand dagewesen, der uns hätte sagen können, was wir falsch gemacht haben.

Johann: Ich möchte dir mal etwas Banales sagen. Wir sind Analphabeten, wenn es um Gefühle geht. Und das ist eine traurige Tatsache, nicht nur, was dich und mich betrifft, sondern praktisch alle Menschen sind es. Wir lernen alles über den Ackerbau in Rhodesien und den Körper und über die Wurzel aus Pi oder wie das heißt, aber kein Wort über die Seele. Niemand kommt auf die Idee, daß wir zuerst etwas über

uns selbst und unsere eigenen Gefühle lernen müssen. Wir sind bodenlos und ungeheuer unwissend, wenn es um uns selbst und andere geht. Wie soll man jemals andere
verstehen, wenn man nichts über sich selbst weiß?

Aus: Ingmar Bergman, Szenen einer Ehe

Welche Einstellungen bewirken eine Verarmung an Gefühlen?

Wie kann man sich um Gefühlsreichtum bemühen?

„Die Ehe muß unablässig ein Ungeheuer bekämpfen,
das alles verschlingt: die Gewohnheit." *Honoré de Balzac*

Welche Gewohnheiten können im menschlichen Zusammenleben auftreten?

Versuchen Sie zu erklären, warum Balzac die Gewohnheit als „Ungeheuer" bezeichnet.

Junges Paar

Winterabend
du und ich
ohne Bleibe
daß du mich kennst
ist mein Kleid
daß du mich nennst
ist mein Zelt
Bette mich tief
tiefer in deine Geduld.

Gertrud Fussenegger

Was könnte „ohne Bleibe" für den Menschen im Leben bedeuten?

Denken Sie über die Stellung des Wortes „Geduld" in diesem Gedicht nach.

III. „Weich ist stärker als hart, Wasser ist stärker als Fels, Liebe ist stärker als Gewalt!"

Hermann Hesse

In einer Diktatur

Jahrzehntelang zeichneten sich die politischen Verhaftungen bei uns dadurch aus, daß Leute geschnappt wurden, die unschuldig waren – und daher auf keinerlei Widerstand vorbereitet. Die Folge war ein allgemeines Gefühl der Verlorenheit, die Vorstellung, es sei unmöglich, der GPU-NKWD[1]) zu entfliehen.

Ver-haf-tet werden, das ist: ein Aufblitzen und ein Schlag, durch die das Gegenwärtige in die Vergangenheit versetzt und das Unmögliche zur Gegenwart wird. Das ist: ein schrilles nächtliches Läuten oder ein grobes Hämmern an der Tür. Das ist: der ungenierte stramme Einbruch des Einsatzkommandos.

Die nächtliche Verhaftung erfreut sich bei uns gewisser Beliebtheit, weil sie wesentliche Vorzüge zu bieten hat. Alle Leute in der Wohnung sind vor Entsetzen gelähmt. Der zu Verhaftende wird aus der Wärme des Bettes gerissen, steht da in seiner halbwachen Hilflosigkeit, noch unfähig, einen klaren Gedanken zu fassen. Mit Sicherheit ist auszuschließen, daß sich während der Abführung und der Haussuchung am Hauseingang mögliche Anhänger des Opfers sammeln. Einen weiteren Vorzug zeigen die nächtlichen Verhaftungen auch darin, daß weder die Nachbarhäuser noch die Straßen zu sehen bekommen, wie viele da nächtens abtransportiert werden. Erschreckend für die allernächsten Hausparteien, sind sie für die Entfernteren nicht existent. Über denselben Asphaltstreifen, über den zur nächtlichen Stunde Gefangenenwagen hin und her flitzen, marschieren am hellen Tage frohgemute Jungscharen mit Fahnen und unbeschwerten Liedern.

O nein, die Formen der Verhaftung sind mitnichten eintönig. Nein, niemals vernachlässigte man bei uns die Verhaftung am Tage, sie zeigt sich in vielfältigem Gewand. Man schleppt Sie aus dem Lazarett mit 39 Grad Fieber, und der Arzt hat nichts gegen Ihre Verhaftung einzuwenden (soll er's nur versuchen!); man winkt Sie beiseite, nachdem Sie eben am Fabrikstor Ihren Passierschein abgegeben haben – und drin sind Sie; Sie bemühen sich um eine Besuchsbewilligung bei Ihrer abgeurteilten Mutter, man gewährt sie Ihnen – und dann erweist sich der Besuch als Gegenüberstellung und Verhaftung! Ein Monteur verhaftet Sie, der gekommen ist, den Gaszähler abzulesen; ein Pilger, der um Christi willen Beherbergung bei Ihnen erbat; ein Radfahrer, der auf der Straße in Sie hineingefahren ist. Unerschöpflich ist der darin investierte Erfindergeist.

Die Verhaftung hat noch eine stundenlange Fortsetzung, später, wenn der arme Sünder längst abgeführt ist und die brutale Gewalt sich der Wohnung bemächtigt. Das

[1]) Beides sowjetische Geheimdienstorganisationen.

sieht so aus: Schlösser aufbrechen, Polster aufschlitzen – Berge von Hausrat auf dem Boden und Splitter unter den Stiefeln. Und nichts ist ihnen heilig während der Haussuchung! Während der Verhaftung des Lokführers Inoschin stand der kleine Sarg mit seinem verstorbenen Kind im Zimmer. Die „Rechtshüter" kippten das Kind aus dem Sarg heraus, sie suchten auch dort. Das Geraffte führen sie fort, bisweilen muß es der Verhaftete selber schleppen.

Für die aber, die nach der Verhaftung zurückbleiben, beginnen lange Monate eines zerrütteten, verwüsteten Lebens. Die Versuche, mit Paketen durchzukommen. Und überall nur bellende Antworten: „Den gibt's nicht!" – „Nicht in den Listen!" Zuvor aber muß man an den Schalter gelangen, aus dem das Gebell schallt, und das bedeutete in den schlimmen Leningrader Zeiten fünf Tage Schlangestehen. Und erst nach Monaten oder einem Jahr läßt der Verhaftete selbst von sich hören, oder aber es wird einem das „Ohne Brieferlaubnis" an den Kopf geworfen. Das aber heißt – für immer. „Ohne Brieferlaubnis", das steht fast sicher für: erschossen.

Die „Organe" verfügten meist über keine fundierte Motivierung für die Auswahl der zu Verhaftenden, sie hatten einzig und allein die Sollziffer zu erreichen. Die Erzielung der vorgegebenen Zahl konnte auch völlig zufällig sein. Im Jahre 1937 kam eine Frau zum Nowotscherkassker NKWD, um sich zu erkundigen, was mit dem hungrigen Säugling ihrer verhafteten Nachbarin geschehen solle. „Nehmen Sie bitte Platz", sagte man ihr, „wir werden uns erkundigen." Sie wartete zwei Stunden – dann führte man sie aus dem Empfangsraum in eine Zelle: Die Zahl mußte raschest „aufgefüllt" werden, an einsatzbereiten Mitarbeitern mangelte es – wozu in der Stadt suchen, wenn diese da schon hier war! Wo zufällige Umstände, zum Beispiel die Denunziation eines Nachbarn, zur Verhaftung führten, da konnte der dazu Vorgemerkte leicht durch einen anderen Nachbarn ersetzt werden. Menschen, die zufällig in eine Razzia gerieten und den Mut hatten, noch vor der ersten Einvernahme zu fliehen, wurden niemals mehr verfolgt oder belangt; wer aber blieb, im Bewußtsein seiner Schuldlosigkeit, auf daß ihm Gerechtigkeit widerfahre, der wurde verurteilt.

„Ein Mißverständnis!" Du kannst es nicht lassen, dich selbst zu beschwören: „Ein Mißverständnis! Es wird sich erweisen!" Du bist doch ohne Zweifel unschuldig. Warum dann Widerstand leisten?

Allgemeine Schuldlosigkeit bewirkt auch allgemeine Untätigkeit. Im Lager später wurmt es einen. Wenn die Menschen sich zusammengetan hätten – es wäre das verfluchte Räderwerk trotz Stalins Eifer zum Stillstand gekommen! Wenn . . . Ja, wenn . . . Es fehlte uns an Freiheitswillen. Und vorher noch – an Einsicht in die wahre Lage der Dinge.

Aus: Alexander Solschenizyn, Der Archipel GULAG

Welche Diktaturen kennen Sie?

Informieren Sie sich über Leben und Werk Alexander Solschenizyns.

„Amnesty International" ist eine Organisation, die sich für Menschen einsetzt, die zu Unrecht gefangengehalten werden. Informieren Sie sich über ihre Tätigkeit und halten Sie ein Referat darüber.

Schlagen Sie in einem Fremdwörterlexikon nach, was das Wort „Dissident" bedeutet.

Aus welchen Ländern sind Ihnen Berichte von Gewaltanwendung des Staates gegenüber dem wehrlosen Bürger in der letzten Zeit aus Zeitungen und Fernsehen bekannt?

Neue Gewalt

Ben blieb einen Augenblick stehen und lauschte. Nichts. Nun war es wieder vorbei. Zum Teufel, sollte er schon Halluzinationen haben? Er ging weiter, aber es waren nicht nur die Geräusche seiner eigenen Schritte, die er hörte ...

Obwohl Ben schon sechzehn Jahre alt und kräftig gebaut war, überkam ihn mit einem Mal Angst. Er überlegte, ob er einfach losrennen sollte, dann sagte er sich jedoch, daß es gescheiter sei, die Nerven zu behalten. Den ganzen Weg über vom Marienplatz in Pasing, einem Randbezirk im Westen Münchens, bis hierher war Ben keinem Menschen begegnet. Das war nicht weiter verwunderlich. Das Schneechaos, das die Meteorologen am Vortag angekündigt hatten, war über Deutschland hereingebrochen und hatte den ganzen Süden der Bundesrepublik unter Schneemassen begraben. Ungeachtet des Wetters war Ben am frühen Nachmittag losgezogen, um sich in einem Kino am Münchener Stachus den Film „Libero" mit Franz Beckenbauer anzusehen. Er war mit der Straßenbahn in die Innenstadt gefahren und nach dem Kinobesuch sofort wieder zurück. Von der Haltestelle am Pasinger Marienplatz hatte Ben noch gut zehn Minuten bis nach Hause.

Einige Meter von der Haltestelle entfernt war eine Kneipe, die Ben kannte. Er überlegte einen Augenblick, ob er gleich nach Hause gehen sollte. Dann besann er sich jedoch und steuerte auf die Kneipe zu, um rasch noch eine Cola zu trinken.

In dem Lokal war es dunkel. Ein langer Tresen stand quer zur Eingangstür. Der Junge zog seine Handschuhe aus und ging zur Theke, hinter der ein mittelgroßer Mann Gläser wusch.

Ben griff in seine Manteltasche, holte ein Zweimarkstück heraus und bestellte.

Plötzlich spürte er, wie ihn eine kräftige Hand an der Schulter faßte und herumdrehte. Er wollte sich freimachen, doch da packte die Hand noch fester zu.

„Wer ..."

Die Hand gehörte einem Jungen, der nicht viel älter war als Ben. Er hatte kräftige Schultern, ein pickeliges, knochiges Gesicht und langes, fettiges Haar. In einem Ohrläppchen steckte ein goldener Knopf.

„Hör mal, Kleiner, hast 'ne Zigarette für mich?" Drei weitere Jungen gesellten sich zu dem Wortführer. Alle trugen die gleiche Kleidung: enge Röhrenjeans, hochhackige Stiefeletten und Lederjacken, mit silberfarbenen Nieten beschlagen.

Ben schüttelte den Kopf, schluckte, dann sagte er: „Nein, ich habe keine Zigaretten." – „Wie heißt du?" fragte einer der Jungen.

Ben wandte sich ein wenig zur Seite und suchte den Blick des Wirts. Aber der Mann tat, als merkte er von dem Vorfall überhaupt nichts, und polierte weiter seine Gläser.

119

„Ich heiße Ben." – „Na, schön, und weiter? Ben allein gibt's ja nicht." Ben biß sich auf die Lippen. „Wie heißt du also?" – „Benjamin." Die Jungen lachten. „Ich habe einen guten Tip für dich, Benjamin", sagte der, der Ben noch immer an der Schulter festhielt, „hau ab!" Ben spürte, wie ihm das Blut in den Kopf schoß. „Warum, was habt ihr gegen mich? Ich kenne euch doch gar nicht?"

„Nimm an, Benjamin, deine Nase gefällt uns nicht." Der Junge grinste Ben an. Ben nickte. Die Tür hob sich gegen das Licht der Straße ab. Er ging automatisch auf sie zu, verließ die Kneipe und blickte sich nicht mehr um.

Das alles war vor kaum fünf Minuten geschehen.

Ben hatte dann den Marienplatz, später die Bodenseestraße überquert und war eilig durch den kleinen verwilderten Park am Würmkanal gegangen, den kürzesten Weg nach Hause.

Mit einem Male war ihm, als würde er verfolgt. Undeutlich hörte der Junge jetzt Füße über den Schnee tappen. Er blieb stehen und machte eine scharfe Wendung nach links. Da standen die vier. Sie versuchten gar nicht mehr, sich zu verbergen. Ben gab sich Mühe, ruhig und beherrscht zu bleiben. Der eine war ganz lang und schmal und hatte komisch abstehende Ohren. Zwei waren gedrungen, sie nahmen Ben in ihre Mitte.

„Es ist kalt hier draußen", sagte der Lange. Er stieß Ben in die Seite. Es tat nicht weh, es war eher ein Puffen.

„Laßt mich nach Hause gehen", sagte Ben.

Die anderen lachten. Der Lange baute sich vor ihm auf. „Geh nur heim", rief er Ben zu. Alle vier stellten sich im Kreis um ihn herum. Sie hielten die Hände in die Seiten gestemmt und schoben das Becken vor. Ben sah bei einem von ihnen den Griff eines Messers aus dem Stiefelschaft herausstehen.

„Was habt ihr denn davon, wenn ihr mich aufhaltet?" fragte Ben.

Er versuchte, dabei einen Schritt nach vorn zu machen, und berührte den Langen mit seinem Arm. Wortlos schlug ihm der ins Gesicht. Ben zögerte nun nicht mehr. Er lief los. Im nächsten Augenblick spürte er, wie ihm jemand ein Bein stellte. Er stolperte, stürzte hin.

Ben versuchte sich aufzurichten, da traf ihn der erste Tritt. Zwei, drei Tritte trafen ihn in den Leib. Ben rollte sich zusammen.

Nun begannen alle vier, mit den eisenbeschlagenen Stiefeln auf ihm herumzutrampeln. Ben lag zusammengekrümmt im Schnee, unfähig, sich zur Wehr zu setzen, während die Füße der anderen seinem Körper tödliche Verletzungen beibrachten.

Endlich ließen die Tritte nach, und es wurde still. Ein paar Sekunden lang verlor Ben die Besinnung. Als er aus der Ohnmacht erwachte, schien ihm eine Ewigkeit vergangen zu sein. Er nahm alle Kraft zusammen und kroch zur Straße. Er kam über sie hinüber und bis zum Haustor.

Als er in den Rettungswagen hineingeschoben wurde, lebte er noch. Als der Wagen vor dem Krankenhaus hielt, war er schon tot.

Vier Wochen später waren die Täter verhaftet. Was sie dazu veranlaßt hatte, den 16jährigen Ben zu töten, wußten sie trotz eingehender Befragung nicht zu sagen.

Aus: Wolfgang Salewski/Peter Lanz, Die neue Gewalt

Welche möglichen Ursachen könnte das grausame Verhalten der Jugendlichen haben?

Welchen Formen der Gewalt sind Sie im Alltag schon begegnet?

Sprechen Sie über Formen von Gewalt, die Sie im Fernsehen und/oder Film beobachtet haben.

Untersuchen Sie Witze. Welche gehässigen Einstellungen haben Sie herausgefunden?

> Welche Regierung die beste sei?
> Diejenige, die uns lehrt, uns selbst zu regieren.
> *Johann Wolfgang von Goethe*

Der gordische Knoten

Wir alle kennen ihn noch aus der Geschichtsstunde, den makedonischen Alexander. Und auch die Anekdote mit dem berühmten gordischen Knoten kennen wir noch, die dem jugendlichen Eroberer nachgesagt wird. Als er in Gordium einzog und von dem kunstvoll verschlungenen Knoten hörte, den bislang kein Mensch hatte aufknüpfen können, ließ er sich stracks hinführen, besah sich das berühmte Ding von allen Seiten, bedachte den Orakelspruch, der dem Auflöser des Problems großen Erfolg und weithallenden Ruhm verhieß, zog kurz entschlossen sein Schwert und hieb den Knoten mittendurch.

Na ja. Die Soldaten Alexanders jubelten natürlich. Und man pries die Intelligenz und Originalität des jungen Königs. Das ist nicht gerade verwunderlich. Eines muß ich allerdings ganz offen sagen – meine Mutter hätte nicht dabeisein dürfen! Wenn meine Mutter daneben gestanden hätte, hätte es Ärger gegeben. Wenn ich als Junge, kein Haar weniger originell und intelligent als Alexander, beim Aufmachen eines verschnürten Kartons kurz entschlossen mein Schwert beziehungsweise mein Taschenmesser zog, um den gordischen Bindfaden zu durchschneiden, bekam ich mütterlicherseits Ansichten zu hören, die denen des Orakels diametral widersprachen und die jubelnden Truppen aus Makedonien außerordentlich verblüfft hätten. Alexander war bekanntlich ein großer Kriegsheld, und die Perser, Meder, Inder und Ägypter pflegten Tag und Nacht vor ihm zu zittern. Nun, meine Mutter hätte sich diesem Gezitter nicht angeschlossen. „Knoten schneidet man nicht durch!" hätte sie in strengem Tone gesagt. „Das gehört sich nicht, Alex! Strick kann man immer brauchen!"

Und wenn Alexander der Große nicht so jung gestorben, sondern ein alter, weiser Mann geworden wäre, hätte er sich vielleicht eines Tages daran erinnert und bei sich gedacht: „Diese Frau Kästner, damals in Gordium, hatte gar nicht so unrecht, Knoten schneidet man nicht durch. Wenn man es trotzdem tut, sollten die Soldaten nicht jubeln. Und wenn die Soldaten jubeln, sollte man sich wenigstens nichts darauf einbilden!"

Ich habe in den verflossenen Jahren gelegentlich kurze gereimte Epigramme geschrieben und in einer kleinen Mappe aufgehoben. Eines dieser Epigramme beschäftigt sich zufälligerweise auch mit dem gordischen Knoten, und so scheint es mir angebracht, den Fünfzeiler in diesem Zusammenhange zu veröffentlichen.

Über den Nachruhm

Den unlösbaren Knoten zu zersäbeln,
gehörte zu dem Pensum Alexanders.
Und wie hieß jener, der den Knoten knüpfte?
Den kennt kein Mensch.
Doch sicher war es jemand anders . . .

Es ist wirklich merkwürdig, nicht? Da setzt sich jemand auf die Hosen und bringt mit viel Fleiß, Gescheitheit und Geschick einen Knoten zustande, der so raffiniert geschlungen ist, daß ihn kein Mensch auf der Welt aufknüpfen kann, und den, der das Kunststück fertigbrachte, hat uns die Geschichte nicht überliefert! Aber wer das Taschenmesser herauszog, das wissen wir natürlich! Die Historiker haben seit Jahrtausenden eine Schwäche für die starken Männer. Auf steinernen Tafeln, auf Papyrusrollen, auf Pergamenten und in dicken Büchern schwärmen sie von Leuten, welche die Probleme mit Schwertstreichen zu lösen versuchten. Davon zu berichten, wie sich die Fäden des Schicksals unlösbar verschlangen, das interessiert sie viel weniger. Und darüber zu schreiben, wie seltsame Idealisten solche Schicksalsverknotungen friedlich entwirren wollten, ödet sie an. Dem Zerhacken der Knoten gilt ihr pennälerhaftes Interesse, und sie haben nicht wenig dazu beigetragen, die alten gordischen Methoden in Ansehen und am Leben zu erhalten.

Aus: Erich Kästner, Was nicht in euren Lesebüchern steht

Erich Kästner zeigt die Kehrseite des Bildes vom glorreichen Eroberer.

Untersuchen Sie, wie Heldenbilder (zum Beispiel Superman, Dracula, Cowboyhelden) aufgebaut sind.

Kennen sie andere negative Heldenbilder?

Ein Versuch, in der Welt Frieden zu stiften

Die Zwecke der Vereinten Nationen sind:

1. Frieden und Sicherheit unter den Nationen zu erhalten und im Hinblick darauf: wirksame gemeinschaftliche Maßnahmen zu ergreifen, um Bedrohungen des Friedens zuvorzukommen und sie zu beseitigen, . . .

2. auf der Grundlage der Achtung vor dem Prinzip der Gleichberechtigung und Selbstbestimmung der Völker freundliche Beziehungen unter den Nationen zu pflegen ...

3. bei der Lösung internationaler Aufgaben, wirtschaftlichen, sozialen, kulturellen oder humanitären Inhalts, und bei der Förderung und Belebung der Achtung für die Menschenrechte und für die grundlegenden Freiheiten zugunsten eines jeden ohne Unterscheidung nach Rasse, Geschlecht, Sprache oder Religion internationales Zusammenwirken zu begründen; ...

Aus der Charta der Vereinten Nationen vom 26. Juni 1945

Welche Auffassung vom Zusammenleben der Menschen liegt diesem Text zugrunde? (Vergleichen Sie dazu die Ausführungen über den Humanismus)

Welche neuen Möglichkeiten ergeben sich aus der internationalen Zusammenarbeit für den Frieden der Welt?

Mahatma Gandhi: Eine große Idee

Er verdiente sein Studium in der damaligen Kolonialzeit als junger Erzieher. Er sah verschwenderischen Reichtum und bitterste Not dicht nebeneinander. Er sah die Lasten, die sein Volk zu tragen hatte, und er sah, wie Dummheit und Ungerechtigkeit der englischen Kolonialherren diese Lasten seinem Volk aufbürdeten.

Das wollte er ändern. Er sagte sich: Zuerst muß ich bei mir selbst beginnen, legte die feinen Kleider ab und führte ein einfaches Leben. Und er sagte sich weiter: Gewalt erzeugt wieder Gewalt, und erfand die Idee des sogenannten „zivilen Ungehorsams", die gewaltlose Widersetzlichkeit gegen Gesetze, die englische Beamte aus Dummheit oder Unwissenheit erlassen hatten und die eine Ungerechtigkeit seinem Volk gegenüber darstellten. Denn Indien war damals eine englische Kolonie und wurde von einem englischen Vizekönig regiert.

Ein ganzes Leben lang zog Gandhi kreuz und quer durch den riesigen indischen Kontinent und führte Aktionen durch, um die Not seines Volkes zu lindern. Zahllose Male wurde er von den Engländern verhaftet und eingekerkert, aber immer wieder stieß er bei Beamten auch auf Verständnis.

Und seine Aktionen hatten sichtlich immer mehr Erfolg. Denn was Gandhi, als einzelner Mann, begonnen hatte – den gewaltlosen Widerstand –, das zwang das mächtige England schließlich in die Knie. 1947 wurde Gandhis Heimat unabhängig. Er selbst hat nie einem Menschen auch nur die Haut geritzt.

Nach: Paul Ackermann, Gewaltlose Widerstandsaktionen Mahatma Gandhis

Vergleichen Sie die Methoden des gewaltlosen Widerstandes (friedliche Demonstration, Sitzstreik, Hungerstreik) mit Terrormethoden.

Welche Organisationen (Gruppen) haben in letzter Zeit auf ihre Probleme aufmerksam gemacht durch:

Terrorakte

gewaltlosen Widerstand

Von der Angst

Der Mensch begegnet dem Mitmenschen mit gemischten Gefühlen: Einerseits fürchtet er ihn, andererseits sucht er den freundschaftlichen Kontakt.

Nach den Feststellungen der Wissenschaft wird die anonyme Massengesellschaft von heute den ursprünglichen Bedürfnissen des Menschen nicht gerecht. Anders als in einem überschaubaren kleinen Sozialgefüge – etwa dem Dorf, wo einer den anderen kennt –, begegnet der Mensch täglich einer Unzahl von Fremden. Ob sie ihm freundlich gesinnt sind oder ihn ablehnen, bleibt ihm unbekannt, ob sie ihm in der Not beistehen oder sich abwenden werden, weiß er nicht, und Gespräche mit dem unbekannten Anderen sind in der Massengesellschaft nicht üblich. Die Folgen solch mangelnder Kontaktmöglichkeiten sind häufig Mißtrauen, ja Angst allem gegenüber, was nicht einem unmittelbar vertrauten kleinen Kreis angehört.

Auch zeitgenössische Schriftsteller beschäftigen sich mit diesem Thema. Sie schreiben über die Angst vor der Straße, die Angst vor der Zukunft, die Angst vor der Bürokratie, die Angst vor den Sozialwohnungen (diesen „Selbstmordkabinen“), vor der Arbeit, vor Krankheit – kurzum vor allem und jedem, vor dem Leben überhaupt. Aber sie schreiben nicht, daß diese Angst zu bewältigen ist, auch in der heutigen Massengesellschaft: Daß es gilt, die Gleichgültigkeit dem Mitmenschen gegenüber abzubauen; daß es gilt, sich ihm gegenüber verantwortlich zu fühlen; daß es gilt, sich um sein Wohl oder Wehe zu kümmern, nicht zu jammern und anzuklagen, sondern zu handeln – kurzum, daß es gilt, im Mitmenschen wieder den Bruder zu sehen.

Wissen sie es nicht mehr? Oder wollen sie es nicht wissen?

Auszug aus Presseberichten

Wovor haben Sie Angst und warum?

Welche Möglichkeiten bietet der Text an, mit der Angst fertig zu werden?

Welche zusätzlichen Vorschläge haben Sie?

Mut und Barmherzigkeit – Gegner der Gewalt
Mutter Teresa

Sie war unter Eingeweihten schon längst bekannt als die Frau, die sich ein seltsames Ziel zur Lebensaufgabe gemacht hatte: Sie streifte nachts durch die Elendsviertel von Kalkutta auf der Suche nach Menschen, die irgendwo in einem finsteren Winkel oder einfach im Straßengraben am Sterben waren, und nahm sie mit sich. Obdachlose,

Ausgestoßene, Verhungernde, die wenigstens in ihren letzten Stunden noch erfahren sollten, was Liebe ist. Dafür und für vieles andere hat sie den Friedensnobelpreis erhalten, wie es heißt einstimmig, und, wie man aus den Berichten der Massenmedien erfährt, unter dem Beifall der ganzen Welt. Beides hat sie mehr als verdient, den Preis und den Beifall. Am Beifall ist sie nicht interessiert, aber am Preis. Denn mit den zweieinhalb Millionen Schilling, die sie erhalten hat, will sie ein Zentrum für die Rehabilitierung von Aussätzigen bauen, also ein Haus, das Leprakranke aufnimmt und so behandelt, daß sie wieder vollwertige Glieder der menschlichen Gesellschaft werden können. Um ihr dabei zu helfen, hat die indische Regierung den ganzen Betrag für steuerfrei erklärt.

Wer ist Mutter Teresa?

Sie heißt mit ihrem bürgerlichen Namen (den man bisher kaum kannte) Agnes Bojaxhio und stammt aus Albanien. Geboren ist sie am 27. August 1910 in Jugoslawien als Tochter eines Kleinbauern und lernte schon früh, was es heißt, arm zu sein, hart arbeiten zu müssen und zu hungern. Diese bäuerliche Herkunft steht ihr noch heute im Gesicht geschrieben. Kein schönes Gesicht im Stil der Modeblätter, nicht mit allen Mitteln der Kosmetik zurechtgemacht, sondern herb und voll Runzeln. Es unterscheidet sich kaum von dem frühgealterten Gesicht einer Bauernfrau ihrer Heimat, die ein Leben lang schwer gearbeitet hat. Der gleiche Schnitt, die gleiche kräftige Nase, die gleichen tiefen Falten um den Mund, der lieber schweigt als lange redet. Und die gleiche Energie (spürbar auch in den großen, verwerkten Händen). Was diesem Gesicht seine Eigenart verleiht, sind die Augen. Augen, die wahrscheinlich mehr menschliches Elend gesehen haben als die irgendeines anderen Menschen. Augen, denen man nichts mehr vormachen kann und deren klarer Blick einen ahnen läßt, wie recht jener Mann hatte, der nach einer Begegnung mit Mutter Teresa gesagt haben soll, jetzt wisse er, was Liebe sei – sich opfernde Güte.

Als ein Journalist Mutter Teresa fragte, wann ihr die Idee gekommen sei, nach Indien zu gehen, antwortete sie, das sei schon sehr früh geschehen. Sie war damals noch ein Kind von 12 Jahren und besuchte die Volksschule, als ihr Religionslehrer seinen Posten aufgab und als Missionar nach Indien ging. Ausgerechnet nach Kalkutta. Als sie aus seinen Briefen erfuhr, was für eine große Not unter den Armen dort herrschte, erwachte in ihr der Wunsch, es ihm gleichzutun.

Der Gedanke verließ sie nicht wieder, und so trat sie mit 18 Jahren in den Orden der Loretoschwestern ein, die sie zur Lehrerin ausbildeten. Sie kam nach Darjeeling in Indien und nach Kalkutta, aber nicht, um sich in den Elendsvierteln der Großstadt den Ärmsten der Armen zu widmen, sondern um in einem Institut Töchter aus der besseren Gesellschaft in Geographie und Englisch zu unterrichten. Sie tat das zwanzig Jahre lang, erkannte aber immer klarer, daß es nicht das war, wozu eine innere Stimme sie drängte. Schließlich faßte sie den Entschluß, auszutreten, um sich ganz und rückhaltlos den Parias, den Ausgestoßenen, zu widmen. Es dauerte noch zwei Jahre, bis sie von der Religionskongregation in Rom die Erlaubnis dazu bekam. Kurz vor Weihnachten 1948 verließ sie das Kloster. Statt des Habits trug sie nun einen indischen Sari, weiß, mit breiten blauen Streifen am Saum und einem Kreuz auf der rechten Schulter. Er sollte ihr künftiges Ordenskleid werden. Sie tauchte im schlimmsten Armenviertel Kalkuttas unter und begann damit, herumlungernde Kinder zu sammeln, die sie lesen und schreiben lehrte und denen sie zeigte, was Anstand und Sauberkeit heißt. Erst kamen nur zwei, dann waren es vierzig und schließlich wurde eine richtige Slum-Schule daraus. Als junge Mädchen kamen, die sich bereiterklärten, ihr zu helfen, wandte sie sich den von ihren Müttern ausgesetzten Säuglingen zu, die sie aus Mülltonnen holte oder die ihr einfach nachts vor die Tür gelegt wurden. Und den Sterbenden. Es ist für uns, die wir in geordneten Verhältnissen leben, unvorstellbar, daß es Menschen gibt, so gottverlassen, daß sie nicht einmal ein Bett zum Sterben haben, sondern sich, wenn es soweit ist, in den nächsten Straßengraben legen oder wie ein verendendes Tier irgendwo verkriechen müssen. In den überfüllten Großstädten der Dritten Welt geschieht das immer wieder. Wenn sie schon im Leben nichts gehabt haben, sagte sich Mutter Teresa, sollen sie wenigstens einen friedlichen Tod haben. Sie mietete einen Saal, den sie mit Matratzen versah, und schickte ihre Helfer aus, die Sterbenden zu holen.

Das war damals. Heute, nach 30 Jahren, besteht eine eigene Kongregation der „Missionare der Nächstenliebe". Sie arbeiten unter der Leitung von Mutter Teresa nicht nur in 60 indischen Städten, sondern auch in Australien, Afrika, Palästina, Nordjemen und in westlichen Städten wie New York, London, Rotterdam, Neapel, Palermo. Im ganzen in 129 Niederlassungen.

Wo liegt das Geheimnis eines derart weltumspannenden Apostolats? Es liegt zweifellos in der Persönlichkeit Mutter Teresas, in der Kraft und Konsequenz ihrer Liebe, aber auch in ihrem Wirklichkeitssinn, ihrer Tatkraft und in ihrem außergewöhnlichen Talent, die vorhandenen Mittel und Kräfte richtig einzusetzen, d. h., ein Werk so zu organisieren, daß es seinen Zweck wirklich erfüllt.

Das ist das Geheimnis. Das andere und letztlich Entscheidende (an das man kaum zu rühren wagt): Mutter Teresa weiß sich zu diesem Ziel von Gott berufen und hat zu dieser Berufung mit dem Einsatz ihres Lebens ja gesagt, das Ja demütigen Gehorsams und restloser Bereitschaft zur Hingabe. Das Ja der Liebe zu Gott, die sich in ihrer Liebe zu den Ärmsten der Armen erfüllt. Eine Liebe, die keine großen Worte macht, sondern handelt.

Sie selbst spricht nicht gern darüber. Aber man hört es heraus aus dem, wie sie auf eine sehr schlichte, bescheidene, aber auch sehr entschiedene Weise Fragen beantwortet:

„Es genügt nicht, nur Geld, Arbeit und Essen zu geben. Wir müssen uns selbst geben und uns selbst teilen."

„Der persönliche Einsatz allein zählt, denn oft sterben Menschen nicht, weil sie Hunger haben, sondern weil sie keine Liebe erfahren. Und die gibt ihnen kein Komitee."

„Die schlimmste Krankheit ist nicht die Lepra oder Tuberkulose, sondern das Gefühl, verlassen zu sein."

Von ihren Schwestern, Brüdern und Mitarbeitern verlangt sie: „Nie für Geld, nie für Reiche, und nur in den Verhältnissen wie die Armen leben und arbeiten." Und: „Laß nie zu, daß du jemandem begegnest, der nach der Begegnung mit dir nicht glücklicher ist."

Sie selbst lebt danach, arm wie die Armen, bedürfnislos, aber unermüdlich und furchtlos. Als sie einmal in Rom am Sitz der Caritas Internationalis vorsprach, um für ein bestimmtes Werk einen großen Beitrag zu erbitten, fragte sie ein geistlicher Vertreter, wofür sie die Summe brauche. Antwort: „Das ist nicht die Frage, junger Mann. Die Frage ist: Bekomme ich das Geld? Ich brauche es dringend. Meine Armen können nicht warten." Sie bekam es. *Aus: P. Ernst W. Roetheli, Mutter Teresa*

Denken Sie nach, wo Sie selbst Möglichkeiten haben, mutig und barmherzig zu sein.

Welche Charaktereigenschaften hat Mutter Teresa?

IV. „Was ist uns Heimat?"

Aufbruch

Über Nacht, vom ersten warmen Winde
kühn gemacht,
hat der März das Tal geschwinde
grün gemacht.

Wärmt der Wald sich mager und gestrüppig
erst das Fell,
bald des Kirschbaums Knospen üppig
bersten hell.

Hinter das vom Winter ausgebleichte
Grau der Welt
ist nun schon das frühlingsleichte
Blau gestellt.

Morgen kommt die Sonne: Furcht und Hoffen
stöhnt vom Schlag –
von des Lichtes Blitz getroffen
tönt der Tag!

Eugen Roth

Sommerbild

Ich sah des Sommers letzte Rose stehn,
Sie war, als ob sie bluten könne, rot;
Da sprach ich schauernd im Vorübergehn:
So weit im Leben, ist zu nah am Tod!

Es regte sich kein Hauch am heißen Tag,
Nur leise strich ein weißer Schmetterling;
Doch, ob auch kaum die Luft sein Flügelschlag
Bewegte, sie empfand es und verging.

Friedrich Hebbel

Herbsttag

Herr: es ist Zeit. Der Sommer war sehr groß.
Leg deinen Schatten auf die Sonnenuhren,
und auf den Fluren laß die Winde los.

Befiehl den letzten Früchten voll zu sein;
gib ihnen noch zwei südlichere Tage,
dränge sie zur Vollendung hin und jage
die letzte Süße in den schweren Wein.

Wer jetzt kein Haus hat, baut sich keines mehr.
Wer jetzt allein ist, wird es lange bleiben,
wird wachen, lesen, lange Briefe schreiben
und wird in den Alleen hin und her
unruhig wandern, wenn die Blätter treiben.

Rainer Maria Rilke

Anbetung des Kindes

Als ein behutsam Licht
stiegst du von Vaters Thron.
Wachse, erlisch uns nicht,
Gotteskind, Menschensohn!

Sanfter, wir brauchen dich.
Dringender war es nie.
Bitten dich inniglich,
dich und die Magd Marie –

König wir, Bürgersmann,
Bauer mit Frau und Knecht:
Schau unser Elend an!
Mach uns gerecht!

Gib uns von deiner Güt
nicht bloß Gered und Schein!
Öffne das Frostgemüt!
Zeig ihm des Andern Pein!

Mach, daß nicht allerwärts
Mensch wider Mensch sich stellt!
Führ das verratne Herz
hin nach der schönen Welt!

Frieden, ja, ihn gewähr
denen, die willens sind.
Dein ist die Macht, die Ehr,
Menschensohn, Gotteskind.

Josef Weinheber

129

Sammeln Sie Gedichte zu den verschiedenen Jahreszeiten.

Vergleichen Sie den Stil der gesammelten Gedichte.

Neue Lichter im Advent

Wenn die ersten Meldungen von überraschenden Schneefällen zu lesen und zu hören sind, sind es oft Hiobsbotschaften, die alle mit Bangen erfüllen. Aber dort, wo der Schnee gegen Ende November sanft und in leisen Flocken über die Dächer und die Gärten kommt, zieht auch in das alte Herz – alle Jahre wieder – eine Kinderseligkeit ein, die sich rein und süß über all die Jahrzehnte erhalten hat. Das kommt wohl davon, daß der erste Schnee als Vorbote der Adventwochen, des Nikolausabends und der Heiligen Nacht mit dem Christkindwunder erlebt wurde. Die Witterung spielt nicht immer in diesem Abschiedsreigen des Jahres mit. Aber der erste Schnee bleibt der erste Gruß, der die Gewißheit der nahenden Weihnachten bringt.

Ein neues Zeichen, daß es Weihnachten wird, habe ich seit ein paar Jahren entdeckt. Ich habe einen Zauber entdeckt an einem Haus, das als Greuel, als Untat, als unverzeihliche Bausünde bezeichnet wird. Seit es steht, wird es kritisiert.

Nun kommt das, was ich eigentlich sagen will: Wenn es in diesen Wochen früh dunkel wird, leuchten auch früh die Lichter in den Fenstern auf. In diesem Haus geschah es, wie überall, ohne bestimmte Regel. In einem Stockwerk mehr, in einem anderen weniger. In einer Reihe ein oder zwei, in einer anderen gleich fünf nebeneinander. Wer vor diesem Anblick nicht sagt, das ist ein schönes Bild, der verhärtet sein Herz gegen alles, was ihm die Zeit und die Gegenwart sagen will. Ich sage aber: Wenn jetzt auch vor diesem großen, aus hundert Augen leuchtenden Haus der feine Herbstnebel oder leicht flockig der Schnee sein Wesen treibt, dann beginnt es inwendig aufzuklingen von Adventweisen, von Hirtenmelodien und Weihnachtsglocken. Auch dem Menschen der Stadt wollen diese Töne nicht verschwiegen bleiben. Und warum soll dieses neue Haus in seiner winterabendlichen Verzauberung nicht ein Künder alten Glückes sein?

Neben allen anderen Berechnungen gehen die Bestrebungen, unsere Altstädte zu sanieren und zu vitalisieren, letztlich doch darauf hinaus, einen Teil zur Begründung und Bestärkung des Lebensglückes der dort wohnenden Menschen zu leisten. Auch die neuen Häuser wollen das gleiche. Darum: Wenn von ihnen auch ein bißchen Poesie ausgeht, soll man es dankbar gelten lassen.

Dabei fällt mir eine Erinnerung an Max Mell ein. War er in Gesellschaft, und es stand das Lieblingskapitel zur Debatte: die Fehler und Mängel eines nicht anwesenden Bekannten, schwieg er immer eine lange Weile. Dann aber nutzte er die erste Redepause und sagte mit seiner leisen Stimme sinngemäß: „Ja, aber einmal habe ich ihn erlebt in einer verzwickten und unangenehmen Sache, da hat er sich plötzlich von einer Seite gezeigt, die niemand von ihm vermutet hätte." Max Mell ließ nie über einen Menschen reden, ohne daß nicht auch ein gutes Wort dazu gesagt worden wäre. Wenn wir uns angewöhnten, auch über Zustände und Sachen so zu denken und zu reden – ob es nicht auch ein Beitrag zur Humanität wäre? *Aus: Hanns Koren, Nachlese*

Beschreiben Sie eine Stimmung, die Sie in einer Gasse, einem Dorf, einer Stadt erlebt haben.

Österreichisches Emigrantenlied

Wir haben alles verloren,
Die Habe, das Gut und den Ruf.
Um uns hat sich niemand geschoren –
Sind wir zum Unglück geboren,
Obwohl auch uns Gott schuf?

Wir haben Bücher geschrieben
Und Menschen gesund gemacht,
Wir sind bei den Fahnen geblieben
Und wurden trotzdem vertrieben,
Bestohlen, gequält und verlacht.

Wir waren Priester und Richter,
Wir hatten Amt und Eid,
Wir waren Künstler und Dichter,
Wir hatten Menschengesichter
Und Herzen für Lust und Leid.

Jetzt sind wir von allen verlassen,
Was je uns einte und schied.
Wir Bettler in fremden Gassen,
Wann lernen wir endlich zu hassen
Das Land, das uns so verriet?

Man kann den Menschen fluchen,
Nicht Wiesen, Bächen und Wind.
Drum wird im Exil man suchen
Die Tannen, die Linden, die Buchen,
die nur daheim grün sind.

Ernst Lothar

Wodurch wird Heimat in diesem Gedicht ausgedrückt?

Welche Volksgruppen und Menschen mußten im Laufe der Geschichte auf Grund ihrer Weltanschauung und als Folge des 2. Weltkrieges die Heimat verlassen?

Aus welchen Ländern der Welt müssen in unserer Zeit Menschen auswandern?

Welche Schwierigkeiten könnten sich Ihrer Vorstellung nach bei einem Leben im Ausland ergeben?

Brünner Todesmarsch (31. Mai 1945)

Es tat dem Haß und der Vergeltungssucht
das Tor sich auf zu Martern und zu Morden.
Kein Ethos hemmte die entmenschten Horden,
und nirgends schützte bergend eine Bucht.

Gewaltsame Vertreibung war's, nicht Flucht,
als wir – zu Bettlern über Nacht geworden –
ins neue Elend südwärts uns vom Norden
hinschleppten unterm Schlag der Schicksalswucht.

Der Abschiedsschmerz um Haus und Herd und Schwelle
war kleiner als die Angst ums nackte Leben
des Säuglings und die Sorge um die Stelle

des Schlafs zur nächsten Nacht. In Straßengräben
fand sich die Lagerstatt, die letzte Zelle
für viele. Schwer war's, Feinden zu vergeben.

Jolanda Zellner-Regula

Die Ausgewiesenen

Wir hatten ein Haus, und das Haus verdarb,
wir hatten eine Heimat, und die Heimat starb.
Man treibt uns, wie man Vieh mit dem Stecken treibt,
man reibt uns, wie man Korn zwischen Steinen reibt.
O hilf uns, liebe Maria!

Unser Vater ist gefangen im fremden Land,
unsere Mutter ist begraben im fremden Sand.
Haben einen neuen Vater, der heißt der Tod,
haben eine neue Mutter, die heißt die Not.
O hilf uns doch, liebste Maria!

Nun sind wir in der Fremde und sehen uns um,
blickt alles uns an so kalt und stumm.
Wir stehen vor den Türen und klopfen an,
ach, wird uns denn nirgends aufgetan?
Erbarme dich unser, Maria!

Gott webt uns ein Kleid aus Hunger und Gram
und stickt es mit Tränen und stickt es mit Scham;
der Webstuhl webt Leid und Leid und Leid,
ach, webt uns ein bißchen Freude ins Kleid.
Oh web für uns, liebste Maria!

Ernst Wiechert

*Was wissen Sie über das Schicksal der Deutschen nach 1945? Aus welchen Gebieten
wurden sie vertrieben?*

Welches Schicksal ist allen Heimatvertriebenen, Emigranten und Flüchtlingen gemeinsam?

Kennen Sie jemanden, der seine Heimat verloren hat?

Gibt es heute ähnliche Schicksale? Welche? Wo?

Nennen Sie Gründe, warum jemand seine Heimat verlassen muß!

Jüdisches Kind 1945

Ich habe keinen Namen.
Ich bin ein jüdisch' Kind.
Weiß nicht, woher wir kamen
und wo wir morgen sind.

Ich spreche viele Sprachen,
verlern sie wiederum,
für das, was wir ertragen,
sind alle Sprachen stumm.

Oft nachts im Traume steig ich
auf Leichen, mir verwandt,
und glaube, so erreich ich
einst das Gelobte Land.

Und plötzlich aufgehoben,
als ich um Hilfe schrie,
steh ich auf einmal oben
am Berge Sinai.

Und ringsum nackte Steine,
nur Himmel und kein Haus . . .
Da ruf ich Gott und weine
vor ihm allein mich aus.

Hermann Hakel

Nennen Sie Beispiele aus der Geschichte für die Judenverfolgung!

Was waren die Gründe für diese Verfolgungen, Austreibungen und Pogrome?

Was verstehen Sie unter „Pogrom"?

Was wissen Sie über das Schicksal der Juden während der Zeit des Nationalsozialismus?

Welche Zuflucht bleibt dem heimatlosen jüdischen Kind?

Welche Zuflucht suchen manche „heimatlosen" Jugendlichen heute? Denken Sie an verschiedene Formen der Sucht, an Gewalttätigkeiten und anderes.

Vergleichen Sie die Lösungsmöglichkeit im Gedicht mit denen, die Jugendliche heute oft wählen.

Heimat – das ist eigentlich der Mensch

Die Summe unserer Sitten und Unsitten, eine gewisse Gewöhnung, das Gemeinsame einer gleichen Umgebung, all das ist nicht wertlos. Am gleichen Ufer gespielt zu haben, natürlich hat es etwas Verbindendes; es für Wesensverwandtschaft anzusehen, wäre ein Irrtum. Heimat ist unerläßlich, aber sie ist nicht an Ländereien gebunden. Heimat ist der Mensch, dessen Wesen wir vernehmen und erreichen.

Aus: Max Frisch, Ausgewählte Prosa

Welche Menschen sind Ihnen Heimat?

Welche Möglichkeiten ergeben sich aus der Erkenntnis, daß „eigentlich der Mensch Heimat ist?"

Du glückliches Österreich – lebe!

Was ist es denn anderes als Liebe, das freudige Wiedererkennen, wenn wir zurückkehren nach langer Reise etwa aus südlichen Ländern, sonnenbraun verbrannten, kahlgeschlagenen, und nun taucht unser Blick in lachendes Grün, Mattengrün, Wäldergrün?

Liebe schließt Kritik nicht aus, Liebe schließt Sorge ein. Eine Sorge betrifft das Alpenland, vor allem die Täler und die Orte, die vom Fremdenverkehr leben.

Da haben wir kleine Städte, da haben wir Dörfer. Es gibt Ortschaften, die ausschließlich vom Fremdenverkehr leben und, wenn die jeweiligen Saisons zu Ende sind, zu Gespensterdörfern veröden; und es gibt andere, die sozusagen eine Mischkultur haben: Landwirtschaft und kleine Industrien, mit Dienstleistungsbetrieben durchsetzt. Sie, so meine ich, sind in einer besseren Lage, und die Menschen, die hier arbeiten, in einer natürlichen Situation.

Nun, wieso ist es eine unnatürliche Situation, Menschen zu beherbergen, zu bewirten, ihnen behilflich zu sein?

An und für sich nicht. Aber die Menschen, die diese Dienste in Anspruch nehmen, sind selbst in einer besonderen Lage. Sie sind Erholungsuchende, Urlauber, Leute, die, aus ihrem eigenen tätigen Alltag entlassen, Entspannung betreiben. Sie haben, daran ist nicht zu zweifeln, diese Entspannung nötig, die sie spazierengehend, schwimmend, flirtend und bei ausgiebigem Essen und noch ausgiebigerem Trinken an sich vornehmen oder vornehmen lassen: indem sie sich mit Liften und Bergbahnen hinauf und hinunter schaukeln lassen, indem sie Urlaubsfreuden und Urlaubssorglosigkeit sich selbst und anderen vorspielen, immerfort besorgt, nur ja tief genug in eine Art Kindheitsparadies zurückzupendeln, in dem alle Verantwortlichkeit aufgehoben und aller Ernst abgebaut ist. Es macht sich ein Überschwang bemerkbar: der über die Pisten jagende Skiläufer, der am Strand Tobende usw.

Österreich, als klassisches Erholungsland Mitteleuropas, beherbergt in den jeweiligen Urlaubsmonaten ganze Völkerschaften in kindischem Zustand. Und – je kindischer – um so besser das Geschäft.

Daneben der Österreicher: er arbeitet in diesen Monaten des Fremdenansturms hart. Er verdient auch gut. Ein Angespannter und Leistungsbesessener weidet eine Horde Kinder. Er weidet sie auch aus. Beziehungen zu knüpfen, Freundschaften zu schließen, dazu hat er in den seltensten Fällen Zeit. Er hat oft genug nicht einmal Zeit für seine eigene Familie. Er darf sich für Wochen und Monate nur als Wirt, als Kellner, Skilehrer, Schwimmeister begreifen, als Werkzeug der Entspannungsindustrie. Zum Ort für Entspannungsindustrie wird die Landschaft: der See zum Planschbecken, der Berghang zur Rutschbahn, die Kirche zum Schaustück.

Es ist klar, daß sich unter diesen Umständen tiefgreifende Veränderungen ergeben müssen, nicht nur in der Landschaft, auch in der Haltung, im seelischen Haushalt der Menschen. Entfremdung greift um sich. Der Mensch in den alpinen Tälern hat viele Jahrhunderte lang karg gelebt. Jetzt wird er mit Geldüberschwemmung konfrontiert. Er selbst mag jeweils nur ein bescheidenes Quantum ergattern, aber er erfährt die große Verschwendungswut unserer Gesellschaft, ohne daß er auch die harte Arbeit zu sehen bekommt, die diese Verschwendung erst ermöglicht. Sein Menschenbild verschiebt sich in Richtung verantwortungsloser Infantilität. So wird Menschenverachtung gezüchtet.

Nie war Menschenverachtung ein guter Boden für die Entfaltung der eigenen Person.

Wird sie einen guten Boden ergeben für das künftige Leben einer breiten Bevölkerung?

Eine andere Sorge, die Österreich betrifft – auch sie bezieht sich auf den alpinen Raum. Diese Sorge wurde schon oft formuliert und in den Massenmedien vorgetragen. Ich wiederhole sie, da sie mir dringend erscheint.

Das Bauerntum schwindet im ganzen Land, am radikalsten im Gebirge. Während es denkbar ist, daß in anderen Zeiten, unter anderen Umständen der Prozeß des Schwundes im Flach- und Hügelland gebremst und umgekehrt werden könnte, ist der Schwund in den höheren Regionen ein endgültiger. Die Ursache?

Es ist die natürliche Erosion, die Wirkung der Schwerkraft ungeheurer Massen: Schwerkraft des Wassers, der Lawine, der Mure, des Felsens und bröckelnden Schotters; sie mähen den Pflanzenwuchs nieder, sie schwemmen den Humus ab. Das Ergebnis der Erosion: der kahle Fels, die zerrissene Steinwüste, die unfruchtbare Schotterhalde. Wir alle kennen solche Landschaften: in den südlichen Kalkalpen sind sie verbreitet, im Karst. Auch diese Gebirge waren einstmals begrünt, bewohnt, bis hoch hinauf kultiviert.

Diese Landschaften könnten uns warnen. Gewiß hat dort die Schlägerung der Wälder die totale Katastrophe eingeleitet, aber auch in unseren Hochgebirgstälern bahnt sich Gefährliches an. Auch hier hat der Mensch in den Haushalt der Natur eingegriffen, doch daneben behielt er die Schadstellen, die von Regengüssen, Schmelzwassern, Stürmen, Lawinen und Muren verursacht wurden, unaufhörlich im Auge und besserte sie aus. Die Flickarbeit nutzte, weil sie bei kleinstem Schaden einsetzte. Auch der Viehtrieb auf die Almen wirkte in diese Richtung, denn das Vieh trat den Boden fest und stärkte die Grasnarbe.

Nun sollen die Almen aufgelöst, die oberen Höfe verlassen oder gegebenenfalls zu Almen umgewandelt werden. Auf diese Weise wird eine breite Zone menschenleer, die Kontrollorgane gegen die ewig nagenden, reißenden, aushöhlenden Kräfte werden abgezogen. Die Verkarstung des Hochgebirges wird fortschreiten.

Man ist, vielfach leichten Herzens, bereit, bestimmte Zonen des Hochgebirges preiszugeben. Noch bleiben ja die Täler, so meint man.

Aber die Schwerkraft wird vor den Tälern nicht haltmachen. Sie wird durch die Nebentäler ins Hauptal neue Schottermassen werfen, nicht heute, nicht morgen, aber in fünfzig, in hundert Jahren, sie wird endlich den Menschen aus den Alpen vertreiben. Aber wer denkt so weit?

Das lohnt noch nicht.

Aus: Gertrud Fussenegger, Notizen zum Gegenstand

Sprechen Sie in Gruppen über die Probleme, die dargestellt sind, und berichten Sie darüber in der Klasse.

Ich bin ein Kind der Stadt

Ich bin ein Kind der Stadt. Die Leute meinen,
Und spotten leichthin über unsereinen,
Daß solch ein Stadtkind keine Heimat hat.
In meine Spiele rauschten freilich keine
Wälder. Da schütterten die Pflastersteine.
Und bist mir doch ein Lied, du liebe Stadt!

Und immer noch, sooft ich dich für lange
Verlassen habe, ward mir seltsam bange,
Als könnt' es ein besondrer Abschied sein;
Und jedesmal, heimkehrend von der Reise,
Im Zug mich nähernd, überläuft's mich leise,
Seh' ich im Dämmer deine Lichterreihn.

Und oft im Frühling, wenn ich einsam gehe,
Lockt es mich heimlich-raunend in die Nähe
Der Vorstadt, wo noch meine Schule steht.
Da kann es sein, daß eine Straßenkrümmung,
Die noch wie damals ist, geweihte Stimmung
In mir erblühen macht wie ein Gebet.

Da ist der Laden, wo ich Heft und Feder,
Den ersten Zirkel und das erste Leder
Und all die neuen Bücher eingekauft,
Die Kirche da, wo ich zum ersten Male
Zur Beichte ging, zum heiligen Abendmahle,
Und dort der Park, in dem ich viel gerauft.

Dann lenk' ich aus den trauten Dunkelheiten
Der alten Vorstadt wieder in die breiten
Gassen, wo all die lauten Lichter glühn,
Und bin in dem Gedröhne und Geschrille
Nur eine kleine ausgesparte Stille,
In welcher alle deine Gärten blühn.

Und bin der flutend-namenlosen Menge,
Die deine Straßen anfüllt mit Gedränge,
Ein Pünktchen nur, um welches du nicht weißt;
Und hab' in deinem heimatlichen Kreise,
Gleich einem fremden Gaste auf der Reise,
Kein Stückchen Erde, das mein Eigen heißt.

Anton Wildgans

An Kärntens Berge

Ihr blauen Berge, irgendwo im Fernen
verschwendet ihr euch in ein tiefes Tal.
In eurem Stürzen liegt der Sturz von Sternen,
in eure Gräber legt sich tausendmal
der Glanz des Abendrots hinein;
und eure Schatten können dunkler sein
als unsere Träume, die uns manchmal schrecken.
Dann wieder breitet ihr so sanfte Strecken,
in denen man sich stille Wälder denkt,
und ein verlaßnes Kreuz vor alten Lärchen,
auch einen Zaun, der sich zu Tale senkt,
wie eine Zeichnung zu uralten Märchen,
die unsere Kindheit kannte schon als Trösten.
Und oft in Stunden – euren allergrößten –
seid ihr Verheißungen von ewig her,
dann liegt ihr eingehüllt in einem Meer
der überstürzten Sonnenuntergänge.
Ihr seid versteinte Gotteslobgesänge,
und euer Ruf ist unermeßlich schwer,
als ob er über Höllenschlünde schwänge.
Ihr übertönt der Menschen armes Beten,
der Mond schmückt silbern eure fahlen Hänge,
bevor die Engel euch des Nachts betreten.

Christine Lavant

Sommerabendlied

Das Land liegt still im Abendschein
nach Tages Gold und Glut.
Die Berge leuchten mild und rein,
das laute Tagwerk ruht.

Der dunklen Wälder Melodien
verrauschen sanft im Wind.
Die Schwalben um die Türme ziehn,
im Gäßchen singt ein Kind.

Die Glocken hoch vom Kirchenturm
verklingen weit hinaus.
Sie rufen den, der noch verweilt
zur Abendruh nach Haus.

Und bald erglüht der erste Stern
hoch an der Berge Rand.
Wohl dem, der auch aus weiter Fern'
die Heimat wiederfand.

Gut Nacht! Schlaft wohl! Bald ist es Zeit
zur Ruh in stiller Nacht.
Schon wölben sich die Himmel weit,
Der Tag ist dargebracht.

Natalie Beer

Viele Dichter bringen ihre Heimatliebe im Gedicht zum Ausdruck.
Versuchen Sie, Ihre Heimat, Ihr Dorf oder einen Ort, der Ihnen lieb ist, zu beschreiben,
Ihre Eindrücke in Bildern wiederzugeben.

„. . . Eine Liebe auf den nullten Blick"

Seit Wochen weiß ich, daß ich einen Beitrag über Österreich schreiben soll, seit Wochen denke ich darüber nach, was ich schreiben soll. Ich habe schon so viel über Österreich geschrieben, zum letztenmal vor einigen Wochen, und dann gedacht: So! Aus! Ende! Nie wieder!

Nicht, daß mir Österreich fad geworden wäre, nein, durchaus nicht – Österreich hat zwei schreckliche Kriege so glorios und attraktiv verloren, daß es von siegreichen Briten, Amerikanern und demnächst auch Franzosen beneidet wird.

Ich habe also aufgehört, darüber nachzudenken, w i e ich meine ewige Österreich-Betrachtung zum tausendundzweitenmal schreiben könnte. Und habe angefangen, über Österreich nachzudenken. Das ist zweierlei. Was mich mit Österreich verbindet, ist ein starkes, echtes Gefühl. Österreich ist mehr als eine Leibspeise meiner Seele. Was ist es?

Ich hab es von meinem sechsten bis zu meinem dreißigsten Jahr nicht sehr schön gehabt in Wien. Als ich am 19. März 1938 die Grenze überschritt, begann ich, sehnsüchtig auf den Tag zu warten, an dem ich diese Grenze in umgekehrter Richtung wieder würde überschreiten dürfen. Ist das zu verstehen?

Was war es? Kann man Heimweh haben, auch wenn einem die Heimat so weh getan hat?

Es war wohl Liebe. Aber nicht Liebe zum Josefsplatz, zum Großen Musikvereinssaal. Es gibt, scheint es, eine Liebe auf den nullten Blick. Ich kam im Sommer 1945 zurück nach Wien, in Sehnsucht nach denen, die ich nicht kannte, nach all den unbekannten Kolleginnen und Kollegen, die mir seit dreißig Jahren ihre Manuskripte zur Prüfung schicken. Im Mai 1945 hatte ich ganz deutlich das Gefühl: Sie warten auf mich . . .

Österreich hat mich wider alle Überlegungen, die dagegen hätten sprechen müssen, wider alle Vernunft nicht ausgelassen. Das unerklärliche Etwas, das ich nicht beim Namen nennen kann, denn „Schicksal" erscheint mir zu verwaschen, das mich unfreiwillig fortgehen und freiwillig zurückgehen und meinen Entschluß nie bereuen ließ, hat mich wie alle Süchtigen und Liebenden gesegnet und gepeinigt, erwählt und verdammt, bestraft und belohnt, indem es mich als unheilbaren Österreicher zur Welt kommen ließ.

Aus: Hans Weigel, Ein krasser Fall von Liebe

Schreiben Sie einen Aufsatz zum Thema: Was bedeutet Österreich für mich?
Vergleichen Sie die Erfahrungen, die in Weigels Aufsatz niedergeschrieben sind, mit den Gefühlen im „Emigrantenlied" von Ernst Lothar.

Ruhvoll bewegt

Wind weht weit über Wiese und Weide
und singt
rastlosen Wanderns Lied.
Immer gehn meine Gedanken
neben den Schwestern, den ziehenden Wolken,
am Himmel hin.

Immer wandelt mein Fuß über die Scholle.
Nur einen Gang hat mein Leben
und nie ausgewandert.

Immer fahre ich aus, mein Hof,
immer land' ich an dir, trautes Gestade.
Überall bin ich, wenn ich in dir bin.
Deine Hallen so hell,
deine Tore so hoch,
deine Fenster so weit:
Winde und Wolken wandern hindurch,
der Gebirge Heerzug,
der Wiesen Wellen
und mein schaukelnder Kahn.

Joseph Georg Oberkofler

Tagebuchblatt

Abends hat lang ein klagender Vogel gerufen,
über die Wiesen hing der Regen mit wehendem Haar,
Keuschlerkinder hockten auf ausgetretenen Stufen,
und wir wußten, wie schön und wie traurig das alles war.

Brunnenschwengel hingen geheimnisvoll über dem Lande,
aber wir weckten es nicht, der Erde innres Geläut.
Eine Kröte starrte verzaubert vom Straßenrande,
und hinter feuchten Hecken sprach dunkel ein Fremder: „Heut . . .“

Christine Busta

*Durch welche Bilder sind Schwermut, Einssein mit sich und „Geborgenheit im Dasein"
ausgedrückt?*

Versuchen Sie, sich an ein trauriges und doch schönes Erlebnis zu erinnern.

Heimat

Die Heimat lädt dich ein.
Sei zu ihr lieb!
Es könnte einmal sein,
es könnte einmal sein,
daß nichts dir blieb;

daß Lockung log und Glast,
die Ferne starrt so leer:
was du gewonnen hast,
was du gewonnen hast,
kennst du nicht mehr.

Die Heimat ließ dich nicht!
Und sei es, daß du erst
zu ihr im Abendlicht,
zu ihr im Abendlicht
aufatmend kehrst.

Max Mell

*„Was ist uns Heimat?" – In diesem Kapitel sind unterschiedliche Gesichtspunkte zur
Frage ausgewählt. Vergleichen Sie.*

Autor	Was ist ihm (ihr) Heimat?
Hebbel	
Beer	
Koren	
Wiechert	
Lothar	
Oberkofler	
Hakel	
Frisch	
Fussenegger	
Weigel	

V. „Was du tust, das tue recht"

Das Große

Eins muß dir immer gegenwärtig sein,
ob du nun hämmerst, Mann, auf Stahl und Stein,
ob, Fäustel haltend, du zur Tiefe sinkst,
ob du des Feuers helle Kraft bezwingst,
ob du die Felder segnest mit der Saat
und Länder bindest mit dem Kupferdraht –:

Daß irgendwo ein Bruder steht und schafft
ein Gleiches mit der gleichen stummen Kraft,
daß irgendwo ein Bruder so wie du
strebt sehnsuchtsschwer der Sonnenstunde zu,
in der, verbrüdernd eine ganze Welt,
er deine Hand in seiner Rechten hält.

Alfons Petzold

Was ist das Zentralthema dieses Gedichts?

Arbeit als Rückendeckung und Gesichtsmaske?

Arbeiten, das Beherrschen von Arbeitsgängen und das Lernen und Beherrschen von Arbeitsgängen und der völlige Verzicht auf sich selbst waren das Um und Auf. Dazu gehörte das Bescheidwissen, das Wissen um jedes Gerät, das Wissen um alle Aufbewahrungsorte, im Haus, in der Machkammer, in den Geräteschuppen um das Haus, auf dem Zulehen, auf den Almen, das Im-Kopf-Haben von Grundstückslagen, von Hängen, Nocken, Steinen, Pfützen, Gräben, das Im-Kopf-Haben von Viehbeständen, das Wissen um Viehverhalten, um Mensch-Vieh- und Vieh-Mensch-Verhalten. Nur indem Holl gelernt hatte, in der ärgsten Sommerhitze, Nachmittag für Nachmittag den übelsten Launen ausgesetzt, barfuß die schwierigsten Situationen zu meistern oder nicht zu meistern und dann doch zu meistern, war es ihm nun möglich, trotz Arbeit seine Welt mit etwas Licht zu beschicken. Nur indem er sich bis über die Ohren mit Arbeit überzog, konnte er sich wenigstens bei Tag vor den gröbsten Zugriffen in Sicherheit bringen. Zwar hatte es vieler blutig gestoßener Zehen, aufgerissener Ohrläppchen, brennender Wangen, Hautabschürfungen, gehirnlähmenden Geschreis und anderer Unannehmlichkeiten bedurft, bis der Bauer ihn soweit hatte, aber nun hatte Holl diese Hürden hinter sich, so daß er sich gegen die anderen Schikanen wenden konnte. Die Arbeit war seine Rückendeckung und Gesichtsmaske zugleich.

Aus: Franz Innerhofer, Schöne Tage

Vergleichen Sie die Texte von Petzold und Innerhofer und sprechen Sie über diese beiden unterschiedlichen Einstellungen zur Arbeit.

Der Bergbauer spricht

Mein Leben ist uralt. Ich weiß nicht, wer der erste war, der hier heraufstieg und sich umsah, der die Quelle fand und eine sumpfige Blöße im Wald. Jedenfalls muß ihm die Gegend gefallen haben, er blieb und fing an zu roden und zu graben, lange Zeit. Niemand kümmerte sich damals um diesen Narren in der schattseitigen Wildnis außer einem Bären, der auch hier sein Anwesen hatte. Aber der Mann erschlug ihn mit der Axt und seither haben wir einen Namen, wir heißen die Bärecker, einer nach dem andern.

Manchmal im Frühjahr, wenn ich auf dem Anger stehe, Schmelzwasser und gelbes Gras unter den Füßen, und wenn ich ins Tal hinunterschaue, auf die guten Höfe unter blühenden Bäumen, dann muß ich wohl zugeben, was die Leute sagen, daß es ein armseliger Fleck Erde ist, mein Lehen. Es bedeutet nichts für die Welt, ob hier Roggenland oder Brachland liegt, für die Menschheit ist das nicht wichtig. Aber dabei denke ich so vor mich hin, wie seltsam es eigentlich zusammenhängt, daß doch im Grunde jeder einzelne Mensch von so einem Stück Erde lebt. Irgendwo in der Welt muß es einen Acker geben, auf dem sein Brot wächst, und wenn dieser Acker nichts mehr trägt, dann muß irgendwo in der Welt ein Mensch verhungern. Der meint natürlich, sein Unglück liege darin, daß er keinen Groschen in der Tasche hat, an den verdorrten Acker denkt er nicht, den hat er ja im Leben nie gesehen, oder vielleicht steht die Fabrik darauf, die jetzt keine Arbeit mehr für ihn hat.

Liege ich nun schlaflos in meiner Kammer wegen dieses Menschen? Nein, so ist es nicht, ich bin kein Schwärmer und Sinnierer. Mitunter verdrießt es mich wohl auch selber, mein ewiges Gewürge zwischen Junifrösten und Septemberschnee. Einmal in der Jugend stritt ich mit dem Alten, ich meine mit dem Vater, er wollte mir nicht Platz machen. Es sah so aus, als ob ich mein Lebtag Knecht auf seiner Keusche bleiben sollte, und da warf ich die Sense hin und ging davon, in die Stadt. Arbeit fand ich so leicht, als hätte der Werkmeister in dem Betrieb schon lange auf einen Burschen gewartet, der sich auf die Kunst verstand, vor einer Maschine zu sitzen und ihr ein Stück Blech ins Maul zu schieben. Sie kaute dann ein wenig daran und spie eine fertige Gürtelschnalle in den Blecheimer. Daheim hätte ich mir keine Brennsuppe bei diesem Geschäft verdienen können, hier aber lebte ich wie ein Herr. Ich aß vom eigenen Teller in der Kantine und trug feine Hemden, und mein Mädchen brachte es so weit, daß ich mir Sockenhalter kaufte, kaum zu glauben.

Das hätte so bleiben können, ein zweites und drittes Jahr, aber ich weiß nicht, plötzlich langweilte mich die Sache. Andere Arbeit? Ja gern, du kannst Nietlöcher stanzen! Ein Kerl wie ich, mit Fäusten wie Schraubstöcke, und dazu dieses lumpige Blechzeug, alles unnütz. Nein, da schluckte ich lieber etwas hinunter, den ganzen alten Zorn, ich zog meine Joppe wieder an und wanderte heim. Fand alles wieder, wie ich es verlassen hatte, das grüne Haustor weit offen, und den Brunnen mit der schiefen Säule, gab es denn hier niemand, der eine Brunnsäule gerade rücken konnte? Der

Hund sprang mir an die Brust und warf mich beinahe um mit seinem Getue, nun ja, und der Alte war auch noch da, ein bißchen mürber geworden. „Steh nicht herum", sagte er, „fang an!"

Schaut, Leute, das habe ich getan. Mein Leben ist ja nicht besonders ruhmvoll verlaufen seither, ich habe nichts in Bücher geschrieben und selten über die letzten Dinge nachgedacht, ich weiß nur, was ich wirklich wissen muß. Meinetwegen könnte die Welt hinter meinem letzten Wiesenzaun zu Ende sein. Mitunter plagen mich Sorgen, natürlich, mein Leben ist kein träges Wasser, Gott liebt es wohl, wenn seine Bäche rauschen, und niemand weiß, welche Art Mühlen er damit antreibt.

Vielleicht hat der Agent recht, wenn er mir vorhält, ich sei alt geworden und rückständig geblieben, die Welt käme nie vom Fleck, wenn alle so dächten wie ich. Dem Vernehmen nach ist die Welt auch ohne mich vom Fleck gekommen, aber wohin? – erlaubt mir die Frage! Die Leute vergießen weniger Schweiß heutzutage, dafür um so mehr Tränen.

Nun, was rede ich, ein grauköpfiger Bursche, ein grober Bauer. Der jüngere von meinen Buben geht bei den Zimmerleuten in die Lehre, das ist recht, das gefällt mir. Der andere will auf dem Hof bleiben, er fängt schon an, nach mir zu schielen, wenn er mich beim Mähen überholt, das gefällt mir weniger. Aber ich werde schiedlich mit ihm reden, wenn es Zeit ist, die Sache mit den Gürtelschnallen will ich ihm ersparen.

Nach Feierabend, während die Kühe aus dem Trog saufen, sitze ich jetzt gern mit der Bäuerin auf der Bank vor dem Haus und rauche meine Pfeife, die Frau muß ja auch ihre Unterhaltung haben. „Ja, Alter", sagte sie, „geh du nur zu deinen Bienen!"

Ich gehe aber weiter über den Anger bis zur großen Esche und den Zaun entlang, wo der Hafer steht, er wird schon gelb. Dann bergauf über die saure Wiese, die jetzt trocken liegt – daß es mir nicht selber einfallen konnte, hier Gräben zu ziehen! Ganz oben haben wir das Korn, den Rübenfleck, und das ist noch immer nicht alles, es kommt noch ein Schopf Wald danach und die Hutweide. Eine halbe Stunde brauche ich alles in allem, bis ich wieder unter der Esche verschnaufen kann.

Kein Grund, sich aufzuspielen, die Helden sind längst ausgestorben, die Roder und Landnehmer. Käme jetzt wieder ein Bär durch den Graben getrottet, so würde ich mich wohl kaum nach einem Beil umsehen, sondern nach dem nächsten Weg hinter die Tür. Aber trotzdem, es bewegt mir das Herz, über mein Land zu schauen, über alles, was da wächst und Frucht trägt, es rührt mich an. Haltet mirs zugute, wenn ich doch einmal das Maul voll nehme und etwas sage. Der Mann, sage ich, der zuerst da war und der zuletzt da sein wird, das ist der Bauer.

Aus: Karl Heinrich Waggerl, Sämtliche Werke, Bd. 2

Was muß ein Bauer alles können?

Was haben Bauern anderen Berufen voraus?

Welche Berufsschwierigkeiten haben sie?

Sprechen Sie über die Unterschiede der Aufgaben von Bäuerin und Bauer.

Was sind die Probleme der Nebenerwerbsbauern?

Welche Vor- und Nachteile hat das Leben der Bauernkinder?

Welche unterschiedlichen Einstellungen zum Beruf des Bauern gibt es heute?

Einer dreifachen Aufgabe gewachsen

Sie war Oberösterreicherin, lebte in Steyr als Frau eines Zahnarztes, hatte zwei Söhne und kam immer wieder auf ein paar Tage nach Wien. Dann saß sie selbstverständlich nach Tisch mit uns im Café Raimund. Sie hatte in Wien einen Bruder, Hochschulprofessor, den sie sehr liebte, und viele Freunde.

Marlen Haushofer wirkte, wenn man sie sah und hörte, nicht nur unauffällig, sondern unbedeutend. Es war dies, vielleicht sogar bewußt beabsichtigt, eine versuchte Flucht vor der Begabung. Sie liebte es, sich zu unterspielen.

Ich hatte bald ihr Vertrauen, und von da an zeigte sie mir alles, was sie geschrieben hatte. Ich kannte ihren ersten Roman und ließ in einer Veranstaltung ein Stück aus ihm vorlesen. Der Roman war als Erstling der Publikation durchaus würdig. Da kam ein Hausmeister-Ehepaar von infernalischer Dämonie vor, das alle äußere Harmlosigkeit der persönlichen Erscheinung dementierte.

Sie erhielt den Staatspreis, nicht den „großen", sondern den Förderungspreis des Unterrichtsministeriums. Er wollte ehrlich fördern, aber er stand (und steht bis heute) völlig außerhalb der Öffentlichkeit, er brachte einen Geldbetrag, eine Feier im Audienzsaal mit nachfolgendem Mittagessen und sonst nichts, bestenfalls kleingedruckte Notizen in der Presse.

Marlen Haushofer schien weltfremd, doch auch dieser erste Eindruck täuschte. Sie schrieb Geschichten und vertrieb sie selbst mit Erfolg. Sie suchte und fand Kontakt mit Verlagen. Und so brachte sie zwei Kleinbücher bei einer Reihe an, herausgegeben vom Bergland-Verlag in Wien, und den Kurzroman „Wir töten Stella" – außerdem zwei Romane bei Zsolnay.

„Wir töten Stella" war perfekt. Die beiden Zsolnay-Romane waren es noch nicht. Die Kindheit stimmte, die „erwachsenen" Partien weniger. Der Schrecken der Existenz als Frau wurde mehr vorausgesetzt als gestaltet.

Marlen Haushofer hatte einen Haushalt und eine zahnärztliche Ordination zu betreuen. Man hatte dort wenig Verständnis für ihre literarische Arbeit. Als ich sie einmal fragte, ob sie sich über den Staatspreis freue, meinte sie: „No ja, jetzt lassen's mich zuhaus eher arbeiten."

Ihr Arbeiten muß in äußerster Konzentration vorgegangen sein, denn sie machte im maschingeschriebenen ersten Script fast keine Interpunktionszeichen und Absätze. Einmal schlossen wir einen Vertrag ab:

Ich verpflichtete mich, bei allen künftigen größeren Arbeiten die Absätze und Interpunktionszeichen einzuzeichnen.

Als ich das Manuskript ihres nächsten Romanes urgierte, meinte sie: „Der wird dir nicht g'fallen – es ist eine Katzengeschichte."

145

Dann war der Roman fertig. Marlen brachte ihn mir verabredungsgemäß nach Wien und überreichte ihn mir im „Raimund". Es eilte, der Verlag wollte das Manuskript möglichst schnell bekommen.

„Da muß ich wieder die Absätze und Beistriche machen?" – „Ja", sagte sie, als wär's selbstverständlich. Ich öffnete die Mappe. Der Text begann auf dem zuoberst liegenden Blatt. „Und der Titel?" – „Den mußt du auch machen."

Ich fuhr an diesem Tag nach Graz, hatte abends dort eine Lesung. Am nächsten Vormittag fuhr ich zurück nach Wien. Ich las auf der Fahrt bis Graz, ich las im Hotel, ich las am nächsten Vormittag auf der Rückfahrt.

Kurz vor Wien war ich fertig, legte ein Blatt vor die Seite eins und schrieb darauf:

Marlen Haushofer
Die Wand
Roman

Ich habe nur wenige große Lese-Erlebnisse gehabt, aber eines davon war, ungeachtet aller Interpunktionen, „Die Wand". Ich werde nie wissen, ob sie gewußt hat, wer sie gewesen ist und was sie geschrieben hat. Marlen Haushofer war selbstbewußt und doch demütig. Und wenn ich ihr zu erklären versuchte, was sie geschrieben hatte, hielt sie das für Komplimente, für Pädagogik, für Symptome meiner freundschaftlichen Sympathie.

„Die Wand" war – nein! „Die Wand" ist ein großer Roman. Als das Buch später im Österreichischen Rundfunk als „Roman in Fortsetzungen" gelesen wurde, da mußte eine eigene Sekretärin freigestellt werden, um die zahlreichen Höreranfragen zu beantworten. Aber das, was man als „Erfolg" bezeichnet, war „Die Wand" nie. Und Marlen Haushofer war im Bewußtsein der literarischen Öffentlichkeit nie gebührend gegenwärtig.

In einem neuen Verlag ist später eine Neuausgabe der „Wand" erschienen. Die Beziehung mit dem neuen Verlag sollte sich aber vor allem durch einen neuen Roman erfüllen.

Diesmal hatte ich nicht nur die Absätze und die Interpunktion zu betreuen.

Marlen war erkrankt, sie hatte in einer äußersten Anstrengung das Manuskript abgeschlossen. Sie war todkrank. Wir wußten es. Ob sie es wußte, blieb und bleibt uns ungewiß. Wir spielten ihr vor, daß sie nicht so krank war, wie sie war. Spielte sie uns vor, daß sie's uns glaubte?

Sie bevollmächtigte mich, die Korrekturen dieses letzten Romans für sie zu lesen. Ich hatte es auf mich zu nehmen, in ihrem Namen mit dem Lektorat zu kämpfen, schon um den Titel „Die Mansarde", ebenso auch um gewisse sprachliche Selbstverständlichkeiten.

Sie hat das Erscheinen noch erlebt.

Sie starb an einer Operation, die ihr, wäre sie gelungen, Erleichterung der peinigenden Schmerzen gebracht hätte. Man sollte sie in den letzten Tagen nicht, oder nur ganz kurz, besuchen. Ich war ein letztesmal bei ihr und fragte sie: „Was macht dein Seelenleben?" Sie sagte lächelnd: „Ich hab' überhaupt kein Seelenleben mehr."

Sie war erlöst.

Aus: Hans Weigel, In memoriam

Was gefällt Ihnen an dem Menschen Marlen Haushofer?

Sprechen Sie über die Mehrfachbelastung von Frauen.

Welche Meinung haben Sie vom Beruf „Hausmann"?

Lesehinweise zu den Themen: Frau, Arbeit der Frau, die Frau und ihre gesellschaftliche Rolle im Wandel der Zeit:

> *Theodor Fontane: Effi Briest*
> *Peter Handke: Wunschloses Unglück*
> *Helga M. Novak: Vogel federlos*
> *Barbara Frischmuth: Haschen nach Wind*

Künstler

Wir Künstler zeigen euch das Sein
als Wort und Farbe, Ton und Stein.
Wir, einsam, übersehn, verkannt,
baun uns aus Traum ein Heimatland
und teilen jedem, der da will,
vom gottnah seligen Gefühl.
Der Weg ist Leid, der Ruhm ist Trug,
im Werkrausch bleibt uns Lohn genug:
nach dieser überbittern Zeit
die Hoffnung auf Unsterblichkeit.

Josef Weinheber

Wie stellen Sie sich das Leben eines Künstlers vor?

Wie stellen Sie sich die Arbeit eines Künstlers vor?

Versuchen Sie, sich den Prozeß vorzustellen, in dem ein Kunstwerk entsteht.

Ein Mädchen in einem „Männerberuf"

Ostern 1953. Acht Jahre Volksschule lagen hinter mir. Lange hatte ich davon geträumt, später einmal vor der Schreibmaschine zu sitzen, zu stenographieren, wenn es der Chef befiehlt, und ein riesiges Journal zu führen. Ich wollte einen kaufmännischen Beruf erlernen und nicht – wie meine Eltern – ein Handwerk. Aber alles kam anders.

Meine Mutter verheiratete sich zum zweitenmal. Wir bekamen ein Geschäft, und so mußte ich wohl oder übel den Beruf einer Metzgermamsell antreten, wie mich Bekannte nannten, weil sie glaubten, richtiger zu tun, wenn sie die Handelsschule absolvierten.

Schrecklich waren die ersten Tage. Meine Hände, die Messer, Stahl und Hackmesser zuvor noch nie angefaßt hatten, wurden nicht heil. Hier ein Schnitt, dort ein Stich, anderswo ein Riß. So ging es mir die ersten sieben Wochen. Dann hängte ich mich eines Tages auf. Natürlich nicht in wortgemäßem Sinn, sondern es war ein Unfall, der mich für sieben Wochen untätig machte. Ungeschickt hatte ich einen hängenden Fleischhaken gefaßt, war dabei ausgeglitten und hing nun mit aufgerissener Hand fest. Tränen flossen, Tränen, die, wie ich glaube, all mein Ungeschick und meine mädchenhafte Zimperlichkeit wegspülten. Von nun an ging es besser. Es wurde mir bewußt, wie schwer und wiederum schön und abwechslungsreich der handwerkliche Beruf ist. Jetzt erst bekam ich Lust zum Garnieren und Dekorieren. Mein Meister sagte einmal zu mir: „Du stiehlst mit den Augen!" Das tat ich auch. Was ich einmal gezeigt und zu sehen bekam, das saß, das konnte ich nachmachen. Etwas Phantasie und Schönheitssinn hatte ich geerbt. Aber auch grobe Arbeiten mußte ich tun. So war mir das Rinder- und Schweinezerteilen nicht mehr fremd bei den späteren Prüfungen. Während meiner drei Lehrjahre ging ich noch zur Volkshochschule, um dekorative Malerei und Plakatzeichnen zu erlernen. Das kam mir bei meinen Wettbewerben sehr zugute.

Als Kammer- und Landesbeste sollte ich mich nach Möglichkeit auch auf der Bundesebene bewähren. Das war leichter gesagt als getan. Zehn Sieger – alle von großem Können – vertraten mutig ihre Länder. Nun hieß es, die bei Wettkämpfen herrschende Nervosität und Unsicherheit abzulegen. Ich glaubte, damit schon wertvolle Punkte gesammelt zu haben. Nachdem wir am Vorabend unsere Arbeitsanleitungen erhalten hatten, fanden viele keinen Schlaf.

Der nächste Morgen im Koblenzer Innungshaus mit seiner theoretischen Prüfung war anstrengend. Die Aufgaben, mehrere der Kalkulation, ein Wahlaufsatz und Plakatzeichnen, waren für mich spielend zu lösen. Erschwert wurde der theoretische Teil für uns als Verkäuferinnen durch ein Thema aus der Fleischwarenkunde, dazu etwas Allgemeinbildung, wobei man die Redegewandtheit und ein gutes Deutsch prüfte.

Am Mittag begann der praktische Teil mit dem Dekorieren und Garnieren einer Schauplatte. Danach wurde jede Teilnehmerin einzeln gefragt. Wachstum, Verwendung und Zubereitung des Fleisches mußten am ausgeschlachteten Tier gezeigt und benannt werden; daneben waren Kochkenntnisse erwünscht.

Nach all der Anstrengung brummte mir am Abend der Kopf. Es hatte sich aber gelohnt. Meine Freude über den Bundessieg war groß, zumal außer meinen Eltern niemand wußte, daß ich zu einem Wettbewerb fort war.

Aus: Renate Schweitzer, Metzgermamsell

Welche Berufe würden Sie als Männerberufe bezeichnen?

Welche als Frauenberufe?

Bei welchen Berufen hat sich bereits die Vorstellung von typischen Männer- bzw. Frauenberufen geändert?

Was könnte man Ihrer Meinung nach tun, um Vorurteile gegenüber „typisch weiblichen"
oder „typisch männlichen" Berufen abzubauen?

Teamarbeit erregt Aufmerksamkeit

Vor 30 Jahren zogen die Japaner in die USA, um dort Management zu lernen. In
der letzten Zeit werfen aber amerikanische Betriebe ihre Blicke in zunehmendem
Maße nach Japan, um dort zu sehen, wie sie ihre Produktivität und Konkurrenz-
fähigkeit verbessern können.

Stark beeindruckt sind die US-Firmen von den japanischen „Qualitätskontroll-
gruppen". In diesem Gremium besprechen Manager und Arbeiter mehrmals wöchent-
lich Probleme der Produktion, Energieeinsparung, Rationalisierung und so weiter.
Die Manager machen Vorschläge, die aber erst nach eingehender Beratung verwirklicht werden.

Japanische Unternehmen werden nicht durch einen Spitzenmanager geführt, sondern durch Beschlüsse eines hochqualifizierten Teams.

Weiters ist die Zusammenarbeit zwischen der Führung und den Mitarbeitern sehr
eng. „Was gut für den Betrieb ist, ist auch gut für die Beschäftigten", ist die verbreitete
Meinung der Gewerkschaftsführer. Dies wird noch durch die große Betriebstreue der
Japaner gefördert, und es gibt den Eindruck, daß alle Betriebsangehörigen in einem
Boot sitzen.

Aus einem Pressebericht

In welchen Berufen ist Teamarbeit wichtig?

Welche Vorteile bringt Teamarbeit?

Welche Schwierigkeiten bringt Teamarbeit?

Welche persönlichen Voraussetzungen erfordert Teamarbeit?

Welchen Zusammenhang sehen Sie zwischen der Aussage des Zeitungsberichts und dem
„Japanischen Wirtschaftswunder"?

Welche japanischen Erzeugnisse sind bei uns auf dem Markt?

Wie weit wären Ihrer Meinung nach die in Japan angewandten Methoden auch in
Österreich durchführbar?

Ein Arbeitstag in der Redaktion

Hamburg, Kaiser-Wilhelm-Straße 6. Wie ein riesiger grauer Schiffsbug ragt das
dreizehngeschossige Gebäude des Axel-Springer-Verlages in die Straßenkreuzung.

Es ist halb zehn. Ich gehe an dicken Betonsäulen vorbei zur großen Eingangshalle. Überall hellglänzender Marmor. Der Pförtner greift nach meinem Hausausweis und steckt ihn in den „Checkpoint-Cäsar", eine etwa einen Meter hohe holzverkleidete Säule. Erst wenn die grüne Lampe aufleuchtet, darf ich passieren. Ein verborgener Computer prüft in Bruchteilen von Sekunden meine Daten, die auf einem Magnetband in der Karte gespeichert sind. Eine Sicherheitsmaßnahme, die nach einem Bombenattentat eingerichtet wurde.

Leise baggert mich ein Paternoster in den sechsten Stock. Dort liegen die Redaktionsbüros der BILD-Zeitung. Ich gehe am offenen Büro des Chefredakteurs vorbei, das mit teuren englischen Möbeln, Rupfen-Tapete und schokoladenbraunem flauschigem Teppich ausgestattet ist.

Gegenüber in der Fotoredaktion surren die Bildfunkgeräte, Fotos, drahtlos aus der ganzen Welt empfangen, werden gerade an eine Wand im Konferenzraum gepinnt. Am Platz des Chefredakteurs perlt schon eine Flasche Sprudel – um zehn Uhr ist hier Konferenz mit den Bereichsleitern. Am Ende des Flurs blickt man links und rechts durch große Glasscheiben in die Produktionsräume der Lokalredaktion. Hier wird die Hamburg-Ausgabe gemacht.

In diesem vier mal zwölf Meter großen Raum mit dem schäbigen, grauen Fußbodenbelag, dem großen runden Produktionstisch mit sechs Telefonen laufen alle Nachrichten zusammen. Hier sitzen der Fotochef, die Layouter (Text- und Bildgestalter), die Produktionsredakteure. Die Texte und Fotos landen auf diesem Tisch. Ab 16 Uhr wird hier in einem heißen Kampf entschieden, wie die Schlagzeile heißen soll und was „Seitenfoto" oder „Seitenaufmacher" wird. Dann brodelt ein Hexenkessel, in dem zwanzig Redakteure, Reporter, Fotografen durcheinanderreden, dann klingeln Telefone, klappern Schreibmaschinen, surren Fernschreibautomaten. Aber noch rührt sich nichts. Bis kurz vor zehn sitzt der Lokalchef meist allein am Produktionstisch, liest das Material der Nachrichten-Agenturen von der vergangenen Nacht, blättert in den Morgenzeitungen.

Wenn er ein so mieses Gesicht macht wie jetzt, ist meist noch nichts los. „Morgen", sage ich, „sieht schlecht aus, was?"

Er knurrt: „Kein Kaffee da, drei Mann krank, keine einzige brauchbare Meldung im Material – hast du 'ne Geschichte?"

Dann klopft er hinter sich an die Scheibe zum Sekretariat und schreit: „Ist der Kaffee endlich fertig?"

„Ich klappere jetzt mal die Polizei ab, vielleicht haben die was", sage ich. Schon bin ich raus. Jeder Reporter hat auf seinem Schreibtisch eine Liste, auf der die Telefonnummern sämtlicher Polizeistationen, Fotografen und Mitarbeiter seines Redaktionsgebietes stehen.

Selbstmorde erfährt man zum Beispiel von den Polizisten „unterhand". Etwa so: „Ruf doch mal in Husum bei der Bundeswehr an. Da gibt es jetzt einen Soldaten weniger. Der hat mit 'ner Eierhandgranate gespielt, weil er Ärger mit seiner Frau hatte . . ."

Es ist 11 Uhr, Reporterkonferenz. Die Kollegen sitzen auf den Tischen, in einer Hand eine Tasse Kaffee, in der anderen eine Zigarette. Spannung und Qualm liegen in der Luft.

„So, was habt ihr?" fragt der Lokalchef. Vor ihm liegt ein Block, auf dem er in Stichworten die Stories der Reporter mitschreibt. Zehn Minuten später ist die Konferenz beendet, die Stories sind „gebont". Die Reporterteams, Fotografen und Texter, fahren „vor Ort".

Die Wagen der Reporter sind mit Funkgeräten ausgerüstet. Erste Reporterregel: Immer Kontakt zur Redaktion halten. Es kann ja sein, daß zwischendurch plötzlich eine noch größere Geschichte passiert. Blitzschnell werden dann die Teams von der Funkzentrale in der Redaktion umdirigiert.

In den nächsten drei Stunden steht das Telefon des Lokalchefs nicht still. Die Reporter melden sich von unterwegs. Stories, die eben noch groß waren, platzen wie Seifenblasen. Andere werden durch Recherchen draußen so „farbig" und „dicht", daß sie sich von 25 Zeilen zum Seitenaufmacher mit 60 Zeilen mausern. Eine Zeitung ist etwas Lebendiges.

16 Uhr: Die wichtigste Konferenz des Tages. Mindestens 20 Leute sind jetzt voll konzentriert: Layouter, die den Zeitungsseiten ein „Gesicht" geben; Produktionsredakteure, die die Überschriften formulieren; Reporter, die um jede Zeile kämpfen. „Deine Geschichte ist in fünfzehn Zeilen erzählt, dann ist die Luft raus!" schimpft einer. Er will seine Story größer verkaufen. In dieser Stunde, die über die morgige Ausgabe entscheidet, will jeder so gut wie möglich ins Blatt. Notfalls über die „Leichen" von Kollegen.

Wenn man drei Morde hat, kann nur einer davon großgespielt werden. Die Mischung muß stimmen: Harte Stories, weiche Stories, „Miezen". Streit gibt's immer. „Hast du Glasaugen im Kopp?" blafft der Fotoredakteur einen seiner Fotografen an, der ihm eine Halbnackte auf einem Segelboot vorlegt. „Das soll ein Seitenfoto sein?" Das klingt brutal, aber man kann dabei Dampf ablassen.

Auf großen Papierbögen zeichnen die Layouter an vier Tischen die ersten Aufrisse. Mit dicken blauen Strichen malen sie ein, wo die Fotos hinkommen, wie groß die Überschriften werden, „plazieren" die Meldungen.

Die Reporter sitzen vor der Schreibmaschine, spannen das Manuskriptpapier mit sechs Durchschlägen ein, denken, rauchen . . . es ist nicht einfach, eine Geschichte schnell in den Griff zu bekommen.

Dichterische Ruhe gibt's bei einer Tageszeitung nicht. Das Telefon schrillt. Die Gegensprechanlage meldet sich mit hellem Pfeifton. Der Kollege am Schreibtisch gegenüber brüllt aber so laut hinein, daß ihn sein Gesprächspartner zwei Stockwerke tiefer auch ohne die Anlage verstehen würde.

Äußerlich haben die meisten BILD-Reporter ein dickes Fell. Nervenkrieg in der Redaktion gehört zum Alltag. Die Stimmung ändert sich oft von Minute zu Minute. Manuskripte werden wütend aus den Schreibmaschinen gerissen, einer schreit den anderen an.

In diesem Beruf ist kein Tag wie der andere. Der Zeitdruck – die Geschichten müssen auf die Minute genau fertig sein – schwebt über allen. Die Armbanduhr liegt neben der Schreibmaschine. Der Kaffee wird kalt.

Dazwischen Anrufe: „Hier im ‚Gasthaus zur Rose' hat gerade ein Seemann gewettet, daß er drei Flaschen Eierlikör ‚ex' trinken kann. Das wär doch was für BILD." Und das Schlimme: Oft muß dann tatsächlich noch einer raus.

Es ist 20 Uhr. Aus den Funkabhörgeräten in der Polizeiredaktion noch immer Stimmengewirr: „Alarm bei Commerzbank Hamburger Straße ausgelöst. Peter 5 – Sonderrechte sind zugelassen . . .“ Sonderrechte heißt Blaulicht und Martinshorn. Die Reporter warten ab, abends ist das meist blinder Alarm. Die empfindlichen Alarmgeräte der Banken reagieren oft auf Putzfrauen, die um diese Zeit die Fußböden schrubben. In der Redaktion ist Ruhe eingekehrt. Irgendwo klappert noch eine Schreibmaschine. Die letzte Meldung wird geschrieben. Feierabendstimmung. Doch wehe, wenn . . .

Bis Mitternacht wird die halbe Zeitung „umgeschmissen“, wenn noch etwas Großes passiert. Dann werden die Rotationsdruckmaschinen angehalten, Reporter aus dem Schlaf geholt, neue Schlagzeilen, Geschichten „nachgeschoben“.

Heute sieht's ruhig aus.   *Aus: Hans Schulte-Willekes, Schlagzeile*

Verfolgen Sie den Weg einer Nachricht von der „Quelle“ bis zum Abdruck in der Zeitung und überlegen Sie, wie sie sich dabei verändern könnte.

Kettenbericht:
Ein Schüler gibt eine längere Information an einen zweiten weiter – dieser Vorgang wird mehrmals wiederholt – prüfen Sie, welcher Informationsverlust eingetreten ist.

Stellen Sie fest, welche Berufe für die Herstellung einer Zeitung erforderlich sind.

Versuchen Sie, eine „Schülerzeitung“ zu schreiben.

Wie kann ich mich entscheiden?

Typus I – Arbeitsanfang nach Umständen und Einflüssen
Diese Jugendlichen wählen nicht selbst ihren Beruf, sondern sie werden von den Eltern gedrängt. Sie zeigen keine Neigungen, verhalten sich passiv und dumpf, haben auch keinerlei tragfähige Berufsvorstellungen. Ihre Orientierungsleitbilder sind einseitig, sie beschränken sich auf unwesentliche Teilbereiche der Arbeitsbedingungen, z. B.: „es ist warm“, „es ist sauber“, „ich frisiere gerne“. Sie haben nicht nur keine Neigungen, sondern auch keine ausgeprägten Eignungen, waren meist auch schwache Schüler.

Typus II – Berufserwägungen nach Neigung und Meinung
Diese Jugendlichen haben bestimmte Neigungen, ohne jedoch durch eigenes Zielbewußtsein eindeutig in eine bestimmte Richtung gedrängt zu werden. Ihre Berufsneigung wird nicht gestützt von Durchschlagskraft, und sie wissen zuwenig über den Beruf, für den sie sich mit halbem Herzen interessieren. Die Berufsvorstellungen sind unklar, sie beziehen sich immer nur auf einzelne Verrichtungen sowie im besonderen Maß auf die Arbeitsbedingungen, z. B.: „Ich möchte später in einem Raum arbeiten, wo wenig Menschen tätig sind, und einen eigenen Schreibtisch haben. Da

ist man ungestört, da hat man seine Ruhe." „Geregelte Arbeitszeit und ein früher Feierabend spielen bei meinem Entschluß eine große Rolle." Sie sind wohl aufgeschlossen für Hilfen, die ihnen der Berufsberater gibt, es besteht jedoch stets die Gefahr, daß die Eltern sie von ihrem Berufswunsch ablenken, wenn sie in einem anderen Beruf eine bessere Bezahlung vermuten. Eignungsuntersuchungen zeigen, daß in den meisten Fällen die Eignung der Neigung entspricht.

Typus III – Berufsentscheidung der Zielbewußten

Hier hat man es mit einem optimalen Typus zu tun, um eine vollwertige Berufswahl, bei der Entschiedenheit, Initiative und Sicherheit die Berufswahl bestimmen. Das Berufsbild ist richtig, manche Möglichkeiten wurden sogar erprobt und eine entsprechende Ausbildungsstätte gefunden. Berufseignung besteht in beachtlicher Ausprägung und Stärke, sie hat sich bereits in einzelnen Schulfächern oder in der Freizeitbeschäftigung gezeigt. Diese Jugendlichen zeichnen sich aus durch Vitalität, Konzentrationsfähigkeit, Intelligenz, Handgeschicklichkeit etc., und sie setzen ihre Berufswünsche auch oft gegen den Willen der Eltern durch. In ihrem Begründen klingen auch höhere Leitgedanken an, z. B. Liebe zur Sache, Dienst am Mitmenschen, Nutzung der persönlichen Gaben, Weiterführung einer Tradition. In dieser Gruppe, der etwa ein knappes Viertel sowohl der Pflicht- als auch der höheren Schüler angehört, vollzieht sich die Berufswahl mit einer gewissen Reife und Selbständigkeit, sie ist sehr positiv motiviert. Hier ein Beispiel:

„Mein gestecktes Ziel ist ein technischer Beruf im Schiffsbau. Die technische Zeichenlehre, die ich jetzt durchmache, bringt mich diesem Ziel schon ein großes Stück näher . . . Mein jetziger Lehrberuf entspricht also noch nicht meinem Ziel, aber er liegt schon in dieser Richtung. Ich habe meinen Lehrberuf frei und ohne Beeinflussung der Eltern oder der Berufsberatung gewählt. Wenn man so will, dann war es ein Kindertraum, der sich aber ganz bestimmt erfüllt. Schiffe und alles, was damit zusammenhängt, haben schon immer mein Interesse erregt." (18 Jahre, 2. Lehrjahr, Volksschulabsolvent.)   *Aus: Lotte Schenk-Danzinger, Entwicklungspsychologie*

Wie werden Sie bei Ihrer Berufswahl vorgehen?

Welche beruflichen Ziele haben Sie sich gesteckt?

Welche besonderen Voraussetzungen müssen Sie für Ihren gewählten Beruf mitbringen:

körperlich

geistig

charakterlich

Erkundigen Sie sich, in welchen Berufen der Bedarf künftig

größer

geringer

gar nicht mehr vorhanden sein wird.

Beschreiben Sie den Berufsalltag Ihres Vaters und den Ihrer Mutter.

Warum wird „Hausfrau" als Beruf noch nicht genügend gewürdigt?

Nun ist das Korn geschnitten

Nun ist das Korn geschnitten,
die Felder leuchten fahl;
ringsum ein tiefes Schweigen
im heißen Sonnenstrahl.

Verblüht ist und verklungen,
was duftete und sang,
nur sanft tönt von den Triften
der Herde Glockenklang.

Das ist, o Menschenseele,
des Sommers heil'ger Ernst,
daß du, noch eh er scheidet,
dich still besinnen lernst.

Ferdinand von Saar

VI. „Die Zukunft braucht den Menschen, der Liebe und Ehrfurcht vor dem Leben in allen seinen Erscheinungen hat."

Nach Erich Fromm

Atmen

Nachts war Regen gefallen, und nun wandern Wolken über den Himmel – ab und zu sprüht Nässe herab.

Ich stehe unter einem Apfelbaum, der zu verblühen beginnt, und atme.

Nicht allein der Apfelbaum, sondern auch die Gräser ringsumher haben die Feuchtigkeit des Regens aufgesogen – kein Name läßt sich finden für jenen süßen Duft, der die Luft erfüllt. Ich sauge ihn ein mit der vollen Kraft meiner Lunge, meine ganze Brust spürt den Wohlgeruch. Ich atme, atme – einmal mit offenen Augen, dann wieder mit geschlossenen Augen. Ich weiß nicht zu sagen, was schöner ist.

Dies ist wohl jene einzigartige, allerkostbarste Freiheit: so zu atmen. Keine Speise dieser Erde, kein Wein, ja nicht einmal der Kuß einer Frau erscheint mir süßer als diese Luft – diese Luft, gesättigt von Blühen, Feuchtigkeit, Frische. Und ist es auch nur in einem winzigen Gärtchen, eingezwängt zwischen den Käfigen fünfstöckiger Häuser.

Das Knattern der Motorräder, das Geheul der Plattenspieler, das Getrommel der Lautsprecher entschwinden meinem Bewußtsein. Solange man noch unter einem Apfelbaum nach dem Regen atmen kann – so lange läßt es sich auch leben.

Aus: Alexander Solschenizyn, Im Interesse der Sache

Gottesurteil aus der Atmosphäre

Seit Jahren warnen die Forscher vor einer wachsenden Klimaerwärmung auf unserer Erde. Verursacht wird sie durch Kohlensäure (Kohlendioxyd), die in die Atmosphäre aufsteigt.

Kohle, Öl und Erdgas geben bei der Verbrennung Kohlensäure an die Luft ab, und lange Zeiten hindurch sorgten Meere und Wälder für einen natürlichen Ausgleich: die Meere lösten ihn auf, und die Pflanzen verwandelten sie in Sauerstoff. Seit Beginn der industriellen Revolution jedoch rauchen immer mehr Schornsteine, verschmutzen immer mehr die Ozeane, schlägert der Mensch immer mehr Wald – beispielsweise die riesigen Urwälder am Amazonas. Bereits heute ist das Gleichgewicht erheblich gestört: Meere und Wälder bewältigen den Ausgleich nicht mehr genügend, und die Industrie nimmt unaufhörlich zu. Das Kohlendioxyd aber legt sich als immer dichter werdende Decke rund um den Erdball und verhindert die Abstrahlung der Erdwärme ins All.

Die verheerenden Folgen sind Klimaerwärmung und damit bereits heute in weiten Teilen der Erde Regenarmut, Mißernte und Dürre. Das ist aber erst der Anfang, es droht eine weltweite Katastrophe.

Der Mensch hat sie verursacht. Wird er sich besinnen? Wird er beginnen, seine Gewinnsucht zu zügeln, die Meere zu schonen, die Wälder wieder aufzuforsten? Oder wird er seine Flüsse austrocknen, seine Quellen versiegen sehen, über Wüsten und Steppen ziehen, die einstmals Äcker und Wiesen waren? Ein Gottesurteil schwebt über der Menschheit.   *Aus einem Pressebericht*

Welche anderen Umweltbelastungen kennen Sie?

Welche Einstellungen von Menschen führen zu Umweltbelastungen?

Überlegen Sie, wo solche Einstellungen in Ihrem eigenen Verhalten bereits im Keim vorhanden sind.

Versuchen Sie, Möglichkeiten zu finden, wie Sie sich (oder wie sich eine Gemeinschaft) gegen Umweltbelastungen wehren können (kann):

Vielleicht sind Ihnen Beispiele bekannt.

Ende oder Zukunft des Alpinismus?

Den Menschen, die morgen, übermorgen und später in die Berge kommen werden, um sich zu kräftigen, wird es zunächst gar nicht darum gehen, auf irgendeinen Gipfel zu steigen oder gar über Felswände zu klettern, sondern einfach alles, was die Natur der Berge dem Menschen geben kann, auf sich einwirken zu lassen. Reine Luft – ich freue mich, wenn die Menschen aus den Städten zu uns kommen und eine Weile lang tief Atem holen.

Klares Wasser! Wenn ich als Bub die Schafe hüten mußte, versuchte ich, dem Geheimnis der Quellen auf die Spur zu kommen. Was war doch der Berg für ein sonderbares Wesen, daß aus seinem Inneren unaufhörlich reines, helles, klares Wasser hervorspringen konnte?

Und dann der Wald! Wie liebe ich den einsamen Bergwald! Das ist noch wirklich ein Wald, von tausendfältigem Leben erfüllt, keineswegs ein Forst, den man nur zu Nutzungszwecken angelegt hat und der im Grunde genommen nur als Holzproduktion Sinn hat. Nein, der unberührte ursprüngliche Bergwald, der den Menschen schon deshalb so beglückt, weil man ihn nicht als Masse, kaum in Gesellschaft, vielmehr nur allein wirklich erleben kann.

Alpinismus ist mehr als Sport, genaugenommen ist er die Antwort auf die Frage, was die Berge den Menschen bedeuten. Ich behaupte, daß die Bergwelt in Zukunft der Menschheit noch viel mehr bedeuten wird als bisher. Das aber wird nur möglich sein, wenn die Alpenlandschaft vor dem totalen Ausverkauf geschützt wird. Sowohl für den Bergbewohner als auch für den erholungsbedürftigen Städter muß die Landschaft in ihrer gesunden Eigenheit und Schönheit erhalten bleiben, um zu vermeiden, daß der Tourismus sich selbst zugrunde richtet. Wir wissen, daß der Fremdenverkehr vom Grundkapital der Bergwelt lebt, das es zu verteidigen gilt. Nichts stimmt trauriger als eine ausgeplünderte Landschaft.   *Aus: Luis Trenker, Bergwelt – Wunderwelt*

Warum ist die Erhaltung der Erholungslandschaft heute so wichtig?

Die Rattenfänger

„Sie müssen Johnnie entschuldigen", sagte die Dame des Hauses, als wir uns zum Dinner setzten. „Er ißt abends nicht mehr mit uns, sondern picknickt im ,Corral' mit den anderen Cowboys." Sie versuchte zu lächeln, und ihr Gatte machte einen Versuch, ein diskretes „Hiyoo" im Cowboystil zu markieren. Dann löffelten wir schweigend. Zuerst waren die Eltern sogar ein wenig erleichtert gewesen, als ihr achtjähriger Junge nicht mehr mit ihnen zu Abend aß. Endlich konnten sie einmal wieder ungeniert bei Tisch über alles sprechen – aber jetzt begann er ihnen schon zu fehlen. „Sie müssen entschuldigen", sagte die Hausfrau wieder, „ich muß doch mal nachsehen, ob Johnnie auch seine Milch trinkt." Damit verschwand sie im Nebenzimmer.

„Es ging nicht mehr anders", erklärte der Gastgeber. „Das Kind war einfach nicht zu halten, sobald die Hoppy-Show angefangen hatte. Rutschte auf seinem Stuhl herum, stopfte hastig die letzten Bissen in sich hinein oder ließ einfach den halbvollen Teller stehen, um nur schnell wieder zu seinem Fernsehapparat zu kommen. Jetzt servieren wir ihm das Essen dort drinnen. Er ißt und schaut. Und begrüßt mich, wenn ich nach Hause komme, mit dem vorgestreckten Silberrevolver und einem zärtlichen ,Hands up!'"

Der Fall Johnnie ist typisch für das, was sich in zahllosen amerikanischen Familien ereignete, als der Fernsehapparat in ihrem Heim Einzug hielt. Es war, als sei der „Rattenfänger", dem einst die Kinder der Weserstadt Hameln nachliefen, in den Vereinigten Staaten auferstanden. Fast ohne Ausnahme sind die Kinder Amerikas dem Appell dieses Neuankömmlings verfallen, der ihnen ohne Unterlaß Geschichten, Abenteuer, Witze, spannende Detektivstories und zwischendurch Dutzende von Reklameslogans serviert.

Als ich Kinder auf einer Straße sah, die vertonte Reklameverschen statt der alten Kinderlieder sangen, als ich dann einige Wochen später in einem Supermarkt hörte, wie ein kleiner Junge im schwarzen Cowboyanzug seine Mutter drängte: „Bitte, Mammie, kauf nur ,Barbara Ann Brot', Hoppy sagt, es macht ihn stark", begann ich zu ahnen, was hier gespielt wurde: Durch das Fernsehen hatten die Reklamebüros Millionen kleiner Knaben und Mädchen zu ihren freiwilligen Agenten gemacht. Der gegen Werbungen aller Art abgehärtete amerikanische Bürger kann manche Lockung der Reklame übersehen oder überhören. Aber wenn eine Kinderstimme bittet, wer kann – besonders in Amerika – widerstehen?

Die Entstehung des „Kindermarktes" ist nicht neu. Schon die Hersteller der in bunten Kartons verkauften Haferflocken, Weizenflocken, Cornflakes bauten ihre Geschäfte auf der Werbung um die Gunst des Kindes auf. Die Firma, die ihren Packungen die hübschesten Prämien beilegte, konnte auf die größte Kinderkundschaft rechnen. So überflügelte zum Beispiel eine Marke alle ihre Konkurrenten, als sie nicht lange nach dem Abwurf der ersten Atombombe ihren jungen Kunden einen „Atomring mit radioaktiver Substanz" versprach.

Aber all das war nur ein Vorspiel. Die große kindliche Massenhysterie setzte ein, als ein alter Cowboyschauspieler innerhalb weniger Wochen durch seine Fernsehfilme, in denen er die Rolle des tugendhaften „Hoppy" spielte, zum Idol der Jugend eines ganzen Landes aufstieg.

Nicht nur wurden in ein paar Monaten Millionen Cowboyanzüge abgesetzt, sondern fast ebensoviele Pistolen, Sporen, Messer und Reitschuhe. Etwa ein halbes tausend verschiedener „Hoppyprodukte" tauchte auf dem Markt auf und wurde von den Eltern der 25 Millionen Kinder gekauft . . .

Das ging so lange, bis das Symbol „Hoppy" durch die sorgfältig geplante und geschickt vorgetragene Gegenaktion einer Gruppe von Reklameleuten nach und nach an Boden verlor. Ein Programm, dessen Held ein „Weltraumkadett" war, eine Art interplanetarer Cowboy, der seine Gegner mit der „Todesstrahlenpistole" erledigte, begann seinen Siegeszug im Fernsehapparat.

Ich habe den Niedergang von „Hoppy" und den Aufstieg seines Rivalen noch an jenem Abend sich ankündigen sehen, als ich bei meinen Bostoner Bekannten ohne Anwesenheit des kleinen Johnnie mein Dinner essen mußte. Zum Erstaunen seines Vaters kehrte die Gastgeberin nämlich nicht, wie wir erwartet hatten, allein, sondern mit ihrem Sprößling aus dem von Hoppys Galopp erfüllten Wohnzimmer zurück, und der kleine blasse Junge sagte, wie zur Erklärung, abschätzig: „Diese Type beginnt mich zu langweilen . . ."

Einen Monat später hatte ihm sein Vater schon einen „Weltraumanzug" gekauft.

Aus: Robert Jungk, Die Zukunft hat schon begonnen

Beobachten Sie die eigenen Fernsehgewohnheiten und die Ihrer Familie.
Sprechen Sie über Fernsehen als Bildungs-, Informations- und Unterhaltungsmittel.
Rechnen Sie zusammen, wie viele Stunden Ihres Lebens Sie ferngesehen haben, und vergleichen Sie, wieviel Zeit Sie für einen Fachgegenstand (z. B. Mathematik) aufgewandt haben.

Welche Rolle spielt die Fernsehreklame in Ihrem Konsumverhalten?

Ein Brief aus der Hölle

Der Teufel Alkohol hat mein Leben total verändert. Denn ich war Alkoholiker. Ich möchte Ihnen nun nicht meinen ganzen Lebenslauf schildern, denn da könnte ich wahrscheinlich gleich ein ganzes Buch schreiben, aber es muß einfach heraus aus mir. Denn die meisten Menschen, die einmal so weit wie ich waren, trauen sich nicht, über dieses Thema zu reden, geschweige denn zu schreiben.

Ich war wegen Alkoholismus zweimal im Krankenhaus. Im letzten Stadium war ich damals so weit, daß ich bereits zwei Flaschen Weinbrand pro Tag getrunken habe. Dann bekam ich eine „Erkrankung der Bauchspeicheldrüse" und versuchte daraufhin, meine Schmerzen mit Tabletten und Magenbitter loszuwerden. Das ist so, wie wenn man den Teufel mit dem Beelzebub austreiben will. Meine Schmerzen hörten daraufhin zwar für eine gewisse Zeit auf, wurden hinterher aber nur noch schlimmer. Und von Tag zu Tag mußte ich immer öfter versuchen, meine Schmerzen zu betäuben.

Der Alkohol zerstört das Privatleben: Ich war zweimal verheiratet, und der Alkohol war jedesmal mein Scheidungsrichter. Und hinterher kann ich das gut verstehen, denn ich würde es wohl auch nicht mit einer Frau aushalten, die Trinkerin ist.

Der Alkohol zerstört aber auch das Berufsleben, bringt einen um den Arbeitsplatz:

So verlor ich eine Stelle nach der anderen. Und aus Angst, keine neue Stelle zu finden, verschwieg ich jedesmal, wenn ich mich vorstellen ging, daß ich Alkoholiker war.

„Selbstverständlich", dachte ich, „denn welcher Chef würde einen bei einem solchen Eingeständnis einstellen?"

Und so ging es in jeder Firma am Anfang halt einigermaßen, aber mit der Zeit bekamen die Arbeitskollegen doch mit, daß mit mir irgend etwas nicht stimmte. Und schon bald hatte man heraußen, daß ich eine allzu große Liebe für Flaschen und vor allem für deren alkoholträchtigen Inhalt hatte. Und dann dauerte es auch nicht lange, bis der Chef davon wußte.

Wer nun glaubt, daß mir ein derartiger Verlust des Arbeitsplatzes so zu denken gegeben hätte, daß ich mich zusammenriß und weniger trank, der irrt schwer. Denn kaum hatte ich einen Arbeitsplatz verloren, wurde der Alkoholkonsum nur noch größer: Die Schuld suchte ich ja nicht bei mir selber, sondern immer gab ich sie einem anderen. Das ist ja symptomatisch für Alkoholiker.

Es war wirklich grauenhaft: Man ist in solch einem Zustand kein Mensch mehr, sondern vegetiert einfach dahin. Und viele Menschen merken nicht – oder wollen es nicht merken –, daß sie schon am besten Weg dazu sind, Alkoholiker zu werden. Wenn man es ihnen ins Gesicht sagt, wird man nur ausgelacht. „Was bist du für ein Mann, der nicht einmal ein paar Tropfen verträgt?" kann man dann oft hören und wird zum Gelächter einer ganzen Runde, aber in Wirklichkeit sind diese Lacher selbst die Dummen.

Es gibt genug Gelegenheiten zum Feiern. Leider tun es die meisten mit Alkohol. Wie oft hat man das nicht schon gehört: „Auf das muß getrunken werden", oder „Jetzt habe ich mir aber einen Schnaps verdient". Die nichtigsten Gründe müssen dafür herhalten.

Vielleicht finden Sie, daß ich alles etwas übertrieben beschreibe, es ist jedoch die volle Wahrheit. Und man kann und darf über Alkohol nicht in versteckten Worten und mit Phrasen sprechen, sondern muß offen die Sprache verwenden, die jeder versteht. Der Alkohol ist ein Rauschgift im wahrsten Sinn des Wortes, und zwar das einzige, das leider frei erhältlich ist.

Trinken ist leider gesellschaftsfähig. Es gilt als fesch, wenn man nur ein Glas in der Hand hält. Und bei vielen Feiern hat man gar keine andere Wahl, es werden ausnahmslos alkoholische Getränke serviert.

Und weil Trinken einfach „in" ist, also zum sogenannten guten Ton gehört, gibt es auch immer mehr, die im geheimen trinken. Sie scheinen in keiner Statistik auf, denn sie würden sich schämen, es einzubekennen. Offiziell geben sie an, „höchstens zu den Feierlichkeiten" zu trinken. Und so sind viele: Ich glaube, daß sehr viele in irgendeiner Weise dem Alkohol verfallen sind. Das Wort ist für manche vielleicht etwas zu hart, aber die Gefahr besteht jedenfalls.   *Aus einer Zeitung*

Ist Ihnen persönlich ein Alkoholikerschicksal bekannt?

Welche Haltungen fördern eine Neigung zum Alkoholismus? (Mehr als eine halbe Million Österreicher sind in Gefahr, echte Alkoholiker zu werden.)

Welche Möglichkeiten zur Überwindung der Sucht gibt es?

Bestürzende Ansichten

Der heutige Jugendkult, verbunden mit einer – wenn auch unausgesprochenen – Verachtung des Alters, hat erschreckende Ergebnisse zur Folge.

So wurde unlängst in England, im Zusammenhang mit der Altersversorgung, unter Jugendlichen eine Umfrage veranstaltet.

Gefragt war, was nach Ansicht der Jugendlichen mit Menschen nach Erreichung des sechzigsten Lebensjahres geschehen solle.

Das Ergebnis war bestürzend: Bei mehr als der Hälfte lautete die Antwort „abschaffen", „umbringen".

Aus einem Pressebericht

Was sagen Sie zu diesem Bericht?

Welche gedankliche Einstellung zum Wert des Lebens stellen Sie in diesem Bericht fest? Vergleichen Sie diese mit jener im Gedicht von Kießling.

Zu welchen Konsequenzen könnte das „Abschaffen" alter Menschen führen?

Berechtigte Frage an die Nachgeborenen

da ihr	was
eure vorgänger	erwartet ihr
mit einer handbewegung	von euren nachfolgern?
abtut:	*Albert Janetschek*

Der Mensch von morgen: Mehr sein als scheinen, mehr teilen als besitzen

Die Funktion der neuen Gesellschaft ist es, die Entstehung eines neuen Menschen zu fördern, dessen Charakter folgende Züge aufweist:
– die Bereitschaft, alle Formen des Habens aufzugeben, um ganz zu *sein*
– Sicherheit, Identitätserleben und Selbstvertrauen, basierend auf Interesse, Liebe und Solidarität mit der Umwelt, statt des Verlangens, zu haben, zu besitzen und die Welt zu beherrschen und so zum Sklaven des eigenen Besitzes zu werden
– die Fähigkeit, wo immer man ist, ganz gegenwärtig zu sein
– Freude aus dem Geben und Teilen, nicht aus dem Horten und der Ausbeutung anderer zu schöpfen
– Liebe und Ehrfurcht vor dem Leben in allen seinen Erscheinungen zu empfinden und sich bewußt zu sein, daß weder Dinge noch Macht, noch alles Tote heilig sind, sondern das Leben und alles, was dessen Wachstum fördert
– bestrebt zu sein, Gier, Haß und Illusionen, so weit wie es einem möglich ist, zu reduzieren
– bestrebt zu sein, die eigene Liebesfähigkeit zu entwickeln
– sich bewußt zu sein, daß die volle Entfaltung der eigenen Persönlichkeit und der des Mitmenschen das höchste Ziel des menschlichen Lebens ist

– Wissen, daß zur Erreichung dieses Zieles Disziplin und Anerkennung der Realität nötig sind

– Wissen, daß Wachstum nur dann gesund ist, wenn es sich innerhalb eines durchdachten Systems vollzieht

– Entwicklung des eigenen Vorstellungsvermögens, nicht nur zur Flucht aus unerträglichen Bedingungen, sondern als Vorwegnahme realer Möglichkeiten

– andere nicht zu täuschen, sich aber auch von anderen nicht täuschen zu lassen; man kann unschuldig, aber man soll nicht naiv sein

– sich selbst zu kennen, nicht nur sein bewußtes, sondern auch sein unbewußtes Selbst – von dem jeder Mensch ein schlummerndes Wissen in sich trägt

– sich eins zu fühlen mit allem Lebendigen und daher das Ziel aufzugeben, die Natur zu erobern, zu unterwerfen, sie auszubeuten, zu vergewaltigen und zu zerstören, und statt dessen zu versuchen, sie zu verstehen und mit ihr zu kooperieren

– unter Freiheit nicht Willkür zu verstehen

– nicht ein Bündel zügelloser Begierden zu sein

– was auch immer der entfernteste Punkt sein mag, den uns das Schicksal zu erreichen gestattet – glücklich zu sein in diesem Prozeß stetig wachsender Lebendigkeit; denn so bewußt und intensiv zu leben, wie man kann, ist so befriedigend, daß die Sorge darüber, was man erreichen oder nicht erreichen könnte, gar nicht erst aufkommt.

Aus: Erich Fromm, Haben oder Sein

Bilden Sie Gruppen und teilen Sie die 17 von Erich Fromm aufgestellten Forderungen an den neuen Menschen in den Gruppen auf und erarbeiten Sie die Konsequenzen, die diese Forderungen für jeden einzelnen von Ihnen hätten. Sprechen Sie über die Arbeitsergebnisse in der Klasse.

Rüstzeug für die Zukunft

Ich appelliere vor allem an Ihre Phantasie, die Sie vielleicht nicht oft genug aktivieren. Es werden Krisen, vielleicht Katastrophen kommen, in denen man sehr viel Phantasie wird haben müssen, um über sie hinwegzukommen, Zeiten, in denen es von großer Wichtigkeit sein wird, sich etwas vorstellen zu können, was in keinem Kino gespielt wird. Ich will Ihnen das Lesen nicht als Wundermittel anpreisen, wohl aber als ein Mittel, Ihre eigene Denk-, Lern- und Vorstellungsfähigkeit besser einzusetzen.

Aus: Barbara Frischmuth, Rede zum Thema „Lesen"

Warum braucht man gerade in Krisenzeiten Vorstellungskraft? Lassen Sie sich von älteren Menschen erzählen, wie sie Krisenzeiten bewältigt haben. Warum ist die Wohlstandsgesellschaft für die Entwicklung der Phantasie eher hinderlich?

Versuchen Sie die Bedeutung der Phantasie im Alltag aufzuzeigen.

Das ist die Wiese Zittergras

Das ist die Wiese Zittergras
und das der Weg Lebwohl,
dort haust der Hase Immerfraß
im roten Blumenkohl.

Die Rosenkugel Lügnichtso
fällt auf das Lilienschwert,
das Herzstillkräutlein Nirgendwo
wird überall begehrt.

Der Hahnenkamm geht durch den Tau,
das Katzensilber gleißt,
drin spiegelt sich die Nebelfrau,
die ihr Gewand zerreißt.

Der Mohnkopf schläfert alle ein,
bloß nicht das Zittergras,
das muß für alle ängstlich sein,
auch für ein Herz aus Glas.

Christine Lavant

Welche Wörter in diesem Gedicht sind Ihnen noch nie begegnet?

Welche Bilder gefallen Ihnen am besten?

Welche Vorstellungen lösen die neuen Wörter in Ihnen aus? (z. B. „der Weg Lebwohl")

„ . . . für alle ängstlich sein . . ." – Was bedeutet das für Sie?

Wie sie ihr Leben meistern

Ingrid Pölss, an den Rollstuhl gefesselt
Ich bin seit meiner Geburt körperbehindert. Als Kind fragte ich mich oft, warum ich nicht so herumtoben kann wie andere Kinder. Jetzt habe ich meine Krankheit schon lange akzeptiert und komme mit dem Rollstuhl gut zurecht. Daheim fühle ich mich wohl. Meine Wohnung ist auf meine Bedürfnisse abgestimmt. Am liebsten habe ich es, wenn möglichst viele Freunde zu Besuch sind. Dann koche ich auch. In den letzten Jahren bin ich sehr viel selbstbewußter geworden. Das Leben ist eine Herausforderung, die ich gerne angenommen habe. Ich habe lange suchen müssen, bis ich einen Posten gefunden habe. Jetzt arbeite ich bei einer großen Firma und kann mir auch ein Auto leisten.

Andrea und Helmut Schäffer
Andrea
Ich bin Spastikerin. Das heißt, ich habe unruhige Bewegungen, und wenn ich spreche, so verstehen mich manche Menschen nur schwer. Ich habe Kinder sehr gern. Oft passe ich auf die Kinder meiner Nachbarn auf, wenn die Eltern Besorgungen haben. Den Kindern macht meine Behinderung nichts aus. Manche fragen zwar – aber wenn ich es ihnen erklärt habe, stört sie meine Krankheit nicht mehr. Helmut und ich sind gerne auf Reisen. Manchmal wird man da schon sehr angestarrt. Auch ekelhafte Bemerkungen bleiben uns nicht erspart. Vielen Menschen wäre es wohl lieber, wir würden uns mit unserer Krankheit verkriechen.

Helmut

Auch ich bin behindert. Aber anders als bei der Andrea, sind meine Bewegungen ruhig. Bei mir sind es eben die Beine: Die Muskulatur ist zu schwach, ich kann nicht richtig gehen. Sehr zur Verwunderung mancher Leute habe ich ein für meine Behinderung ausgefallenes Hobby: Ich bin gern mit dem Fahrrad unterwegs. Von Beruf bin ich medizinisch-technischer Assistent und arbeite im Allgemeinen Krankenhaus.

Dieter Haug, vierzehn, mongoloid und körperbehindert

Ich bin Dieter und gehe jeden Tag zur Schule. Die Schule ist lustig, und ich mache täglich meine Aufgaben. Ich kann lesen, schreiben und rechnen. Am liebsten zeichne ich. Ich kann auch schon ganz allein essen und mich ganz allein anziehen. Manchmal bin ich schlimm, dann schimpft die Mutti – aber nicht viel. Sie sagt, ich muß besser aufpassen. Am liebsten spiele ich im Freien. Ich bin sehr geschickt und kann viele Spiele. Allerdings habe ich keine Freunde. Die Kinder hier bei uns gehen in eine andere Schule. Manchmal spielt meine Schwester mit mir. Sie ist klein, aber sehr gescheit. Wenn ich mir etwas wünschen dürfte, so würde ich mir einen Freund wünschen, mit dem ich spielen kann.   *Aus Berichten von Behinderten*

Versuchen Sie, sich in die Lage eines bestimmten behinderten Menschen zu versetzen. Wie könnten wir Behinderte besser verstehen?

Beobachten Sie, wo es überall Toiletten für Behinderte, ebenerdige Einstiegsmöglichkeiten in Züge, abgeschrägte Gehsteigkanten und andere Hilfen für Behinderte gibt, und überlegen Sie, ob damit genug getan ist.

Zwei

Er weinte, weil
er keine Schuhe hatte,

da
traf er den
ohne Füße
Franz Liebl

Da wir auf Erden schon zu viele sind

Wir haben jetzt ein Kind.
In einer Zeit, da manche sagen,
daß wir auf Erden schon zu viele sind,
hat meine Frau es ausgetragen.

Es ist ganz arm erschienen
in armer Leute Haus,
die möchten ihm allzeit dienen
und wickeln es ein und aus.

Es fühlt sich nicht überzählig
auf dieser bekümmerten Welt,
und jeder macht es selig,
der's in die Sonne stellt.

Die Zeit und ihre Propheten
sind machtlos vor seinem Schrei.
Das Kind kann noch gar nicht beten
und bringt es uns doch wieder bei.

Franz Kießling

Versuchen Sie, das Staunen und die Ehrfurcht dieser Eltern vor dem Wunder des neugeborenen Menschen nachzuempfinden.

Welche Gefühle und Handlungen der Eltern schließt die Zeile „die möchten ihm allzeit dienen" ein?

Welche unterschiedlichen Einstellungen zum Kind können Sie bei Erwachsenen beobachten?

Welche Einstellungen der Menschen unserer Zeit wirken sich nachteilig auf Kinder aus?

Welche Bereiche umfaßt die Verantwortung für das Kind?

Es kommt auf die wenigen an

Ein junger Mensch, der ins Leben hinausgeht, wird sich und andere fragen, wohin er denn eigentlich gehe. Es verlohnt, sich hin und wieder darauf zu besinnen, wohin die Reise morgen führen mag.

Gäbe es so etwas wie einen geradlinigen Ablauf geschichtlicher Vorgänge, dann sähe es düster um die Zukunft aus, wenigstens um die nahe. Um aus der Fülle der Beispiele eins aufs Geratewohl herauszugreifen: Nimmt etwa das Verantwortungsbewußtsein eines Menschen, der an Stelle eines Fahrrads ein Motorrad verwendet, in gleichem Maße zu? Die Unfallstatistik gibt die Antwort. Der Mensch benützt den technischen Fortschritt in einer Art von selbstmörderischer Trunkenheit dazu, sein äußeres Leben zu gefährden. Nicht die Technik ist daran schuld, sondern der Mensch, er selbst, der sie so wunderbar erschaffen hat und so miserabel handhabt. Der Trend geht dahin, sich keine Rechenschaft mehr über die Auswirkungen abzulegen, die der sogenannte Fortschritt für das Menschsein des Menschen hat. Man schwimmt im Strom der Materialisierung und Automatisierung, der Verhastung und Vereinsamung, der Motorisierung und Medikamentisierung, der Verkünstelung und Verspieltheit, der Alkoholisierung und Ironisierung mit und merkt nicht oder will nicht merken, daß das Ergebnis eine immer schauerlichere Verkümmerung des Menschen ist. Wer hat denn heute noch die Fähigkeit, ein Bild zu betrachten, wirklich zu betrachten? Der Mensch wird mit Bildern überschüttet. Natürlich stumpft das Auge und die Empfänglichkeit für das Bild dadurch ab. Es kann gar nicht anders sein. Die optischen Reize müssen also verstärkt werden, wodurch eine weitere Minderung der Empfänglichkeit eintritt und so fort. Ähnlich verhält es sich allenthalben. Statt des Werts waltet nun die Menge vor, statt der Seltenheit die Sensation, statt der Größe die Monumentalität, statt der Erhebung der Rausch.

So nimmt sich unsere Lage auf den ersten Blick aus. Sieht man aber genauer zu, dann dämmert ein anderes Bild auf. Wie zu allen Zeiten, so sind auch heute Menschen am Werk, Menschen, die ihr Haupt über das Irrsal der Zeit erheben. Und wie zu allen Zeiten, so kommt es auch hier auf die wenigen an. Sie finden sich in allen Schichten der Bevölkerung. Ob sie die Zeit wenden können, steht dahin. Aber die bloße Tatsache, daß sie vorhanden sind, ist ein Trost und eine Hoffnung. Sie sind es, von denen die Welt aufgerüttelt wird, den Hungernden zu helfen; sie sind es, die begriffen haben, daß die reichen und mächtigen Länder eine Verantwortung für die schwachen tragen, nicht aus politischen Gründen und schon gar nicht, um sie vor dem Kommunismus oder vor dem Kapitalismus zu bewahren, sondern um der Menschen willen. Sie sind es, die Unzeitgemäßen, die von der Menge Verlachten, die Narren, die nicht aufhören, auch im verkommensten Menschen, in ihm ganz besonders, den Bruder zu sehen, sie sind es, die unbeirrt auf verlorenem Posten ausharren, in der Straße der Asozialen, im Urwald inmitten einer toten Gemeinde, bei den bis zur Unkenntlichkeit Verkrüppelten und Verblödeten, in der Unauffälligkeit eines abseitigen Amts, in der Todeseinsamkeit des Nachdenkens über die Unruhe des Herzens. Eben durch ihr Ausharren auf verlorenem Posten, durch die Unzeitgemäßheit ihres Tuns, durch ihr Leiden und durch ihr Opfer tragen sie nicht wenig dazu bei, daß die Weltgeschichte nicht geradlinig, sondern in den wunderlichsten Windungen verläuft. Es entspricht einfach nicht der Wahrheit, daß die starken Männer des Tages Geschichte machen. Noch immer waren die Leidenden die eigentlichen Beweger der Welt. Denn alles Große hat seine Wurzeln im Schmerz.

Aus: Manfred Hausmann, Wohin?

Kopflose Demokratie

Unsere Demokratie
krankt
an der Kopflosigkeit
ihrer Anhänger

Unter Gedankenfreiheit
verstehen sie bloß
die Befreiung
vom Denken

Albert Janetschek

Stellen Sie einen Zusammenhang her zwischen dem Gedicht von Janetschek und dem Aufsatz von Hausmann.

Warum fällt es manchen Menschen schwer, sich für die Vorgänge in der Demokratie zu interessieren und zu engagieren?

VII. „Ich mag die Zivilisation nicht, wenn sie Göttin ist des Schreckens, der Schwelgerei, der Ungerechtigkeit. Ich liebe die Zivilisation, wenn sie das Flammenschwert ist des Lichts."

Jean-Paul Nyunaï

Brief des Königs von Kongo

Im Jahre 1526 schrieb Nainga Mbemba, König von Kongo, an Johann III., König von Portugal:

„Erhabener Fürst, mein königlicher Bruder: Täglich rauben Deine Händler und Kaufleute, die in unser Land kommen durften, unsere Untertanen, die Söhne der Landleute ebenso wie die Söhne unserer Edlen, Vasallen und Verwandten, und lassen sie verkaufen. Mein Bruder: sie sind so zügellos, daß unser Land bereits in großem Maße entvölkert ist . . ."

Schlagen Sie im Lexikon nach, wann der Sklavenhandel einsetzte.

Welche Zeilen des Briefes, der eine unermeßliche Klage des Königs von Kongo ist, bringen die Rohheit der Sklavenhändler zum Ausdruck?

Lofin

Lofin stand sehr früh auf. Die Sonne schien schon über der Hütte, aber der rote Staub auf der Dorfstraße war noch kühl. Jetzt war die beste Zeit, auf das Feld zu gehen.

Lofin nahm eine Hacke und ein Buschmesser und machte sich auf den Weg. Sein Feld lag eine halbe Stunde entfernt im Busch. Der Pfad war schmal zwischen den großen Bäumen. Lofin stieg über Wurzeln und kleine Rinnsale. Er dachte an seinen Sohn in der Stadt. Der war um diese Zeit auch schon unterwegs, auf einer harten Straße voller Autos, und Lichter sagten ihm, wann er gehen durfte und wann nicht. Lofin sandte seinem Sohn einen guten Gedanken. Während er auf dem Feld arbeitete, lernte sein Sohn in einem großen Haus, wie man mit Maschinen umgeht. Lofin hatte ihn nicht dorthin geschickt, der Sohn hatte selber in die Stadt ziehen wollen.

Drei Stunden lang arbeitete Lofin auf dem Feld. Er hatte ein Stück Busch für eine neue Reispflanzung gerodet. Gemeinsam mit Freunden hatte er die Baumriesen gefällt und die Wurzelstrünke ausgegraben. Jetzt hackte er die Erde auf. Die Asche der verbrannten Wurzelstrünke würde sie düngen.

Die Sonne stieg. Der Schweiß rann Lofin über Nacken und Rücken. Dieses neue Feld würde Kindern und Enkeln Nahrung bringen. Zur Reisernte wollte er sechs Trommler einladen. Zum Dröhnen der Trommeln arbeitet der Mensch heiter und freudig. Es war weise von den Ahnen, Trommler zur Arbeit zu bestellen. Lofin ehrte die Ahnen, indem er ihre Weisheit seinen Söhnen weitergab.

Der Buschwald war dunstiggrün, als er ins Dorf zurückging. In den Termitenbauten am Rand des Pfades raschelte und knackte es. Lofin machte einen Umweg. Er trat vor die Gräber seiner Ahnen, Hügel von roter Erde zwischen dem Unterholz. Lofin löste die kleine Kalebasse von seinem Gürtel und goß ein paar Tropfen Palmwein über den ersten Hügel. Er legte seine Hand auf die rote Erde.

„Seid gegrüßt", sagte er. „Ich habe euren Feldern ein neues hinzugefügt. Segnet es für eure Söhne und Enkel."

Er nahm drei Kolanüsse aus seiner Tasche, teilte sie mit dem Messer und wog die Hälften in der Hand.

„Euer Kind Baua, mein ältester Sohn, lernt in der Stadt. Wir haben lange Zeit nichts von ihm gehört. Wir sorgen uns um ihn."

Er warf die Nußhälften in die Höhe und beobachtete, wie sie auf den Grabhügel fielen. Drei lagen mit der glatten Seite nach oben, drei mit der runden Seite. Lofin seufzte.

Er warf sie noch einmal. Vier Nüsse lagen mit der glatten Seite nach oben, zwei mit der runden.

Lofin warf sie ein drittes Mal. Die Nüsse fielen und lagen mit der glatten Seite nach oben. Lofin bückte sich und sammelte die Nüsse auf.

Als er in die Hütte zurückkam, hatte seine Frau schon Wasser gewärmt. Sie trug es in einem hohen Krug zum Badehäuschen. Er ging hinter ihr her.

„Unserem Sohn in der Stadt geht es gut", sagte er.

Aus: Renate Welsh, Ich verstehe die Ṭrommel nicht mehr

Zwei Kulturkreise berühren einander: Charakterisieren Sie den Kulturkreis, der in diesem Text beschrieben wird.

Welche Übergangsschwierigkeiten können Sie aus diesem Text erahnen?

Flucht aus der Sahelzone

Als die ersten zerbeulten Ölfässer auftauchten und die Straße zu säumen begannen, wußten sie, daß die Stadt nicht mehr weit sein konnte. Und bald spürte der Junge auch den harten Asphalt unter den nackten Zehen. Er war heiß, heißer als der trockene Sand, und er kratzte an den Sohlen.

Der Junge war müde, zumindest so müde wie der alte Mann, der neben ihm ging. Müde und hungrig war er, und sein Mund war trocken. Er hatte längst den Versuch aufgegeben, die Zunge einzuspeicheln und mit ihr über den ausgedörrten Gaumen zu streichen. Die Zunge war dick und geschwollen und pelzig.

Der Alte sprach nicht mehr mit ihm. Seit Tagen hatte er kaum ein Wort mehr gesagt. Er ging langsam, beinahe vornübergebeugt; schleppend, aber hartnäckig. Die leere Kalebasse schlug bei jedem Schritt gegen seine Hüftknochen und klapperte hohl.

„Wir haben es geschafft!" dachte der Junge. „Wir sind beinahe da."

Er blickte den Alten an, und der Alte blickte zurück, aber er sagte nichts, und er lächelte nicht, und er nickte nicht einmal.

Die Ölfässer standen jetzt abwechselnd rechts und links an der Straße, und sie waren schwarz-weiß lackiert. In einem riesigen Schlagloch lagen weiße Steine, dazwischen krümmten sich ein paar graue Halme.

„Hier wächst etwas", dachte der Junge. „Wir haben es geschafft."

Vor der ersten Hütte hockte eine alte Frau und blickte ihnen mißtrauisch entgegen. Sie sahen die Alte schon von weitem, und sie sah den Mann und den Jungen auf sich zukommen, aber es dauerte lange, bis die beiden die Hütte erreicht hatten.

Im Vorbeigehen klopfte der Alte an die leere Kalebasse. Gleich legte die Frau schützend die Hände über die gestampften Körner, die vor ihr auf dem Boden lagen. Sie spreizte dabei die Finger, um das Häufchen ganz zu bedecken.

Der Alte blieb nicht stehen; er wollte die Frau nicht beschämen.

„Wir haben es trotzdem geschafft", dachte der Junge. „In der Stadt wird es etwas zu essen geben und Wasser und Arbeit."

Ein Huhn lief über die Straße. Die Wellblechhütten standen eng aneinandergedrängt. Kinder kamen gelaufen, blieben in gebührendem Abstand stehen, schauten den beiden nach, steckten den Finger in den Mund und kicherten.

Die Sonne stand sehr hoch. Der rote Autobus mit den vergitterten Fenstern warf keinen Schatten. Auf der einen Seite fehlte das Kühlerblech. Der Motor war zu sehen.

Der Junge hätte gern den Motor aus der Nähe betrachtet, aber der Alte ging weiter.

Sie blieben erst stehen, als sie den Laden erreicht hatten. Er hatte gemauerte Wände, und von seinem Wellblechdach baumelte ein Schild.

Vor dem Laden standen Tische, und an den Tischen saßen Männer.

„Muraho", sagte der Alte. Guten Tag. Seine Stimme knarrte. Sie klang ungewohnt.

„Yego yee", antwortete einer der Männer gleichgültig. Er hatte eine alte Zeitung vor sich liegen und verscheuchte von Zeit zu Zeit damit die Fliegen, die sich immer wieder auf sein Glas setzten.

Das Glas war halb mit Wasser gefüllt, und der Junge starrte es an, und seine Zunge brannte.

Jetzt trat eine dicke Frau aus dem Laden. Als sie den Alten sah, blieb sie auf der Stufe stehen.

„Muraho", sagte der Alte.

„Yego yee."

Er löste die Kalebasse aus seinem Gürtel und hielt sie der Frau entgegen. Die Frau schüttelte den Kopf. Dort, wo ihr Bauch zu sehen war, begann das Fett zu schwabbeln.

Der Alte rührte sich nicht. In seiner ausgestreckten Hand zitterte die Kalebasse.

Die Männer lachten. Der mit der Zeitung trank sein Glas leer. Er hob es hoch, sperrte den Mund auf und ließ das Wasser hineinrinnen. Der Junge sah zu, wie das Wasser in dem geöffneten Mund verschwand, ohne daß ein Tropfen danebenrann.

Der Mann stellte das leere Glas auf die Zeitung, und die Fliegen setzten sich wieder darauf.

Der Alte hielt der Frau noch immer die Kalebasse entgegen. Seine Augen waren leer, sein Gesicht verriet nichts. Er war nicht trotzig, er schämte sich nicht, er bettelte nicht. Er zeigte einer fetten Frau seine leere Kalebasse.

Die Frau schnaubte unwillig, und daraufhin gab der Alte dem Jungen die Kalebasse, und der Junge trug sie zu der Frau hinüber, und sie nahm sie. Wieder schwabbelte das Fett an ihrem Bauch.

Als die Frau die Kalebasse zurückbrachte, war sie mit Bohnenbrei gefüllt. Der Junge hatte Schwierigkeiten, den vollen Kürbis zu halten; seine Finger waren steif und geschwollen.

Der Alte nahm die Kalebasse und hockte sich mitten auf der Straße nieder. Er begann mit den Fingern den Bohnenbrei zu löffeln. Die Männer lachten.

Als der Alte dem Jungen die Kalebasse weiterreichte, war der Boden kaum noch mit Brei bedeckt.

Es fiel dem Jungen schwer, zu essen. Er hatte Hunger, aber seine Finger waren steif, und der Mund war trocken. Es fiel ihm schwer, die Bissen zu schlucken.

Als der Junge gegessen hatte, stand er auf und ging zu den Tischen. Er nahm das leere Glas und trat damit in den Laden.

Hier war es dunkel und etwas kühler. Die dicke Frau stand vor der Wassertonne und schüttelte energisch den Kopf.

„Mura beho", sagte sie.

Der Junge wagte es nicht, sich wie der Alte hinzustellen und trotzig das leere Glas zu zeigen. Er trug es zurück und stellte es wieder auf die Zeitung. Die Männer nickten und lachten.

„Yee, yee", sagte einer.

Der alte Mann hatte die Kalebasse mittlerweile wieder an seinen Gürtel gebunden. Er führte die leere Hand zum Mund und verneigte sich vor der dicken Frau. Der Junge folgte seinem Beispiel nicht. Er war ihr böse, weil sie ihnen das Wasser verweigert hatte. Er nickte nur und sagte: „Mura, beho."

Die beiden gingen weiter. Am roten Autobus vorbei in die Stadt.

Die Sonne brannte sehr hoch. Die Stadt war heiß und kahl.

„Wir haben es geschafft", dachte der Junge.

Er dachte an das Dorf. An die Schwerkranken, die sie zurückgelassen hatten, an seine Schwester mit den tiefen Runzeln im Gesicht und den staunend aufgerissenen Augen, mit denen sie gestorben war.

Als sie aufgebrochen waren von ihrem Dorf, einige Wochen zuvor, waren sie noch eine ganze Gruppe gewesen. Mehr als Finger an zwei Händen und Zehen an zwei Füßen.

Sie hatten das Dorf und die Schwerkranken hinter sich gelassen und die verendeten Tiere. Sie waren an den Kadavern vorbeigegangen, an den beiden Brunnen, die ohne Wasser waren, über die rissigen Felder, auf denen nichts mehr verdorrte.

Zuerst hatten sie die Hühner geschlachtet, dann die drei Ziegen und zuletzt auch noch die vierte Ziege. Der Boden war geborsten in der Trockenheit, und die harten Erdbrocken rissen blutige Schrammen in die Fußsohlen.

Einer nach dem anderen blieb zurück. Die einen starben in der Nacht, die anderen blieben liegen, weil sie sich am Morgen nicht mehr erheben konnten.

Aus: Renate Welsh, Ich verstehe die Trommel nicht mehr

Was wissen Sie über den Hunger in der Welt? (Informieren Sie sich.)

Welche Ursachen hat der Hunger in der Dritten Welt?

Da, nimm die Waffe

Zuerst war es ein Schrei. Dann Tausende von Schreien. Dann ein Aufruhr. Dann die Revolution.

„Da, nimm die Waffe!"

Jemand hatte mir eine Machete in die Hand gedrückt, eine große, ganz neue Machete, die – im fahlen Licht – aufblitzte. Ich schloß meine Hand um den Holzgriff: Sie wissen ja, wie eine geballte Faust aussieht, bloß daß jetzt die Machete darin lag.

„Und was soll ich damit?"

Aber die Gruppe war schon weitergezogen, voran der Mann, der mir die Machete gegeben hatte.

„He, Sie, was soll ich denn mit der Machete machen?" rief ich ihm verzweifelt nach.

Niemand hörte mich. Alle schrien, wild und besessen. Die Gesichter der Menschen waren von der Revolution gezeichnet: Zorn und Angst, rot und weiß. Mich hatte die Revolution auf der Gran Avenida erwischt, als ich vor dem Schaufenster einer Konditorei stehengeblieben war. Eben noch war ich mit leeren Händen dagestanden, schutzlos, ohne Arbeit und hungrig, und träumte davon, in den Laden zu gehen und einen nach dem anderen alle Kuchen aus dem Schaufenster aufzuessen. Und jetzt hatte mir die Revolution diese Machete geschenkt. Aber ich wußte nicht, wozu.

Die Revolution mußte irgendwo im Süden der Stadt entflammt sein, denn in dieser Richtung war trotz der großen Entfernung immer wieder ein rötlicher Schein zu sehen, der zum bleiernen Himmel aufloderte. Der Wind trug ferne Gewehrschüsse herüber. Mit der Machete in der Hand begann ich mir Gedanken über die Revolution zu machen. Gegen wen war sie? Und für wen?

„Hören Sie, was ist eigentlich los?"

Der alte Mann blickte auf meine Hände, wurde blaß und rannte mit komischen Sprüngen davon. Immer mehr Menschen zogen vorbei. Die Straße war in Bewegung wie ein Strom. Ich griff nach einem Arm:

„Fräulein, sagen Sie mir doch, was ist geschehen?"

Das Mädchen riß sich hastig los und antwortete erschreckt:

„Ich weiß nicht, wirklich nicht. Bitte lassen Sie mich gehen, ich muß nach Hause."

Anscheinend lag es an der Machete; mit ihr in der Hand mußte ich ja wie einer von den Revolutionären aussehen. Aber ich war kein Revolutionär. Ich war ein armer

Teufel, mit zehn Centavos in der Tasche, der ohne Ziel herumgeirrt und vor einem Schaufenster stehengeblieben war. In der Scheibe suchte ich mein Spiegelbild: Die Machete paßte gar nicht schlecht zu meiner abgeschabten Hose. Ich sah irgendwie malerisch aus damit. Aber was sollte ich mit der Machete anfangen? Die Revolution wird es schon wissen, sagte ich mir. Wenn sie Macheten verteilt, wird es bestimmt irgend etwas geben zum Abhauen oder Verteidigen; oder jemanden, der getötet werden muß. Ich mußte lachen und drehte mich wieder um. Inzwischen hatte ein heftiger Regen begonnen.

Wieder zog eine Gruppe von Männern mit wild entschlossenen Gesichtern vorbei, und einige von ihnen sahen mich an, zuerst feindselig und voller Haß, aber als sie die Machete in meiner Rechten erblickten, kam ein befriedigtes Lächeln auf ihre Züge. Einer von ihnen wandte sich mir zu und brüllte:

„Viva la revolución!" „Es lebe die Revolution!"

Automatisch antwortete ich: „Viva!", und ohne zu wissen wieso, schwang ich die Machete in der Luft, plötzlich von einem ungewohnten Zorn erfüllt.

Der Regen wurde heftiger, und die Leute fingen an zu laufen; sie schrien wie toll vor Angst und vor Zorn, einige mit wilden Drohungen; alle wie gejagt und gezeichnet von jener großen und schrecklichen Sache, die da plötzlich irgendwo in der Stadt aufgekommen war.

Ich wollte mich an der Tür unterstellen, und erst da merkte ich, daß der Laden geschlossen war. Es war noch Mittagspause: acht Minuten nach zwei. Aber ob der Inhaber heute überhaupt noch zurückkommen würde? Ich trat wieder auf den Gehweg. Der Regen hatte meine Kleidung völlig durchnäßt und troff an der Hutkrempe herunter. Ich spürte, wie die Nässe durch die Schuhsohlen und meine durchlöcherten Strümpfe drang. Ein Lastwagen mit Männern, die eine Fahne schwangen, raste vorbei und spritzte mich voll Dreck. Einen Augenblick lang konnte ich nichts mehr sehen. Ich ließ die Machete fallen, um mir das Gesicht abzuwischen.

„Heb die Machete auf, du Elender!" befahl eine Stimme in meinem Rücken. „Heb sie auf, oder du kannst was erleben!"

Ich hob sie auf und drehte mich um. Das Gesicht war nichts Besonderes: grau und etwas aufgedunsen, wulstige Lippen, die Augenlider gerötet. Ein Mann wie viele. Wie alle die, die da vorbeiströmten und die Fäuste ballten und schrien. Ein Produkt aus der Serie, die die Revolution von einem Augenblick zum anderen geschaffen hatte.

Er sah mich eine Weile an. Auch er trug eine Machete. Auch er war völlig durchnäßt.

„Viva la revolución!" rief er und erhob die Machete.

„Viva!" antwortete ich.

„Nieder mit den Mördern!"

Und ich antwortete: „Nieder!"

Der Mann war zufrieden. Er sah mich noch einmal an, als ob er mir nicht ganz traute. Dann zog er weiter.

Ich kehrte zum Schaufenster zurück. Hinter den großen Scheiben lagen noch immer die Kuchen, unberührt. Und wieder überkam mich diese Gier, mich vollzufressen bis zum Platzen. „Es ist Hunger", sagte ich. „Natürlich ist es Hunger", antwortete ich mir. Und ich hob die Machete, um die Scheibe einzuschlagen. Da ging plötzlich lautes Schreien los, und ich sah, wie die Leute überall Deckung suchten. Ich ließ die Machete wieder sinken und konnte mich gerade noch rechtzeitig auf den Boden werfen, bevor ein Lastwagen, von dem die Kugeln hagelten, wie ein Spuk vorbeiraste.

Als ich wieder aufstand, hatte jemand den Platz vor meinem Schaufenster besetzt, auch einer von denen, die die Revolution seit einer Stunde auf die Straße spülte. Er war unbewaffnet. Ein graues, ausdrucksloses Gesicht. Ein unscheinbarer Anzug. Ein Hut, von dem der Regen troff. Die Schuhe schlammbedeckt. Wir standen Seite an Seite, mit dem Rücken zur Straße, und schauten auf die Kuchen hinter der Scheibe.

„Komm, wir schlagen sie ein", sagte er einfach. „Gib mir mal die Machete."

Ich wurde zornig. Wie kam ich dazu, mit diesem Kerl eine Sache zu teilen, die mir allein zustand!

„Die Revolution ist nicht zum Plündern da", hörte ich mich großspurig sagen.

„Wenn du nicht willst, dann tu ich's eben allein", sagte er entschlossen.

In der Ferne abermals Schüsse und der Widerschein der Brände. Und wir hier nebeneinander, aber als Feinde. Es regnete immer noch.

Ich steigerte mich in meine Wut. Der Mann war mir widerlich, ich haßte ihn, weil er ein Eindringling war. Schließlich hatte die Revolution mich hierhergestellt. Dieses Schaufenster war mein Gebiet. Und was darin lag, gehörte mir.

Der Mann sah mich spöttisch an.

„Und womit willst du sie einschlagen?" fragte ich ihn herausfordernd.

„Mit den Händen."

„Wenn du die Scheibe berührst, bring ich dich um", sagte ich, einer seltsamen Kraft gehorchend, die von der Straße in mich übergegangen war. Und ich hob drohend die Machete. Der Mann ließ sich nicht beeindrucken. Er ballte die Faust und schmetterte sie gegen die Scheibe, die in Stücke zersprang. Aber bevor die blutige Hand die Kuchen erreicht hatte, taumelte der Körper zur Seite und schlug klatschend in eine Pfütze. Der Hieb hatte ihn genau im Nacken getroffen, und als ich zuschlug, kam es mir so vor, als ob etwas Hartes unter meinen Händen zersplitterte, wie wenn man ein Stück Holz über dem Knie zerbricht.

Das Wasser färbte sich rot. Nun lagen die Kuchen offen da. Aber etwas hatte mir den Hunger genommen und die Gier, mich mit Kuchen vollzufressen bis zum Platzen.

Aus: Hernando Téllez, Guerilla-Erzählungen aus Kolumbien

Schreiben Sie eine kurze Zusammenfassung dieser Geschichte.

Beschreiben Sie die Gefühle des Ich-Erzählers in den verschiedenen Stadien des Handlungsablaufs.

Haben Sie schon einmal das Verhalten einer erregten Menschenmasse beobachtet (z. B. am Fußballplatz)? Beschreiben Sie, was Ihnen dabei aufgefallen ist.

Was haben Sie dabei an sich selbst beobachtet?

Sonderangebot: Billige Röcke

Meine indische Schwester stach sich in den Finger, als sie meinen Rock nähte. Auf dem Seitenteil, knapp unter der Hüfte, sind drei Blutflecken. Ein größerer und zwei kleinere. Unten, am Rocksaum, ist ein vierter.

Vielleicht war es an diesem Tag der letzte Rock und der letzte Rocksaum von vielen Röcken und Rocksäumen, die meine indische Schwester an diesem Tag nähte.

Ich habe sie nie gesehen, meine indische Schwester.   *Doris Mühringer*

Warum werden heute Industriebetriebe in die Dritte Welt verlegt?
Welche Waren aus der Dritten Welt sind bei uns am Markt?
Welche Rohstoffe beziehen wir aus der Dritten Welt?
Was exportieren wir in die Dritte Welt?

Fünf vor zwölf

„Sie kommen fünf Minuten vor zwölf", sagte der greise Missionar. Ich kam vom Gipfel des Jade-Berges, der die höchste Erhebung Taiwans ist, und stand dem Pater vor seinem bescheidenen Missionshaus gegenüber, das er sich in der wunderbaren Bergwelt erbaut hatte.

„Taiwan ändert sich sehr rasch, die Bergbewohner sterben aus oder werden Chinesen. Es ist wirklich fünf vor zwölf", setzte er hinzu. „Aber Sie werden es ja selbst sehen."

Einige Dörfler standen um uns herum und betrachteten mich neugierig, denn Besuche waren hier in der Einsamkeit eine Seltenheit. Sie hatten scharfgeschnittene Gesichter mit Adlernasen. Nicht einen Augenblick konnte man sie mit den breitbackigen Chinesen verwechseln. Aber sie waren wie diese gekleidet, und die meisten sprachen Chinesisch. Sie waren die letzten Reste des einst so stolzen Stammes der Tsou, die noch vor wenigen Generationen als gefürchtete Kopfjäger in diesen Bergen geherrscht hatten. Bald würden die letzten, die noch von der kriegerischen Vergangenheit wußten, gestorben sein. Die Jugend wollte mit dieser Vergangenheit nichts zu tun haben. Kürzlich hatte ein hübsches Tsou-Mädchen bei Radio Taipeh einen großen Schlagerwettbewerb gewonnen und würde wahrscheinlich bald am Broadway auftreten. Ihr Großvater hatte noch Köpfe abgeschnitten.

Ich hatte den Pater nach dem Ende des Zweiten Weltkriegs in China kennengelernt. Uns verband das Interesse an wenig bekannten Stämmen, und er erzählte mir damals stundenlang von seiner Tätigkeit in Innerasien. Jetzt endlich, nach mehr als zwanzig Jahren, standen wir uns gegenüber.

„Fünf vor zwölf", wiederholte der Pater ein drittes Mal. „Aber ich werde Ihnen erzählen und zeigen, was ich kann."

Der Missionar, der im Volksmund „Vater der Bergbewohner" hieß, bemühte sich, seinen Schützlingen, den Tsou, das Überleben des zwanzigsten Jahrhunderts zu ermöglichen. Früher waren die Berge mit dem reichen Wildbestand ihre ureigene Heimat gewesen; in die Ebene waren sie nur gestiegen, um ein paar chinesische Köpfe zu erbeuten. Jetzt drängten sie in die Ebene, um ihre Reisschalen zu füllen. Die Ausbreitung der Holzwirtschaft und moderne Feuerwaffen haben den Wald und das

Wild rar gemacht. Die Tsou hungern. In einem ihrer schwermütigen Gesänge beklagen sie ihr Schicksal und lassen einen ihrer geliebten Bäume im Namen des Stammes sprechen: „Wenn mich eine Axt schlägt, werde ich nicht stürzen, aber wenn mich eine Säge schneidet, werde ich fallen. Wenn ein Korb über mich gestülpt wird, kann ich nicht wachsen. Der Baum fiel. Das rote Herz war wie Blut. Das Volk der Tsou wird schwach. Bald wird es nicht mehr sein."

Die Tsou sind geborene Sänger, und ihre melodische Klage stimmt traurig. Aber sie können den Lebenskampf mit den tüchtigeren Chinesen nicht aufnehmen. Deshalb bringt ihnen der Pater das Einmaleins, die chinesischen Schriftzeichen und ein Grundwissen über die Landwirtschaft bei. „Manchmal weiß ich nicht, ob das gut ist", vertraute er mir an. „Man sollte sie nicht aus ihrem ursprünglichen Leben reißen. Aber wenn ich sie auf die neue Zeit nicht vorbereite, sind sie ihr nicht gewachsen. Taiwan ist eine kleine Insel, und das Bergland wird bald ganz erschlossen sein."

Manche Tsou sind Bauern geworden, aber schon von weitem kann man ihre Felder erkennen: die Ernte steht kümmerlich und das Unkraut hoch.

„Sie sind immer Jäger gewesen, wie können sie jetzt gute Bauern sein", versuchte der Pater seine Schützlinge zu verteidigen. „Sie sind auch keine geschickten Kaufleute, alle Kramläden im Bergland gehören den Chinesen. Meine Tsou sind richtige Hinterwäldler."

Stundenlang erzählte mir der Pater von seinen Schützlingen, und tagelang blätterte ich in den Büchern seiner Bibliothek. Was für ein Jammer, daß ich nicht einige Jahre früher gekommen war! Damals hauste auf einem abweisenden Berg noch ein gefürchteter Zauberer.

Heute sind die alten Trachten verschwunden. Auch die Sprache der Tsou wird bald vergessen sein. Vielleicht ist das kein großer Verlust, denn die Tsou scheinen keine wortgewaltigen Dichter gewesen zu sein, sie machen nicht viele Worte.

Im Unterspielen jedoch sind sie unübertroffen. So beschreiben sie eine blutige Auseinandersetzung mit Chinesen, bei der sie viele Köpfe erbeuteten: „Wir waren anderer Meinung, als die Bauern aus der Ebene. Wir sagten unsere Meinung. Die Chinesen sagten ihre Meinung. Dann wurden die Chinesen weniger. Wir kehrten in die Berge zurück."

Ein Kriegsbericht, wie man ihn wortkarger und unblutiger kaum abfassen kann. Wieder bedauerte ich, daß es fünf vor zwölf war.

„Fahren Sie nach Süden", riet der Pater. „Dort finden Sie noch Völker und Kulturen, die nichts vom zwanzigsten Jahrhundert mit seinen Atombomben und seinem Coca-Cola wissen. Aber beeilen Sie sich. Sonst kommen Sie zu spät."

Er blätterte in einem Buch: „Hören Sie, was Claude Lévi-Strauss, der vielleicht bedeutendste lebende Anthropologe, schreibt: ‚Jede Gesellschaftsform, jede Religion, jede Lebensart ist das Ergebnis eines Experimentes, dessen Vorbereitung und Durchführung Tausende Jahre gebraucht hat und daher durch nichts ersetzt werden kann. Stirbt ein Volk aus, so schließt sich ein Tor für immer und trennt uns von einem Wissen, das in seiner Art einzig ist.'"   *Aus: Herbert Tichy, Honig vom Binungabaum*

Überdenken sie das Zitat von Lévi-Strauss im letzten Absatz des Textes.
Sprechen Sie über das Problem der untergehenden Kulturen.

VIII. „Reisen wir . . ."

Reisen wir
Aber wohin
frage ich
Heimwärts
Aber wo ist das
frage ich
Innen
sagt die Stimme
Doris Mühringer

Zur rechten Zeit am rechten Ort der rechte Mann

Bis Kapstadt war es eine Schönwetterreise gewesen. Aber als man die Tafelbai mit südlichem Kurs verlassen hatte, wurde es bereits nach wenigen Tagen ernst: Die Expedition begann. Der Wind frischte immer mehr auf und wurde von Tag zu Tag kälter. Nebel setzte ein, Treibeis zeigte sich, schloß sich zu Feldern zusammen, vor denen man ausweichen mußte. Trotzdem behielt der Kapitän hartnäckig den Südkurs bei. Da begann selbst den Dickfelligsten an Bord zu dämmern, daß dieser zweiten Expedition des Kapitän Cook eine besonders wichtige Aufgabe zugedacht sein mußte: „Denn so stur wie diesmal war der Jimmy ja noch nie", hieß es halb unwillig, halb respektvoll im Mannschaftslogis. Die Aufgabe war aber eigentlich die gleiche wie bei Cooks erster Reise (1769–1771): Es ging um die Antwort auf „eine Frage, die derzeit die gebildete Welt in ungewöhnlicher Weise beschäftigte. Gibt es am Südpol der Erde einen großen Kontinent, oder gibt es ihn nicht?"

Cook meinte zwar, er habe dieser Frage durch seine Erkundung Neuseelands (1770) bereits die Faszination genommen. Aber inzwischen hatten spanische Offiziere angeblich „durch ausführliche Karten und Skizzen der Aurora-Inseln belegt: Es gibt weit südlich der Malwinen-(Falkland-)Inseln Land. Die Spanier waren darüber hinaus auch sicher, sie hätten westlich des von Bouvet entdeckten Landes Küsten gesichtet, bei denen es sich um den weit nach Norden vorgeschobenen vergletscherten Landvorsprung eines Erdteils handeln müsse".

Cook hielt dies alles zwar für Seemannsgarn. Aber die Herren der Regierung, der Marineleitung und der Gesellschaft der Wissenschaften nahmen es offenbar ernst – so ernst, daß sie sich davon beunruhigen ließen. Denn dies, so hatte sich der Ozeanograph Dalrymple als Mann der Wissenschaft mit aller Autorität vernehmen lassen, „dies eröffnet für die englische Schiffahrt nach Ostindien bedrohliche Aussichten, wenn man nicht rechtzeitig erkundet, ob und wo England dort einen Riegel vorschieben könnte". Zum Glück habe man „zur rechten Zeit am rechten Ort den rechten Mann zu Hand": den Kapitän James Cook, der „gewiß darauf brennt, über jene noch unerforschten Regionen am Südpol zum Besten der Wissenschaft wünschenswerte Klarheit zu schaffen".

Hierin zumindest stimmte Cook seinem alten Widersacher Dalrymple zu, und so bekam er nicht nur das Kommando, sondern dank Dalrymples Einfluß bei der Admiralität auch all das bewilligt, was er für erforderlich hielt, um eine solche Expedition ins Unbekannte so sicher als nur irgend möglich durchzuführen. Als die aus zwei Schiffen bestehende Expedition im Juli 1772 in See ging, „hatte sie nicht nur die besten Offiziere und die beste Mannschaft, die England aufzubieten vermochte, sondern auch Dauerproviant für vier Jahre, dazu ungezählte Fässer Sauerkraut, Malzextrakt und Orangensirup, um den Skorbut zu verhüten, und Kisten voll Brüh-pasten-Tafeln an Bord, die so rochen und aussahen wie Tischlerleim, aber die faden Wildgemüse schmackhaft machen sollten, die Cooks Köche bei jeder Landung auf den Tisch zu bringen hatten . . . Außerdem gab es ganz unten im Schiffsraum Bunker voll Steinkohle und auch eine Kammer voll warmer Kleidung, um der Polarkälte zu wehren . . . Noch nie waren an das Wohlergehen einer Schiffsmannschaft so viele sorgliche Gedanken verschwendet worden".

Aber diese Vorsorge bestand ihre erste Bewährungsprobe, als südlich Kapstadts, auf der Suche nach der Bouvet-Insel und dem Aurora-Land, die Tage immer eisiger wurden und die Eisberge in Geschwadern immer näher heranrückten. Zudem schien der Kapitän alle Gefahren, die von jedem Wetterumschlag drohten, schon im Ansatz zu wittern. Aber die Offiziere, durch das Beispiel des „Alten" zu äußerster Disziplin gezwungen, atmeten auf, als sie der Kapitän am 17. März 1773 mit dürren Worten endlich wissen ließ: „Der Eisfelder wegen gelingt es uns offensichtlich nicht, über 67 Grad Breite vorzudringen. Außerdem ist der Südsommer bald vorüber. Ich halte es deshalb nicht für ratsam, hier noch weiter zu verweilen. Wir nehmen Kurs auf Neuseeland".

Er zog seine Expedition nur zu neuem Anlauf zurück. Dies freilich offenbarte er seiner Mannschaft erst, nachdem sie sich während einiger zwar auch nicht untätiger, aber doch behaglicher Südsee-Monate von den Schrecken der kalten Antarktis erholt hatte.

Diesmal erfolgt der Vorstoß nach Süden von Neuseeland aus. Am 12. Dezember 1773 stellt der Kapitän befriedigt fest, daß der erste Eisberg weit südlicher als vor einem Jahr in Sicht kommt. Doch schon drei Tage später muß sich das Schiff bereits wieder nach Norden zurückziehen – zum Schrecken der Mannschaft und namentlich der Gelehrten an Bord, „nicht ohne zuvor einige heftige Stöße von Eisschollen empfangen zu haben, die sich bei aller Sorgfalt nicht vermeiden ließen". Außerdem wurde die Sicht schlecht – gerade, als eine Flotte von Eisbergen heranrückte: „Einen hätten wir fast angerannt, und dann hätte über diesen Vorfall wahrscheinlich niemand mehr berichten können."

Denn Cooks „Resolution" ist inzwischen allein. Das Schwesterschiff „Adventure" ist beim ersten Rückzug aus der Antarktis außer Sicht gekommen und seitdem nicht wieder gesehen worden. Man weiß nur, es hat Neuseeland erreicht. An Bord war danach eine leise Hoffnung rege geworden, Cook werde auf weitere Vorstöße ins

Südpolarmeer verzichten: „Aber da kannten sie ihn schlecht . . . Zwischen schwimmenden Eisbergen wurde Weihnachten gefeiert, unter einem frostigen Himmel, über den das Südlicht farbig flackernde Girlanden warf . . .Die Kälte war fast unerträglich. Schnee und Hagel froren am Tauwerk fest. Taue wurden zu Drahtseilen, Segel zu Metallplatten."

Aber deswegen nach Osten ausweichen, wo die See vermutlich freier, das Wetter milder ist? Die Offiziere schlugen es behutsam vor. Aber Cook lehnte ab: „Nach Osten? Aber dann müßten wir ja einen gewaltigen Teil des Südpolarmeers – etwa 20 Längengrade! – unerforscht lassen." Also wird wieder Kurs nach Süden eingeschlagen, sobald das Wetter sichtiger, das Treibeis lockerer wird, und am 26. Januar 1774 heißt es im Logbuch: „Überschritten auf 109° 31′ westl. Länge den Südpolarkreis zum drittenmal."

Am 30. Januar zählt der Ausguck nicht weniger als 97 Eisberge innerhalb eines Treibeisfeldes, dessen Grenzen sich nicht ausmachen lassen. Jeder an Bord ist überzeugt: Hier gibt es kein Durchkommen nach Süden. Jeder? Kapitän Cook notiert an diesem Tag: „Ich meine, hinter dem Eis muß Land liegen." Und deshalb zögert er noch einen, noch zwei, noch drei Tage – immer in der Hoffnung, daß sich das Eisfeld öffnen und einen Zugang zu dem Land dort im Süden, um den Pol herum gewähren wird. Denn für ihn steht fest: Dort muß Land sein!

Als sie die Hoffnung schon fahren lassen wollen, Cook werde seinen hartnäckigen Ansturm auf die Eisfestung „Südland" jemals abblasen, hat der „Alte" dann endlich doch ein Einsehen. Unbewegten Gesichtes erklärt er ihnen, er hätte Für und Wider der Möglichkeit erwogen, an das Land jenseits des Polarkreises heranzukommen: „Jetzt bedarf es wohl keiner Erörterung mehr, um zu begründen, weshalb ich wenden lasse und nach Norden zurückgehe . . . Schiff und Mannschaft noch länger den Gefahren des Südpolarmeers auszusetzen, wäre nicht zu verantworten."

Seine Mitarbeiter täuschten sich jedoch, wenn sie glaubten: Nun ist das Antarktis-Abenteuer endlich überstanden. Auf der Heimreise um Kap Hoorn herum gab Cook am 26. Januar 1775 „den Befehl, abermals nach Süden zu gehen . . . Wir hielten diesen Kurs bis 27. Januar mittags und befanden uns nun auf dem 60° südlicher Breite . . . Am 1. Februar bekamen wir eine neue Küste in Sicht. Das ganze Land war von den Bergspitzen bis hinab zur Küste tief mit Schnee bedeckt".

Ein Kontinent-Teil? Wieder nur eine Inselgruppe? Cook entschied sich für dies letzte und behielt damit, wie sich später erwies, auch diesmal recht. Er verzichtete danach darauf, weiter nach dem Südpolarkontinent zu suchen, der „so vom Eis besetzt ist, daß das Land dahinter für immer unzugänglich bleiben wird".

Er aber, der unermüdliche Kapitän James Cook, erlaubt sich jetzt zum ersten Mal im Verlauf dieser langen strapaziösen Expedition das Eingeständnis, daß auch er müde ist – „müde dieser hohen südlichen Breiten, in denen außer Eis und dichtem Nebel doch nichts zu finden ist, was der Beachtung wert sein könnte . . . Ich hatte das südliche Meer in so hoher Breite erkundet, daß . . . der Zweck meiner Reise erfüllt sein dürfte . . . Schiff und Mannschaft länger, als für meinen Auftrag erforderlich, den Gefahren, Mühen und Entbehrungen dieses Meeres auszusetzen, wäre grausam gewesen . . . Nach drei Vorstößen über den Polarkreis würde niemand mir vorwerfen können, ich hätte es an Tatkraft und Urteilsfähigkeit fehlen lassen . . . Guten Gewissens nahm ich deshalb von der Suche nach weiteren Entdeckungen im Südmeer Abstand . . .“

Er hatte zur rechten Zeit am rechten Ort als „Vermesser des Unbekannten“ das Seine getan und damit aufs neue bewiesen, was ihn vor allem auszeichnete: das Genie der Pflichttreue.

Aus: Karl Lütgen, Die Großen der Welt

James Cook, 1728 als Sohn eines Landarbeiters geboren, ging als Vierzehnjähriger zur See, er diente „von der Pike auf“, erwarb sich durch Selbststudium große Kenntnisse als Forscher und bekam 1768 sein erstes Schiff, er erforschte Neuseeland und das Südpolarmeer, entdeckte die Ostküste Australiens und zuletzt die Hawaii-Inseln, wo er 1779 von Eingeborenen erschlagen wurde.

Bilder aus dem Reich der Inkas

Die schlimmste Untat, die im Inkaland einer auf sich laden konnte, war Verschwörung. Als ein Verschwörer galt bereits, wer zweifelte, ob die Inkas Sonnensöhne seien. In solchen Fällen überließ der Inka[1]) es dem Himmel, den Schuldigen zu richten. Er wurde in ein Verlies geworfen, das er zwei Tage und zwei Nächte mit Schlangen und mit Jaguaren teilen mußte. War der Verschwörer am Morgen des dritten Tages noch am Leben, so war er frei. Doch kein Erbarmen gab es für den, der sich mit einer Sonnenjungfrau einließ. Er wurde ausgetilgt samt seiner Sippe. Wer Brücken oder Vorratshäuser beschädigte, Fruchtbäume umschlug oder Lamas tötete, der war des Todes schuldig. Wer dagegen bei Mundraub ergriffen wurde, bekam zu seinem Feld noch Land dazu, um seinem Hunger abzuhelfen, jeder sollte bekommen, was er zum Leben nötig hatte. Aus diesem Grunde war auch das Verbot erlassen, Mais zu schälen, und die Verordnung sagte: Wenn jene, die das machen, Verstand besäßen, würden sie weinen, wenn sie die Körner schälen; denn sie betrügen sich. – Der Inka sorgte nicht nur für sein Volk. Er schützte auch die Tiere in seinem Reich, besonders Guanacos[2]) und Vicuñas[3]). Alle vier Jahre wurde in jeder Gegend eine Treibjagd abgehalten, bei der sich bis zu zwanzigtausend Indianer an den Händen faßten. Die Guanacos wurden zum Teil erlegt, die Vicuñas aber wieder freigelassen, nachdem sie ihre Wolle hergegeben hatten. Aus Vicuñawolle wurden für den Inka und den Adel Kleider und Decken angefertigt, leicht und glatt wie Seide. Wer heimlich ein Vicuña tötete oder Vicuñawolle für sich nahm, wurde unter einen Steinblock gestellt, den man auf seine Schultern fallen ließ. Auch dabei sollte der Himmel seine Hand im Spiele haben.

Wenn es Zeit wird, die Äcker zu bestellen, dann kommt zuerst das Feld des Sonnengottes an die Reihe. Der Inka nimmt den Grabstock in die Hand. Er steht in einer Reihe mit dem Puric. Die Arbeit ist für ihn ein Fest. In seiner roten Borla stecken Blumen. Im Takt der heiligen Lieder brechen die Pflüger die Erde auf, singend streuen die Frauen die Saat.

[1]) Gottkönig
[2]) Hochgebirgskamel ohne Höcker. Wildform des Lamas.
[3]) Sehr kleine Lamaart; liefert die kostbarste Wolle.

Die Männer singen:

Ayau hailli, ayau hailli!
Kapai Inti, Apu Yaya,
Kaway kuri, samay kuri!
Große Sonne, mächtiger Vater,
Weck die Saaten, laß sie wachsen!

Die Frauen antworten:

Hailli, Pachamama, hailli!
Hailli, o Erdmutter, hailli!

Im Auftrag der Sonne wird das Land bebaut, im Einverständnis mit der Mutter Erde. Ohne diese beiden kann nichts gedeihen. Die Sonne hat das Jahr so eingerichtet, daß es nicht besser sein kann. In seiner Mitte steht das Sonnenfest, das Inti-Raymi. Den Jahresanfang macht das Fest des Inka. Jeder Monat ist nach einem Fest benannt. Auf Capac-Raymi folgen Kleine und Große Reife, Blumengewand, Tanz der jungen Maiskolben, Erntegesang, Sonnenfest, Irdische und Große Läuterung, Fest der Sonne, Wasserfest und Zug der Toten. Beim Einsetzen der Regenzeit wurde ein Fest gefeiert, um alle Krankheiten zu vertreiben. Die Kranken und die Fremden wurden für einen Tag der Stadt verwiesen. Die Gesunden rieben ihr Gesicht mit Maisbrei ein, zündeten Fackeln an und schwenkten Waffen, als sollten unsichtbare Feinde in die Flucht geschlagen werden. Die Mäntel wurden über Bächen ausgeschüttelt, die Wellen nahmen alles Unheil mit; denn nach dem Inkawillen sollte es nichts Dunkles auf der Erde geben. So hörte es der Puric von den Priestern. Die höchsten Priester waren zugleich Astronomen. Am Tag der Sonnenwende banden sie die Sonne an Pfeiler aus gewachsenem Fels. Die Priester kannten den Kalender, Tag- und Nachtgleiche war für sie kein Geheimnis. Sie wußten im voraus den Mittag, an dem der Pfeiler keinen Schatten wirft. In Quito, einer Stadt nahe dem Äquator, „saß dann der Gott mit seinem ganzen Lichte auf der Säule". Die Sonne trieb die Finsternis vom Himmel fort, der Inka von der Erde. Sonne und Inka waren eins. Beim Tode hörte er nicht auf, bei seinem Volk zu sein. Er nahm auch künftig an allen Festen teil – als Inkamumie, die in der Inkasprache Malqui hieß: fruchttragender Baum. Beim Sonnenfest saßen die Malqui neben dem lebendigen Inka auf Felsthronen und nahmen an den Opfern teil. Sie wachten darüber, daß im Inkareich alles so geschah, wie es der Sonnengott erwartete.

Aus: Hans Baumann, Das Gold der Götter

Was haben Sie schon über Frühkulturen gelesen?

Sprechen Sie über die Lebenseinstellung der Inkas.

Worin könnten Inkas uns Menschen des 20. Jahrhunderts ein Vorbild sein?

Wenn er kein Pech hat, kann ein tüchtiger, junger und gewandter Vagabund trotz aller Versuche des Zugpersonals, ihn zu „schmeißen", an einem Zug hängen, vorausgesetzt natürlich, daß es Nacht ist. Das ist unbedingt erforderlich.

Als ein kennzeichnendes Beispiel, wie ein gewandter Vagabund „anhängen" kann, möchte ich folgende Begebenheit erzählen: Ich war in Ottawa und wollte mit der Kanada-Pazifik-Bahn nach dem Westen. Eine Fahrt von dreitausend Meilen lag vor mir; es war Herbst, und ich mußte über die Rocky Mountains. Kaltes Wetter war zu erwarten, und der geringste Aufschub hätte die Reise nur noch kälter und beschwerlicher gemacht.

Wenn man sich an einen Überlandzug „anhängen" will, muß man an den Haltestellen immer ziemlich weit vorauslaufen. Der Zug fährt an. Die Hälfte der Wagen ist schon vorbei, und der Zug fährt ziemlich schnell, als ich aufspringe. Ich weiß, daß die beiden Bremser und der Schaffner in zwei Sekunden wie rasende Wölfe über mich herfallen werden. Ich springe auf die Handbremse, fasse die gewölbten Dachenden und bin im nächsten Augenblick auf dem „Deck", während meine enttäuschten Verfolger sich auf der Plattform zusammendrängen. Der Zug hält. Ich schleiche vorsichtig zu der Plattform, die der Bremser eben verlassen hat, klettere auf der anderen Seite des Zuges hinunter und verstecke mich im Dunkeln.

Aber jetzt ist das Personal draufgekommen, was ich vorhabe. Sie wollen mich „schmeißen" und setzen in voller Fahrt hinter mir her. Ich schlüpfe zwischen ihnen hindurch und gelange so zu den vordersten Wagen. Einer der Bremser ist mir beständig auf den Hacken. Na schön, ich will ihn tüchtig laufen lassen, denn ich bin glänzend in Form. O weh! Ich stolpere über einen kleinen Gegenstand und falle hin. Im nächsten Augenblick bin ich wieder auf den Beinen, aber schon hat der Bremser mich am Kragen und beginnt, mich nach dem Zuge zurückzuziehen. Als wir nahe genug sind, ruft er, daß er mich hat, und der Zug anfahren soll. Ich weiß ganz genau, was sie wollen. Er soll mich festhalten, bis die letzten Wagen uns erreicht haben, dann soll er aufspringen, und ich werde zurückgelassen – im Graben.

Aber der Zug fährt schnell, denn der Lokomotivführer muß die verlorene Zeit wieder einholen. Die Sache ist nicht so einfach, und ich weiß, daß der Bremser die Schnelligkeit des Zuges mit Besorgnis mißt.

„Glaubst du, daß du's schaffen kannst?" frage ich unschuldig. Er läßt meinen Kragen los, springt auf und ist auf dem Zuge. Es fehlen noch mehrere Wagen. Das weiß er, und so bleibt er auf dem Trittbrett stehen, streckt den Kopf vor und sieht nach mir aus. In diesem Augenblick wird mir klar, was ich jetzt zu tun habe. Ich will auf die hinterste Plattform springen. Ich weiß, daß der Zug immer schneller und schneller fährt, aber wenn es schiefgeht, kann ich nur in den Dreck geworfen werden, und ich besitze den ganzen Optimismus der Jugend. Nicht mit einer Miene verrate ich, was ich im Sinn habe. Mutlos und mit hängenden Schultern stehe ich da und zeige, daß ich jede Hoffnung aufgegeben habe. Aber gleichzeitig untersuche ich mit dem Fuß den Kies. Er gibt einen ausgezeichneten Halt. Jetzt zieht der Bremser den Kopf zurück. Er ist ganz sicher, daß der Zug zu schnell fährt, als daß ich ihn noch erwischen könnte.

Und der Zug fährt wirklich schnell – schneller als je ein Zug, auf den ich es abgesehen hatte. Als der letzte Wagen vorbeifährt, laufe ich in der Fahrtrichtung mit. Ich kann nicht hoffen, dieselbe Geschwindigkeit wie der Zug zu erreichen, aber ich kann den Unterschied zwischen meiner und seiner Schnelligkeit auf ein Mindestmaß bringen und den Stoß, wenn ich das Trittbrett erreiche, dadurch weniger fühlbar machen. In dem flüchtigen Augenblick kann ich das Geländer der hintersten Plattform in der Dunkelheit nicht sehen; ich habe auch keine Zeit, mich zu unterrichten. Ich packe aufs Geratewohl zu, und im selben Augenblick verlieren meine Füße den Boden. Es ist der reine Glückstreffer. Im nächsten Augenblick könnte ich mit gebrochenen Rippen, gebrochenen Armen oder zerschmetterter Hirnschale über den Kies rollen. Aber meine Finger umklammern das Geländer, ein Ruck in meinem Arm, ich werde herumgeschleudert, und meine Füße landen mit einer starken Erschütterung auf dem Trittbrett. Ich setze mich nieder und bin sehr stolz. In meiner ganzen Vagabundenzeit ist dies das beste Stück Arbeit, das ich im Aufspringen auf einen Zug je geleistet habe.

Aus: Jack London, Abenteuer des Schienenstrangs

Wo haben Sie beobachtet, daß Jugendliche leichtsinnig mit ihrem Leben umgehen?

Wissen Sie Beispiele für den tödlichen Ausgang solchen Leichtsinns?

Denken Sie nach, was manche Jugendliche dazu veranlaßt, mit ihrem eigenen Leben und mit dem Leben anderer zu spielen, und sprechen Sie darüber.

Asok: Allein dem Himalaja entgegen

Ein böses Fieber schüttelte Asok, als er erwachte. Der Tag war noch nicht angebrochen. Er war bis in die späte Nacht gelaufen. Die Angst vor den Soldaten hatte ihn vorwärts getrieben auf der Straße, die von Siliguri nach Norden gegen den Himalaja führt.

Er erhob sich mühsam, sah sich um.

Und wieder packte ihn die Angst. Entsetzt schlug er die Hände vor die Augen. Nicht weit vor ihm stieg aus dem flachen Land wie eine ungeheure Mauer das Vorgebirge zu den Himalajabergen auf.

Das Grauen, das schon Jahrtausende vor ihm die Menschen erfaßt hatte, die aus der Ebene kamen und zum erstenmal die Berge sahen, das Grauen packte auch ihn.

Geschichten der Mutter fielen ihm ein. Ja, ja, das war es wohl! Dort war die Welt zu Ende. Dort oben mußte das Haus der Götter stehen.

Vorsichtig nahm er die Hände von den Augen. Im hellen Licht der Sonne, die jetzt aufging, schien die Wand weit weggerückt, nicht mehr so drohend.

Er wagte trotzdem nicht, den Bergen zuzugehen, er lief zurück nach Süden. Aber nach wenigen Schritten kamen ihm die Soldaten in den Sinn. Unschlüssig sah er sich um. War dort nicht ein Karrenweg, der von der Straße seitlich einbog? Er schlug ihn ein, lief ihn entlang.

Was war dort vorne? Grüne Büsche, wie er sie nie zuvor gesehen, so hoch wie er, einer neben dem andern, in langen Reihen, und so viele, daß er nicht sehen konnte, wo sie aufhörten. Der Weg bog um die Büsche, und dort standen Häuser. Fieberschauer schüttelten Asok wieder. Er wankte auf die Häuser zu.

Die grünen Büsche und die Häuser gehörten zu einer Teeplantage. Es war kein Mensch zu sehen, kein Laut zu hören. Die Türen der Häuser waren aufgebrochen, Hausrat lag davor. Zerbrochene Töpfe, Wasserkrüge, zerrissene Kleidungsstücke.

All dies, auch die Zerstörung in den Häusern, nahm Asok nicht mehr wahr. Das Fieber hatte seine Sinne ausgeschaltet, als er bewußtlos in die ausgestreckten Arme der alten Durga fiel.

Durga war die älteste Frau dieser Teeplantage, die einem reichen Ingelsmann gehörte.

Teeplantagen gehörten immer nur reichen Leuten. Kein Bauer im großen Lande Indien hat eine Teeplantage. Keiner hat so viel Land, wie dazu nötig ist. Keiner so viel Geld, um eine Teeplantage anzulegen. Hunderttausend Pflanzen muß man setzen und drei Jahre pflegen, ehe die erste Ernte kommt. Hunderte Arbeiter hacken den Boden, halten ihn unkrautrein, bewässern ihn. Hunderte Frauen pflücken dann die zarten grünen Blätter, immer nur zwei bis drei von jedem Zweig. In große Bottiche mit heißem Wasser müssen die frisch gepflückten Blätter, damit ihr herber Gerbstoff ausgelaugt wird. Im Schatten unter langen Dächern, auf luftigen Stellagen, müssen sie getrocknet werden.

Nur reiche Leute besitzen Teeplantagen, der Bauer nicht.

Die alte Durga war als Kind mit ihren Eltern hergekommen und hatte vierzig Jahre hier gearbeitet, gelebt. Mit vierzig Jahren ist die Frau in Indien alt, sehr alt. Nicht viele Frauen werden vierzig Jahre.

Als sie zwölf war, gab ihr der Vater einen Mann. Durga schenkte ihrem Mann achtzehn Kinder, sechs starben bald nach der Geburt. Die anderen wurden groß und arbeiteten auf der Plantage.

Dreißig Familien gleich ihr lebten auf der Plantage. Ihr Lohn war gering, doch lebten sie in mancher Hinsicht besser als viele andere Arbeitsleute. Sie wohnten in festen Häusern, konnten sich Ziegen und Hühner halten, hatten frisches Wasser und immer Tee.

Die alte Durga war der gute Geist ihrer Familie. Sie liebte ihren Mann und ihre Kinder. Acht Söhne und vier Töchter hatte sie. Die alte Durga war auch die gute Mutter der Plantage, alle liebten sie, besonders die vielen Kinder der anderen Familien. Für alle hatte sie ein Wort und einen Rat.

Die Menschen dieser Teeplantage lebten auf ihre Art froh und zufrieden. Dann kam der Bürgerkrieg.

Wenige Meilen östlich von Siliguri entstand der Moslemstaat Ost-Pakistan. Das alte Land Bengalen wurde geteilt. Die Grenzen lagen noch nicht fest. Fanatisierte Banden wollten mehr Land erobern.

Still und friedlich war die Nacht, und ruhig schlummerten die Menschen der Plantage.

Durga konnte nicht schlafen. Wie schon so oft, saß sie nachts vor dem Hause und sah hinüber zu den Bergen.

Ein Zicklein, aus dem Gehege entkommen, lief vorbei, der Pflanzung zu. Das duldete der Verwalter der Plantage nicht.

Durga lief dem Zicklein nach. Sie konnte es jedoch nicht fangen und lief immer weiter und tiefer in die Pflanzungen hinein.

Da fielen Schüsse. Dann war entsetzliches Geschrei zu hören.

Durga hastete zurück. Ihr Herz schlug wild. Sie betete. Endlich – als sie den Häusern näher kam, war es ganz still geworden, unheimlich still.

In ihrem Hause lag ihr jüngster Sohn mit eingeschlagenem Schädel. Der wenige Hausrat in der Stube war verwüstet, die Götter des Hausaltars waren zertrümmert und besudelt.

Sie rannte von einem Haus zum andern. Das gleiche wüste Bild. Fünf Tote fand sie. Kein Lebender in dreißig Häusern, man hatte alle fortgetrieben.

Die heilige Pflicht, die Toten zu versorgen, hielt Durga noch aufrecht. Sie schleppte Holz vom Kesselhaus herbei, sorgfältig baute sie den Scheiterhaufen, wusch die Toten, bekränzte sie mit Blumen. Unbeweglich saß sie dann vor den Flammen. Doch als die letzte Glut zusammenfiel, erhob sie sich den Bergen zu, breitete ihre Arme aus und rief: „He, ihr Götter dort oben in eurem großen Haus, schlaft ihr, daß ihr nicht sehen könnt, was hier geschehen ist? Der wilde Tiger aus euren Bergen mied den Ort des Friedens, der hier war! Der wilde Tiger mordet nur, wenn ihn der Hunger plagt! Hier aber mordete der Mensch in eurem Namen! Duldet ihr das? Kämpft ihr wider einander? Allah gegen Shiwa, gegen Buddha? Unselige Männer seid ihr, die kämpfen müssen! Wo aber ist Maramma, die Muttergottheit? Hat sie so lange nicht mehr geboren, daß sie vergessen hat, wie einer Mutter ist, der man die Kinder mordet? Hört ihr, ihr Götter, ich frevle! Schleudert die Berge auf mich! Zermalmt mich! Hört ihr! Warum laßt ihr mich einsam weiterleben?"

Erhaben standen die Berge.

Sie schlich von einem Haus zum andern, rief Namen, spähte nach allen Seiten, hoffte auf Antwort, erhoffte Rückkehr ihrer Lieben. Unheimlich blieb die Stille. Unheimlich blieb die Einsamkeit. Nach Tagen drohte sie dem Wahnsinn zu verfallen; da taumelt ein fremdes Kind in ihre ausgestreckten Arme. Sie hebt das Kind an ihre Brust und wendet sich den Bergen zu. Tränen rinnen über ihre Wangen: „Habt Dank, ihr Götter, daß ihr mir dieses Kind geschickt habt!"

Sie sagt es immer wieder: „Götter, vergeßt, was ich zuvor gesagt habe, ich bin ja nur ein altes, dummes Weib! Verzeiht! Habt Dank!"

Sie trägt das Kind ins Haus, bereitet ihm ein Lager, flößt ihm den besten Tee ein. Sie macht die Stube sauber und redet unaufhörlich:

„Wunderlich ist ein Mutterherz", erzählt sie dem kranken Kinde, „mein Leid war riesengroß, noch immer ist es riesengroß, mein Leid, doch seit ich dich hier habe, kann ich es ertragen!"

Asok war schlimm dran. Die Monate im Kinderheim hatten ihn verweichlicht. Die Tage nachher aber auf der Flucht und erst die Zeit bei Tulsi hatten ihn um so schrecklicher hergenommen. Das Fieber tobte in seinem ausgezehrten Körper.

So manche Stunde bangte Durga um ihn. Doch sie erkämpfte ihm das Leben. Sie wußte um Wunderkräfte der Natur. Sie legte ihm gepreßte Kräuter auf Brust und

Stirn, wickelte ihn in saftgetränkte Tücher, flößte ihm Tee ein. Allmählich bannte sie das Fieber aus seinem Körper.

Draußen im Lande war es inzwischen ruhiger geworden. Die Bandenüberfälle hatten aufgehört. Aber Not und Elend waren unbeschreiblich. Hunger und Seuchen rafften zwei Millionen Menschen hinweg, und zehn Millionen Menschen waren heimatlos geworden.

In dieser Zeit erschien Sen Gupta in der Teeplantage. Er kam im Auto mit Chauffeur. Nach ihm trafen im Lastkraftwagen Arbeitsleute ein.

Aus dem Sumpf der Kriege und Krisenzeiten steigt eine üble Sorte Mensch auf: Schieber, Schleichhändler, Kriegsgewinnler, die mit der Not der anderen Geschäfte machen. Sie wissen, daß Menschen, die hungern, den letzten Goldring, den letzten Schmuck für eine Handvoll Reis, ein Stückchen Brot hergeben. Während die anderen bestrebt sind, Zerstörtes wieder aufzubauen und trotz Kälte, Hitze, Hunger den Gang der Ordnung wiederherzustellen, dauert ihnen die Not nie zu lange.

Einer der vielen dieser Zeit war auch Sen Gupta.

Noch vor drei Jahren war er ein kleiner Händler in Kalkutta gewesen. Er witterte die Krise. Er kaufte schlechten Reis auf, verdorbenes Öl aus den Beständen der Kolonialsoldaten, die das Land verließen. Er füllte Lager um Lager und wartete.

Dann kam der Bürgerkrieg. Die Bahnen standen still, Transporte stockten, und die Versorgung der Riesenstädte brach zusammen. Die Händler im weiten Umkreis sperrten ihre Läden, sie hatten nichts mehr zu verkaufen.

Sen Gupta hatte. Und er verkaufte zum Hundert-, zum Tausendfachen des Einkaufspreises. Er verkaufte seinen Reis und sein Öl gegen Werte, die wieder hundert- und tausendfach Gewinn versprachen: Gold, Land, Häuser, Menschen. Ja, auch Menschen. Denn was tut der Mann, dem die Familie, was tut die Mutter, der das Kind auf dem Arm verhungert? Sie verkaufen sich als Sklaven.

Sen Gupta erhandelte nur, was tausendfach Gewinn versprach. Auch Teeplantagen.

Sir Eldridge war der Besitzer der Teeplantage. Er lebte in London. Er kam nicht oft nach Indien, und wenn er kam, dann nur zur Tigerjagd. Hätte man ihn danach gefragt, er hätte nicht sagen können, wie groß die Teeplantage war, wie viele Arbeiter beschäftigt waren und wie die Arbeit vor sich ging. Wozu hatte er den Verwalter. Er wußte nur, daß die Plantage jährlich achtzigtausend Pfund abwarf. Es war bester Darjeeling-Tee.

Sir Eldridge war erschrocken über den Bürgerkrieg. Er fürchtete die Zerstörung der Plantage und gab seiner Bank den Auftrag, zu verkaufen. Banken verwalten und verwahren Gelder. Sie fragen ihre Kunden nicht, wie sie das Geld erworben haben. Banken kümmert nicht das Schicksal, das Kauf und Verkauf für Menschen mit sich bringt. Banken tätigen nur Geschäfte.

So kam es, daß Sen Gupta die Teeplantage kaufte und dort erschien. Er kam mit einer Gruppe seiner Arbeitskulis.

Der Lastkraftwagen stand kaum still, da schrie Sen Gupta schon: „Herunter mit euch und zugepackt! Oder glaubt ihr, ich verschwende teuren Reis für faule Büffel? He!"

Der Lärm und das Geschrei lockten die alte Durga und Asok an.

Sen Gupta erblickte sie und rief: „He, Alte mit dem Balg, was treibt ihr hier?"

Durga verneigte sich tief: „Babu, großer Herr, ich bin die letzte von allen Menschen, die hier waren."

„He, die letzte bist du? Dann mach, daß du bald fortkommst! Die Häuser und die Plantagen gehören mir!"

Durga erschrak: „O Babu, ich habe vierzig Jahre hier gelebt, schick mich nicht fort, nimm mich in deinen Dienst, es wird dich niemals reuen, Babu!"

„Haha, beim Leben meiner Eltern, hat man so etwas schon gehört? Glaubst du, ich gebe guten Reis an alte Weiber und schwache Kinder? Haha!"

„Babu, laß mich hier, die Götter dort oben auf den Bergen werden dich segnen!"

„Beim Leben meiner Eltern, die Götter haben mich gesegnet, denn wenn ich bete, bete ich; wenn ich Geschäfte mache, mache ich nur Geschäfte! Fort, Alte, fort! Unnütze Esser bringen keinen Segen!"

„Die Götter werden ihren Segen von dir nehmen, du Mann mit der Hyänenseele!"

Sen Gupta brüllte seine Männer an: „He, he, ihr Hundeschwänze, was steht ihr da herum und gafft! Jagt diese Alte und den Balg von der Plantage!"

Den Männern tat die Alte leid, aber sie aßen Sen Guptas Reis und gehorchten.

Die Sonne zeigte schon des Tages Ende an.

Durga und Asok wanderten den Bergen zu.

Asok führte die alte Durga an der Hand.

Die alte Durga war aus der Teeplantage noch nie herausgekommen, nicht einmal an die Straße. Jetzt war sie wie ein Kind. Alles, was sie sah, mußte Asok ihr erklären.

Sie wanderten die Straße gegen Kalimpong, die Stadt hoch oben in den Bergen.

Als Durga noch eine junge Frau war, war ihre jüngste Schwester an einen Mann aus Kalimpong gegeben worden. Durga hatte nie mehr von ihr gehört, doch hoffte sie, die letzte aus der Familie noch zu finden.

Immer tiefer ins Gebirge hinein wand sich die Straße. Immer höhere Berge tauchten auf. An ihren Hängen standen mächtige Bäume, die riesige Blüten trugen. Affen schnatterten in den Baumkronen. Klare Wasser rauschten hinunter in das Tal. Dann wieder zogen sich Meilen um Meilen Teeplantagen an den Hängen hin. Frauen und Mädchen in fremden Trachten pflückten die Blätter. Hier lebte Volk aus Nepal, Sikkim, Bhutan. Bergvolk mit anderen Sitten als das Volk der Ebene. Hier waren die Häuser fest aus Holz und Stein gebaut, die Menschen gastfreundlicher als in der Ebene.

Kam Asok an ein Haus – die alte Durga schämte sich, zu betteln –, dann faltete er die Hände und sprach: „O Hüterin des Hauses, willst du die Güte haben, zwei Hungrige zu speisen? Die Götter werden es dir tausendmal vergelten!"

Sie wurden selten abgewiesen. Sie bekamen Tee und Hirsebrot, und wenn sie gegen Abend kamen, lud man sie ein, die Nacht über zu bleiben.

Nach vielen Tagen erreichten sie Kalimpong, die Stadt hoch oben in den Bergen.

Durga fand ihre Schwester. Sie war nicht schwer zu finden, denn Kita Ram, ihr Mann, war weit und breit bekannt im Lande. Sein großes Haus mit seinem großen Hof stand am Basar.

Zu seinem Haus kamen die Pahari, die Männer aus den Tibetbergen. Sie kamen mit ihren Eseln, die große Packen Wolle trugen, Wolle der Schafe aus den Bergen.

Drei Wochen waren sie unterwegs, die Männer und die Esel, von ihren Dörfern nach Kalimpong. Im Hause Kita Rams gönnten sie sich und ihren Tieren ein paar Tage Ruhe, ehe sie, mit Reis und Zucker und Öl beladen, wieder in die Berge stiegen. Zum Hause Kita Rams kamen die Büffelkarren aus der Ebene, sie brachten Reis und Zucker und Öl und fuhren die Wolle aus den Bergen hinunter in die Städte in der Ebene. War es ein Wunder, wenn Kita Ram im Lande weit und breit bekannt war?

Die alte Durga wurde von ihrer Schwester gut aufgenommen. Aber es war, als ob die alte Durga nur gekommen wäre, um in den Armen der Schwester zu sterben. Wenige Tage nach ihrer Ankunft wurde sie krank, wenige Tage später war sie tot.

Asok war wieder allein. Zwar duldeten ihn Kita Ram und seine Frau im Haus, gaben ihm auch zu essen. Aber sie hatten für Kinder kein Verständnis, sie hatten keine eigenen. Sie waren auch vom frühen Morgen bis in die späte Nacht beschäftigt und kümmerten sich nicht weiter um Asok.

Er war meist bei den Eseln, die in der Umzäunung des Hofes standen.

Kehrten die Männer von Besorgungen aus der Stadt zurück, lagerten sie im Hofe. Und dann war Asok stets bei ihnen. Die Männer hatten es ihm angetan. Von wunderlichen Dingen sprachen sie, von Menschen auf der anderen Seite dieser Berge.

Und einmal konnte Asok seine Neugier nicht bezähmen und rief: „Ist denn die Welt dort hinten nicht zu Ende?"

Er schlug sich auf den Mund, denn es ist nicht schicklich, ungefragt zu reden. Aber die Männer aus den Bergen sahen ihn nicht strafend an, wie die Männer aus der Ebene es getan hätten. Sie lachten nur und sagten: „He, he, du brauner Quackfrosch, nein, die Welt ist nicht zu Ende hinter diesen Bergen. Das glauben nur die Leute da unten in der Ebene."

Einer der Männer scherzte: „Frag unsre Esel, die wissen das genau, denn die sind klüger als das Volk da unten."

Die anderen lachten, denn die Männer aus den Bergen verspotten das Volk der Ebene gerne.

Mahadev aber fand Gefallen an Asok, er sagte: „He, Frosch, komm her! Hör zu! Hinter den Bergen kommen höhere, und wenn du sieben Tage weiter gegen Norden gehst, noch höhere, gehst du aber zweimal sieben Tage, dann bist du bei den höchsten Bergen. Die sind ganz weiß von Eis und Schnee. Du weißt nicht, was das ist, du Sumpffrosch von da unten. Haha!

Von diesen Bergen siehst du in ein großes Land, dort wohnen Menschen mit gelber Haut und schmalen Augen. Auch hinter diesem Land ist noch kein Ende, denn da liegt ein anderes großes Land, dann kommt ein Wasser – und weiter weiß ich nicht, mein Sumpffrosch, aber auch dort ist noch kein Ende."

„Wo aber steht das Haus der Götter?" wollte Asok wissen.

Die Männer schwiegen lange, dann sagte Mahadev: „Das Haus der Götter, das kannst du niemals sehen, mein Kind, das Haus der Götter steht in deinem Herzen!"

Das konnte Asok nicht verstehen. Er verstand nur, daß die Männer anders glaubten als das Volk der Ebene.

Die Männer beteten auch anders. Morgens und abends drehten sie die Gebetsmühle und ließen Perlenschnüre durch die Finger gleiten.

Asok ließ diese Männer nicht aus den Augen. Merkwürdige Dinge taten sie. Sie gaben ein Klümpchen Butter in ihren Tee.

„He, he, du Frosch! Butter, das weißt du auch nicht, was das ist?"

„Wie soll er auch", lachte Mahadev, „die Kühe in der Ebene sind ja noch fauler als ihre Männer!"

„Füttern die heiligen Kühe auch nur mit trockenem Reisstroh", spottete einer.

Asok war stets um Mahadev herum.

„He, Kita Ram, was meinst du", sprach eines Tages Mahadev, „ich will, ehe ich mit den Männern zurück in unsere Berge gehe, hinüber nach Darjeeling. Du weißt, mein Bruder Prayin arbeitet an der Straße, auf der die Wagen fahren, die Rauch und Feuer spucken. Gib mir das Kerlchen mit, der Frosch ist klug, ich denke, mein Bruder Prayin kann ihn etwas lehren!"

Dagegen hatte Kita Ram nichts einzuwenden, er war recht froh über den Vorschlag.

Mahadev setzte Asok auf einen seiner Esel. Die Männer sagten: „Zwei Tage nach Darjeeling und zwei Tage wieder her; am fünften Tag brechen wir auf, denn länger können wir nicht warten. Du mußt zurück sein, Mahadev, der Paß ist sonst verschneit."

Sie zogen gegen Westen, noch höher in die Berge. Mahadev führte den Esel, auf dem ein glücklicher Asok saß.

Die Straße brachte sie durch Wälder, in denen ganz andere Bäume standen als in der Ebene. Die Straße führte sie durch Dörfer, dort saßen Männer, Frauen und Kinder vor den Häusern. Sie rieben kleine braune und grüne Steine an einem harten grauen Stein so lange, bis die grünen und braunen wunderbar glänzten. Andere Frauen und Kinder umflochten mit geschickten Händen die Steine mit haardünnem Silberdraht. Männer saßen vor Feuerchen, die in Tongefäßen brannten, und löteten das Geflecht zu Broschen und Ohrgehängen kunstvoll zurecht.

„Kanchenjunga-Stein vom Berg, den wir bald sehen werden", erklärte Mahadev.

In Ghoom am Buddhatempel erreichte die Straße ihre höchste Höhe.

Wäre Mahadev nicht bei ihm gewesen, die Angst hätte Asok wieder einmal gepackt. Ein ungeheurer, mächtiger Berg stand in der Ferne, er war so mächtig, daß es schien, als trüge er den Himmel. Er war weiß wie frischer Baumwollstoff. Staunen und Ehrfurcht erfüllten Asok.

„Kanchenjunga heißt er, der Mächtige", sagte Mahadev. „Nun komm, laß uns hier in den Tempel gehen!"

Neben der Straße, hart am Abgrund, stand der Tempel. Zierlich war er gebaut. Dort, wo der Berg jäh abfiel, standen an der Brüstung zwei Mönche in roten Kutten und bliesen in vier Meter lange Horntrompeten. Im Tempel hinter der Eingangspforte hing ein Riesengong. Zwei Mönche schlugen im Rhythmus mit langen Keulen auf ihn ein und ließen ihn weithin erdröhnen. Umhüllt vom Rauch und Duft zahlreicher Räucherstäbchen, lächelte der Silberbuddha.

Mahadev ließ sich auf die Knie nieder und neigte vor der Statue seine Stirn bis auf die Erde. Er zog ein Räucherstäbchen aus der Tasche, entzündete es und tat es zu den anderen. Dann brachte er sein Opfer dar. Er legte eine Handvoll Wolle, Wolle der

Schafe aus seinen Bergen, vor die Füße Buddhas. „Segne, o Großer, mein Opfer und wende alles Unheil von den Bergen!"

Sie gingen aus dem Tempel und wandten sich der Straße gegen Norden zu. Zu ihren Füßen lag an einem Hang der Berge die Stadt Darjeeling.

Aus: Gustav Urban, Die Stimme des Jogi

Schreiben Sie eine Nacherzählung der Geschichte.

Angenommen von den Wölfen

Miyax schob die Kapuze ihres Anoraks zurück, um nach der Sonne zu sehen. Die war jetzt eine gelbe Scheibe auf einem grünen Himmel, und Miyax schloß aus den Farben des Himmels und der Sonne, daß es gegen sechs Uhr abends sein mußte; das war die Stunde, da die Wölfe erwachten. Geräuschlos stellte sie ihren Kochtopf nieder und kroch auf die Höhe eines rundgewölbten kleinen Hügels, einen der vielen Erdbuckel, die in der krachenden Kälte des arktischen Winters aufbrechen und wieder einsinken. Auf dem Bauch liegend blickte das Mädchen über das unabsehbare, moosgefleckte Grasland und wandte dann ihre ganze Aufmerksamkeit auf einen Punkt: die Wölfe. Zwei Schlafzeiten war es her, daß Miyax zufällig auf sie gestoßen war. Sobald die Wölfe erwachten, begrüßten sie einander mit Schwanzwedeln.

Miyax zitterten die Hände, und ihr Herz begann rascher zu schlagen. Sie hatte Angst. Nicht so sehr vor den Wölfen – die zeigten sich zurückhaltend und waren viele Harpunenschüsse weit entfernt –, aber die verzweifelte Lage, in die sie geraten war, machte ihr Angst. Miyax hatte sich verirrt. Seit Tagen wanderte sie ohne Nahrung durch die Wildnis des nördlichen Alaska. Die baumlose Ebene senkt sich, über dreihundert Meilen breit, von den Gipfeln der Brooks Range zum Nördlichen Eismeer und erstreckt sich über achthundert Meilen zwischen Chukchi und der Beaufort Sea. Es gibt keine Straßen; Tümpel und Seen sprenkeln ihre Unermeßlichkeit. Der Wind heult und pfeift darüber hin, und in welche Richtung man auch blickt, immer ist es das gleiche Bild. Irgendwo in diesem grasraschelnden Universum war sie, Miyax; und ihr Überleben, das Weiterglimmen des letzten Funkens Lebenswärme in ihrem Körper, hing von diesen Wölfen ab. Und sie war nicht einmal sicher, ob sie ihr helfen würden.

Miyax starrte angestrengt auf einen stattlichen schwarzen Wolf, weil sie hoffte, damit seinen Blick auf sich zu ziehen. Sie mußte ihm irgendwie mitteilen, daß sie am Verhungern war, und ihn um Nahrung bitten. Man konnte mit Wölfen reden, wußte sie, ihr Vater hatte es getan. Auf der Jagd hatte er einmal neben einem Wolfslager kampiert. Als er einen ganzen Monat lang kein Wild angetroffen hatte, versuchte der Eskimojäger, dem Anführer des Wolfsrudels verständlich zu machen, daß er hungrig war und Futter brauchte. In der Nacht darauf rief der Wolf den Eskimo von ferne, und als der Jäger dem Ruf folgte, fand er ein frisch gerissenes Karibu. Unglücklicherweise hatte der Vater seinem kleinen Mädchen niemals erklärt, wie er dem Wolf von seinem Hunger Mitteilung gemacht hatte. Und kurz danach paddelte er seinen Kajak zur Seehundsjagd in die Bering Sea und kam nicht wieder.

Miyax beobachtete die Wölfe nun schon seit zwei Tagen. Sie wollte herausfinden, mit welchen Lauten und Gesten die Wölfe Wohlwollen und Freundschaft ausdrückten. Die meisten Tiere haben solche Verständigungszeichen. Polar-Backenhörnchen bewegen die Schwänzchen seitwärts, um einander kundzutun, sie seien freundlich gesinnt. Dieses Schwänzchengewackel mit ihrem Zeigefinger nachahmend, hatte Miyax schon manches Backenhörnchen angelockt. Wenn sie nun eine Wolfsgeste herausfinden konnte, war sie vielleicht imstande, sich mit den Wölfen anzufreunden und an ihren Mahlzeiten teilzunehmen, wie ein Vogel oder ein Fuchs es zuweilen taten.

Auf die Ellbogen gestützt, das Kinn zwischen den Fäusten, starrte Miyax den schwarzen Wolf an, bemüht, seinen Blick auf sich zu zwingen. Sie hatte ihn ausgewählt, weil er bedeutend größer war als die anderen und weil er Miyax in seiner Art zu gehen an ihren Vater Kapugen erinnerte; der hatte auch den Kopf hoch getragen und die Brust vorgestreckt. Der schwarze Wolf galt wohl auch als klug und erfahren; sie hatte beobachtet, daß das Rudel auf ihn blickte, wenn der Wind fremde Gerüche brachte oder wenn die Vögel plötzlich ängstlich zu rufen begannen. Zeigte der große Wolf sich beunruhigt, war das Rudel es auch. War er ruhig, verhielten auch sie sich ruhig.

Minuten vergingen, und der Wolf blickte kein einziges Mal herüber. Seit Miyax ihm über den Weg gelaufen war, seit zwei Schlafzeiten, übersah er sie, tat er, als sei sie nicht vorhanden. Gewiß, sie bewegte sich betont langsam und ruhig, um ihn nicht aufzuschrecken, aber sie wünschte doch, der Wolf würde endlich die Freundlichkeit in ihren Augen spüren. Viele Tiere erkennen am bloßen Anblick den Unterschied zwischen ihnen feindlichen Jägern und wohlgesinnten Leuten. Aber der große schwarze Wolf warf nicht einmal einen flüchtigen Blick in ihre Richtung.

Im Gras regte sich ein Vogel. Der Wolf sah hin. Eine Blume bog sich im Wind. Er blickte kurz hinüber. Dann wellte eine Brise den Flaum des Pelzes an Miyax' Anorak, er glänzte auf, aber der Wolf sah nicht hin. Miyax wartete. Daß man mit der Natur Geduld haben mußte, hatte schon der Vater ihr eingeprägt, und so hatte sie sich auch jetzt nicht einfallen lassen, sich rasch zu bewegen oder den Wolf laut anzusprechen. Trotzdem mußte sie bald etwas zu essen bekommen oder verhungern.

Ihre Hände zitterten, sie würgte die Angst hinunter und versuchte, ruhig zu bleiben.

Miyax war eine klassische Eskimoschönheit, schmalknochig, zart und zugleich kräftig. Ihr Gesicht war rund wie eine Perle, die Nase flach. Ihre schwarzen, auf reizvolle Weise schräg liegenden Augen hatten einen feuchten Glanz. Ihre Gestalt erinnerte an die wunderschönen kurzgliedrigen Körper der Eisbären und Polarfüchse. Die frostigen Lebensbedingungen der Arktis haben alles Lebendige in gedrungene Formen modelliert. Den größeren, langgliedrigen Tieren des Südens unähnlich, die durch ihre größere Oberfläche Wärme abgeben und dadurch Kühlung finden, neigen alle Lebewesen der Arktis zur Gedrungenheit, um Körperwärme zu bewahren.

Die ebenmäßigen Glieder und das hübsche Gesicht waren für Miyax von keinerlei Nutzen, wie sie da auf dem flechtengesprenkelten Frostaufbruch mitten in der Tundra lag. Der Magen tat ihr weh vor Hunger, und der königliche schwarze Wolf war nur darauf bedacht, sie zu übersehen. „Amaroq, ilaya, Wolf, mein Freund", rief sie endlich. „Schau mich an! Schau mich doch bitte an!"

Sie sprach halb Eskimo und halb Englisch, als könnten der Instinkt ihres Vaters, der die Sprache der Wölfe erriet, und die Wissenschaft der Blaßgesichter, der *Gussaks*, sich zu einer Zauberformel, einer magischen Beschwörung verbinden, die ihr helfen würde, mit ihrer Bitte bis zu dem Wolf durchzudringen.

Amaroq betrachtete seine Klaue und wandte dann langsam, ohne die Augen zu heben, den Kopf nach Miyax. Er beleckte seine Schulter. Ein paar verfilzte Haare stellten sich einzeln hoch und glitzerten feucht.

Dann wanderten die Wolfsaugen zu dem Rudel hinüber, glitten über jeden einzelnen der drei erwachsenen Wölfe und schließlich zu den fünf Welpen, die, zu einem einzigen flaumigen Klumpen geballt, nahe dem Höhleneingang schliefen. Die Augen des mächtigen Wolfes wurden weich beim Anblick der kleinen Wölfe, härteten sich aber zu sprödem Glas, als er mit seinem Blick die einförmige Tundra abtastete.

Nicht ein Baum unterbrach die Eintönigkeit der golden schimmernden Ebene, denn die Erde der Tundra bleibt ständig gefroren, und nur Moose, Gras, Flechten und ein paar winterharte, robuste Blumen können in der dünnen obersten Erdschicht, die im Sommer für kurze Zeit auftaut, Wurzeln fassen. Es gibt auch nur wenige Tierarten, die in diesem unerbittlich harten Land gedeihen, aber was sich hier durchsetzt, lebt in übergroßer Anzahl. Amaroq beobachtete eine Wolke lappländischer Sporammern, die in den Himmel emporkurvte und dann in das Grasland einfiel. Schwärme von Tümpelschnaken, eine der wenigen Insektenarten, die die Polarkälte übersteht, verdunkelten die lichten Pinselspitzen der Moose. Vögel flogen in Kreisen auf, machten kehrt und schrien. Tausende waren es, die von der Moosdecke auffloген wie vom Wind aufgestörte dürre Blätter.

Die Wolfsohren richteten sich hoch, höhlten sich nach vorn, stellten sich wie Horchgeräte ein auf ferne Botschaft aus der Tundra. Miyax' Körper straffte sich, auch sie lauschte. Erhorchte der Wolf einen in der Ferne aufkommenden Sturm, einen sich nähernden Feind? Offensichtlich nicht. Seine Ohren erschlafften, er legte sich, streckte sich auf eine Seite. Miyax seufzte, starrte in das weite Gewölbe des Himmels und war sich ihrer Lage schmerzlich klar.

Da hockte sie, bettelte Wölfe um Freundschaft an – sie, Miyax, Tochter des Eskimojägers Kapugen, Bürgerin der Vereinigten Staaten, Schülerin, dreizehnjährige Ehefrau des Knaben Daniel. Bei dem Gedanken an Daniel fröstelte Miyax. Vor genau sieben Schlafzeiten war sie ihm davongelaufen und hatte sich damit – wenn man die Sache mit dem Maß der Blaßgesichter messen wollte – einen weiteren Titel erworben: das geschiedene Kind.

Der Wolf rollte sich auf den Bauch.

„Amaroq", wisperte sie. „Ich hab mich verirrt, und die Sonne geht nicht unter, noch einen ganzen Monat lang nicht. Aber ich kann nicht warten, bis der Polarstern aufgeht und mir die Richtung zeigt; bis dahin bin ich verhungert!"

Amaroq regte sich nicht.

„Es gibt keine Strauchbeeren hier, die nach Süden zeigen, wenn der Polarwind sie niederbeugt, und Vögel, denen ich nachziehen könnte, gibt es erst recht nicht. Das

Vogelzeug hier sind nur Ammern und Sporammern. Die fliegen nicht zweimal am Tag Richtung Meer wie die Papageientaucher oder die Drosseluferläufer, die mein Vater als Kompaß benützt hat."

Der Wolf kämmte mit der Zunge sein Brustfell.

„Nie hätte ich mir träumen lassen, daß ich mich verlaufen könnte, Amaroq", redete sie weiter. Sie sprach jetzt lauter, um die Angst zu übertönen. „In Nunivak Island, dort bin ich nämlich geboren, zeigen die Pflanzen und Tiere den Wanderern den Weg. Ich hab geglaubt, sie tun das überall . . . hier tun sie's jedenfalls nicht. Und da sitz ich jetzt und weiß nicht, in welche Richtung ich laufen soll. Hilf mir, großer schwarzer Wolf!"

Ein erschreckender Augenblick war das gewesen, als sie zwei Tage zuvor plötzlich gewahr wurde, daß die Tundra ein Ozean von Gras war, in dem sie im Kreise ging, immer im Kreis. Als diese Angst sie jetzt neuerlich überfiel, schloß Miyax die Augen. Nach einer Weile hob sie die Lider, und das Herz in ihrer Brust begann wie ein erschrockener Vogel zu flattern. Amaroq blickte sie an!

„Ee-lie", rief sie und krabbelte auf die Füße. Der Wolf spannte die Nackenmuskeln, und seine Augen wurden zu schmalen Schlitzen. Er richtete die Ohren nach vorn. Miyax winkte. Der Wolf zog die Lefzen zurück und zeigte die Zähne. Erschreckt von dem Laut, der ihr wie ein Knurren schien, drückte sie sich wieder flach auf den Bauch. Amaroq legte die Ohren zurück und bewegte den Schwanz zu einem einmaligen Wedeln. Dann schüttelte er den Kopf und blickte weg.

Entmutigt tastete Miyax sich rückwärts den Hügel hinunter und erreichte ihren Lagerplatz mit den Füßen voran. Der Hügel befand sich nun zwischen ihr und dem Wolfsrudel, und sie atmete auf, erhob sich auf die Füße und inspizierte ihr derzeitiges Heim. Das war keine große Angelegenheit; Miyax hatte nicht viel mitschleppen können, als sie von zu Hause weglief, sie nahm nur Dinge mit, die sie für die Reise brauchen würde – einen Rucksack, Proviant für eine Woche oder so, Nähnadeln, Zündhölzer, ihren Schlafsack, eine Decke als Unterlage, zwei Messer und einen Kochtopf.

Sie hatte vorgehabt, bis Point Hope zu marschieren; dort würde sie die *Polarstern* vorfinden, das Versorgungsschiff aus den Staaten, das im August, wenn das Packeis aufbricht, die Städte am Nördlichen Eismeer mit Proviant und Nachschub beliefert. Auf dem Schiff waren Tellerwäscherinnen und Wäscherinnen wohl immer gefragt, und auf solche Weise würde sie sich die Überfahrt nach San Francisco verdienen.

Bei dem Gedanken an ihre Ehe stampfte sie mit dem Fuß; dann schüttelte sie den Kopf, als könnte sie damit eine Erinnerung abschütteln, und musterte ihre Wohnstatt. Die mußte jedem gefallen. Als Miyax die Wölfe entdeckt hatte, ließ sie sich in ihrer Nähe nieder mit der Hoffnung, es würde von dem Futter der Wölfe auch für sie etwas abfallen. Hier wollte sie bleiben, bis die Sonne unter den Horizont sank und die Sterne auf dem Himmel erschienen und ihr den Weg wiesen. Sie hatte ein Haus aus Grasziegeln errichtet, wie die alten Eskimos ihre Sommerwohnungen bauten. Jeder Ziegel war mit dem *ulo,* dem halbmondförmigen scharfen Messer der Eskimofrauen, aus dem Boden geschnitten; solch ein Messer ist so vielseitig, daß es Kinderhaar schneiden, zähes Bärenfleisch in Scheiben trennen und an einem Eisberg herumschnitzeln kann.

Sehr kunstgerecht gebaut war ihr Haus nicht, denn Miyax hatte nie zuvor eines bauen müssen, aber inwendig war es behaglich. Sie hatte es windundurchlässig gemacht, indem sie die Fugen zwischen den Grasziegeln gegen den Wind mit Schlamm abdichtete, den sie aus dem Tümpel vor der Tür des Grashäuschens holte. Sie hatte ihr Rentierfell als Teppich über den Boden gebreitet; schön sah das aus. Darauf hatte sie den Schlafsack gelegt; er war aus Elenfell genäht und mit weißem Kaninchenpelz gefüttert. Dicht neben ihr Bett hatte Miyax einen niedrigen Tisch aus Moosziegeln gestellt, damit sie etwas hatte, worauf sie ihre Kleider legen konnte, wenn sie schlafen ging. Um das kleine Haus auch zu schmücken, hatte sie aus Vogelfedern drei Blumen zurechtgezupft und sie in die Tischplatte gesteckt. Außerhalb des Hauses hatte sie eine Art Herd gebaut und ihren Kochtopf danebengestellt. Der Topf war leer, sie hatte nicht einmal einen winzigen Lemming ausspähen können, um ihn zu kochen oder zu braten.

Im vergangenen Winter, als sie noch in Barrow zur Schule ging, gab es diese mausähnlichen Nager in solcher Zahl, daß sie einem zwischen den Beinen durchliefen, wo immer man ging. Tausende und Tausende waren es, bis in den Dezember hinein, und dann verschwanden sie ganz plötzlich.

Zu dieser merkwürdigen Sache hatte Miyax' Vater einfach geäußert: „Die Zeit der Lemminge ist jetzt für vier Jahre vorbei."

Zum Unglück für Miyax war damit auch die Zeit der Tiere, die auf die Lemminge Jagd machen, vorüber. Polarfuchs, Schnee-Eule, Wiesel, Raubmöwe und Zeisig waren mit den Lemmingen verschwunden. Sie fanden kein Futter und brachten wenige oder keine Jungen. Die Überlebenden jagten einander.

Ein dumpfer Schmerz nagte an ihrem Magen. Sie zupfte Grasblätter aus ihren Blattscheiden und verzehrte die süßen Enden. Das half nicht viel gegen den Hunger. Sie rupfte sich eine Handvoll Rentiermoos. Wenn das Ren mit dieser Nahrung den Winter überstand, warum nicht auch sie? Sie kostete schmatzend, entschied, daß diese Flechtenart gekocht besser schmecken würde, und ging zum Tümpel Wasser holen.

Als sie den Kochtopf ins Wasser tauchte, fiel ihr der Wolf wieder ein. Warum hatte er die Zähne gefletscht? Um sie einzuschüchtern? Er mußte doch wissen, daß sie ein Kind war und ihm nicht gefährlich werden konnte. Nein, sagte sie sich, Zähnefletschen war eine Mitteilung, ein Befehl. Der Wolf hatte sie angeredet, hatte ihr befohlen, sich niederzulegen, und irgend etwas in ihr hatte diesen Befehl begriffen und sie gehorchen lassen. Nicht mit seiner Stimme hatte der Wolf zu ihr geredet, sondern mit seinen Ohren, seinen Augen, seinen Lefzen; und er hatte sie sogar mit einem Wink seines Schwanzes kommandiert.

Sie stellte ihren Topf nieder, kletterte auf den frostbraunen Hügel und legte sich der Länge nach auf den Bauch.

„Amaroq", schmeichelte sie, „ich verstehe die Wolfssprache schon sehr gut. Kannst du mich auch verstehen? Hunger, Hunger, großer Hunger! Fleisch! Bitte bring mir Fleisch!"

Der große Wolf sah nicht zu ihr hinüber, und in Miyax stiegen Zweifel auf, ob sie das Fletschen, Knurren, Wedeln richtig übersetzt hatte. Wahrscheinlich gab es überhaupt keine Wolfssprache. Zumindest konnte man mit Ohren- und Schwanzgewackel kaum Gespräche führen. Sie drückte die Stirn in den Moosgrund und überlegte, was eigentlich zwischen ihr und den Wölfen vorgegangen war. Nichts.

„Warum hab ich mich dann auf den Bauch gelegt?" fragte sie halblaut, den Kopf hebend, und äugte nach Amaroq. „Warum liege ich vor euch auf dem Bauch?" rief sie zu den Wölfen hinüber. Die gähnten. Kein einziger wandte auch nur den Kopf nach ihr.

Amaroq bequemte sich auf die Füße, und wie er sich so langsam erhob, schien er den Horizont zu füllen und die Sonne auszulöschen. Er war ungeheuer groß. Er konnte Miyax auf einen einzigen Bissen hinunterschlucken, ohne zu kauen.

„Aber er wird's nicht", murmelte sie. „Wölfe gehen nicht auf Menschenjagd. Blaßgesichtermärchen sind das. Kapugen hat immer gesagt, daß die Wölfe sich zu den Menschen wie Brüder benehmen, freundlich sind sie und hilfreich."

Ein Wolfsjunges, ein kleines, schwarzes, schaute zu ihr herüber und wedelte. Hoffnungsvoll streckte Miyax ihm bittend eine Hand entgegen. Das Wolfsschwänzchen wackelte heftiger. Die Mutter aber, die Wölfin, stürzte auf das Junge zu und stellte sich über den Kleinen. Ohne Zweifel fand sie sein Benehmen ungehörig. Als das Wölflein dann reumütig ihre Wange beleckte, zog sie die Lefzen zurück. Ihre weißen Wolfszähne blitzten, es sah wie ein Lächeln aus. Sie war ihrem Kleinen nicht mehr böse.

„Aber daß so etwas nicht wieder vorkommt!" sagte Miyax spöttisch, ihre eigenen Eltern nachäffend. Die Wölfin näherte sich Amaroq.

„Ich sollte dich Martha nennen, nach meiner Stiefmutter", murmelte Miyax. „Aber dazu bist du viel zu schön. Ich werde dich lieber Silberpelz nennen."

Silberpelz bewegte sich in einem Glorienschein, den die Sonne auf die spröden Haarspitzen funkelte, die aus dem dichten, wolligen Fell hervorstanden. Die Wölfin schien zu glühen.

Das zurechtgewiesene Wolfsjunge schnappte nach einer Stechmücke und schüttelte sich. Moosfäden und Gräser sprangen ihm aus dem Fell. Der Kleine taumelte und suchte mit gegrätschten Beinen besseren Stand. Dann äugte er zu seinen schlummernden Geschwistern hinunter. Mit einem Kläfflaut sprang er sie an und trieb einen kleinen hellen Wolf auf die Beine. Der winselte. Der kleine schwarze Wolf bellte und nahm einen Knochen zwischen die Zähne. Als er sicher war, daß der andere ihn beobachtete, rannte er mit dem Knochen den Hang hinunter. Das helle Wölfchen lief ihm nach. Der schwarze Kleine blieb stehen und wartete, der helle schnappte nach dem Knochen und hielt ihn mit den Zähnen fest.

Der Schwarze zerrte, der Helle zerrte. Dann entriß der kleine helle Wolf dem anderen mit einem plötzlichen Ruck das Spielzeug.

Miyax mußte lachen. Die kleinen Wölfe spielten mit einem Knochen das gleiche Spiel, das die Kinder der Eskimos mit Lederriemen spielen.

„Das Spiel kenne ich!" sagte sie zu den kleinen Wölfen. „Tauziehen heißt das bei uns. Und ihr müßt mir jetzt verraten, was in der Wolfssprache heißt: Ich habe Hunger!" Amaroq lief ruhelos den Hügelkamm auf und ab, als wittere er, daß etwas Ungewöhnliches im Kommen sei. Seine Augen schossen Blicke zu Silberpelz, dann zu dem grauen Wolf hin, den Miyax Klaue genannt hatte. Diese raschen Blicke waren wohl eine Aufforderung, denn Silberpelz und Klaue glitten an seine Seite, traten mit den Vorderläufen den Moosboden und bissen den großen Wolf sanft unterhalb des Kinns in den Hals. Er schlug wild mit dem Schwanz und nahm die schlanke Nase der Wölfin sacht zwischen die Zähne. Sie duckte sich unterwürfig, leckte ihm die Wange und beknabberte zärtlich seinen Unterkiefer. Amaroqs Schwanz peitschte hoch, die Zärtlichkeit der Wölfin ließ unbändige Lebenskraft in ihm hochstürmen. Er beschnüffelte sie liebevoll. Nicht wie der Fuchs, der sich nur zur Paarungszeit mit seinem Weibchen zusammenfindet, lebte Amaroq das ganze Jahr über mit seiner Gefährtin.

Dann kam der graue Wolf heran. Er nahm Amaroqs Maul in seinen Rachen, und der Anführer biß ihn in die Nasenspitze. Ein dritter Wolf, ein schmächtiger Rüde, kam schuldbewußt angeschlichen. Er ließ sich vor Amaroq zuerst auf den Bauch nieder, wälzte sich dann furchtsam auf den Rücken, wand sich und zappelte.

„Hallo, Pudding!" flüsterte Miyax. Der Name paßte zu ihm: der zitternde Wolf ließ Miyax an die süße Nachspeise denken, die ihre Schwiegermutter von den Blaßgesichtern zu kochen gelernt hatte.

Zweimal schon hatte Miyax gesehen, wie die anderen Wölfe Amaroqs Kinnbacken zärtlich zwischen die Zähne nahmen, und sie schloß daraus, daß es eine Höflichkeitsbezeigung, eine Art feierlicher Huldigung für den Leiter des Rudels war, so etwas wie „Hoch der Häuptling!" Er mußte tatsächlich der Anführer sein, denn er war eindeutig der kräftigste Wolf unter ihnen, der bedeutendste, der „starke Wolf"; stark – das meinte, er war stark in der Bedeutung, die dieses Wort auf Nunivak Island hatte. Die alten Eskimojäger, die Miyax in ihrer Kindheit gekannt hatte, hielten Intelligenz, Mut und Zärtlichkeit für die wahren Reichtümer des Lebens. Ein Mann, der diese Eigenschaften besaß, galt für reich und war ein bedeutender Geist, der ebenso bewundert wurde, wie die Blaßgesichter einen der ihren bewundern, der Geld und Gut besitzt.

Amaroq reckte den Hals, bis sein Kopf die anderen Wölfe hoch überragte. Sie starrten ihn mit achtungsvoller Liebe an, es war unmißverständlich, daß er ihr Haupt war, ein königlicher Anführer, der sein Rudel mit Liebe und Weisheit zusammenhielt.

Miyax hatte plötzlich nicht die geringste Furcht mehr vor den Wölfen. Alle Angst vor ihnen verschwand beim Anblick ihrer Neigung zueinander. Freundliche Tiere waren das und dem Leitwolf Amaroq so ergeben, daß, wenn er Miyax anerkannte, auch die anderen Wölfe des Rudels sie anerkennen würden. Und sie wußte jetzt auch, was sie tun mußte: ihn sanft unter dem Kinn in den Hals beißen. Aber wie beißt man einen Wolf sanft unter dem Kinn in den Hals?

Sie beobachtete die Wolfsjungen. Hoffentlich hatten die Kleinen eine einfachere Art, ihre Zuneigung für ihn auszudrücken. Das schwarze Wölflein trottete an den Leitwolf heran, setzte sich, legte sich dann nieder und wedelte eindringlich mit dem Schwanz. Der Kleine blickte zu Amaroq auf, in reiner Bewunderung, und dessen herrische Augen wurden weich.

Genau das werde ich jetzt auch tun, dachte Miyax und rief zu Amaroq hinüber: „Großer Häuptling Leitwolf, auch ich liege vor dir und bewundere dich, aber du hast kein Auge für mich!"

Als alle Wolfsjungen mit den Schwänzen schlugen, ihm zu Lob und Preis, jaulte Amaroq auf, sein Geheul erreichte einen hohen Ton, wurde zu einer Art gefühlvollem

Gesang. Wie seine Stimme anschwoll oder sank, stimmten die übrigen erwachsenen Wölfe in den Wolfsgesang ein, und die Wolfsjungen kläfften und hopsten.

Jäh verstummte der Gesang. Amaroq erhob sich und trabte eilig den Hang abwärts. Klaue folgte ihm, und dahinter lief Silberpelz.

Miyax robbte auf ihren Ellbogen vorwärts, um besser zu sehen, sie wollte noch mehr von den Wölfen erfahren. Wie man sich benehmen mußte, um als artiges und gehorsames Wolfsjunges zu gelten, wußte sie schon: man mußte den Leitwolf bewundernd anstarren, sich ducken und dabei wedeln.

Sie legte ihre Hände an den Kopf wie Wolfsohren, erst flach, um Freundschaft anzubieten, dann schob sie die Finger-Ohren zurück, wie ein Wolf die Ohren zurücklegt, wenn er sich fürchtet, und dann ließ sie die Hände am Kopf vorschnellen wie ein angriffslustiges Wolfstier. Zufrieden verschränkte sie die Arme und beobachtete weiter das Benehmen der Jungen.

Der kleine Schwarze packte Pudding zur Begrüßung am Hinterlauf. Ein zweiter kleiner Wolf machte sich über Puddings Schwanz her, und ehe Pudding einen von den beiden abschütteln konnte, waren alle fünf über ihm. Er wälzte und balgte sich mit ihnen fast eine Stunde lang; dann rannte er den Hang hinunter, wandte sich plötzlich um und stand. Die kleinen Verfolger stürzten sich auf ihn, taumelten, purzelten und lagen still. Einen Augenblick oder zwei spielten sie totale Erschöpfung. Dann stellte der kleine schwarze Wolf den Schwanz wie einen Semaphor hoch, und daraufhin sprangen sie alle Pudding neuerlich an.

Miyax lachte Tränen und wälzte sich laut quietschend in Moos und Flechten. „Wie die kleinen Kinder! Wie die kleinen Kinder!" schrie sie.

Als sie dann wieder hinübersah, hing Puddings Zunge aus dem Maul, der graue Wolf keuchte, seine Flanken hoben und senkten sich heftig. Vier kleine Wölfe hatten sich erschöpft zu seinen Füßen plumpsen lassen, und jetzt schliefen sie. Auch Pudding ließ sich nun hinsacken, aber der kleine Schwarze stand noch immer und witterte in die Tundra hinaus. Er schien überhaupt nicht müde zu werden. Miyax beobachtete ihn. An dem kleinen schwarzen Wolf war irgend etwas Besonderes, das ihn von den andern Welpen unterschied.

Nun sprang er auf einen kleinen Erdhügel und bellte. Das kleinste Wölfchen, Wolfsschwesterchen nannte es Miyax, hob den Kopf, erblickte den unternehmungslustigen Bruder, mühte sich, auf die Pfoten zu kommen, und lief ihm nach. Während die beiden tollten, flitzten und sich balgten, nahm Pudding die Gelegenheit wahr, sich hinter einem hohen Busch Riedgras zu ungestörtem Schlummer zu verbergen. Riedgras liebt feuchten Tundraboden, und Pudding meinte wohl, er sei dort vor einem neuen Überfall der Kleinen sicher. Aber kaum lag Pudding in seinem Versteck, als ein Junges ihn aufspürte und über ihn herfiel. Pudding verengte die Augen, stellte die Ohren hoch und entblößte die Zähne.

„Ich weiß, was du jetzt sagst!" rief Miyax dem grauen Wolf zu. „Leg dich nieder! sagst du." Das Wolfsjunge legte sich, und Miyax ließ sich auf alle viere nieder und hielt nach dem ihr nächsten Kleinen Ausschau, um in der Wolfssprache mit ihm zu reden. Schwesterchen war es. „Uhmmmmmmmm", winselte Miyax, und als das Kleine sich umwandte, kniff Miyax die Augen zusammen und zeigte ihr weißes Gebiß. Gehorsam legte das Wölflein sich nieder.

„Ich kann Wolfisch! Ich kann Wolfisch!" schrie Miyax, und dann kroch sie, den Kopf schüttelnd wie ein Wolfsjunges, vergnügt im Kreis herum. Als sie aus ihrer Begeisterung aufblickte, sah sie alle fünf in einer Reihe sitzen und mit gerecktem Hals zusehen, was der merkwürdige neue Wolf da trieb. Tapfer kam der kleine Schwarze auf sie zugetrottet, sein dickes kleines Hinterteil wackelte, wie er so daherkam und kläffte.

„Du bist ein ganz lieber Wolf und furchtbar tapfer!" sagte Miyax. „Und ein ganz besonderer. Und jetzt weiß ich auch warum. Du bist das Leitwölflein der Wolfbabies. Ein ganz starker und gescheiter Wolf wirst du sein, wenn du erst einmal erwachsen bist. Und darum nenn ich dich Kapugen, nach meinem Vater. Aber rufen werde ich dich Kapu, das ist kürzer."

Kapu zog die Stirn in Falten und stellte ein Ohr auf, um besser zu hören, was Miyax ihm erzählte.

„Du verstehst mich nicht, was?" fragte Miyax.

Kaum hatte sie das gesagt, als Kapus Schwänzchen sich aufstellte, sein Mäulchen öffnete sich ein wenig, und es war ganz klar, daß er sie auslachte.

„Ee-lie!" sagte sie vor Aufregung keuchend. „Du verstehst mich sehr gut. Das ist unheimlich. Ich fürchte mich fast vor dir." Sie hockte sich auf die Fersen. Pudding ließ ein Winseln hören, das an- und abschwoll, und Kapu lief zu den andern zurück.

Miyax ahmte den Wolfsruf nach, der das Zeichen zur Heimkehr bedeutete. Kapu blickte überrascht über die Schulter zurück. Miyax kicherte. Kapu wedelte und sprang Pudding an.

Miyax klatschte Beifall und ließ sich ins Moos gleiten, um diese Sprache aus Purzelbäumen und Sprüngen zu belauschen, und sie platzte fast vor Stolz, daß es ihr endlich gelang, den Wolfs-Code zu enträtseln. Lange saß sie so und schaute und kam nach einer Weile zu der Ansicht, daß die Wölfe jetzt nicht miteinander sprachen, sondern sich bloß herumbalgten, und so verließ sie ihren Beobachtungsplatz und ging zurück in ihr Grasziegelhäuschen. Später einmal änderte Miyax ihre Meinung über dieses Herumgebalge, Gekläff und Gepurzel. All das war für junge Wölfe ungeheuer wichtig. Es beschäftigte die Wölflein fast die ganze Nacht.

„Ee-lie, okay", sagte Miyax. „Ich werd schon noch lernen, mich mit euch herumzubalgen. Vielleicht nehmt ihr mich dann in die Familie auf und füttert mich mit." Sie hopste und winselte einladend; sie murrte, knurrte und wälzte sich. Aber niemand kam, sich mit ihr zu balgen.

Sie wollte eben in ihr Häuschen zurückschlüpfen, als sie hörte, wie unweit Gras raschelte. Vorsichtig spähend sah sie Amaroq und seine Jagdgefährten um ihren kleinen Erdhügel streifen und fünf Fuß weitab stehenbleiben, und sie witterte den süßlichen Geruch von Wolfsfell.

Die Härchen im Nacken des Mädchens stellten sich auf, und ihre Augen weiteten sich. Amaroqs Ohren richteten sich angriffslustig vor, und Miyax erinnerte sich, daß ein Wolf weitgeöffnete Augen für einen Ausdruck der Angst hält. Es war falsch, ihm zu zeigen, daß sie Angst hatte. Tiere greifen an, wenn sie merken, daß der andere sich fürchtet. Miyax versuchte, ihre Augen zu Schlitzen zu verengen, aber das war wohl auch nicht ganz das richtige. Schmale Augenschlitze bedeuten eine Drohung. Verzweifelt versuchte sie sich zu erinnern, wie Kapu auf ihren Anruf reagiert hatte. Kapu war vorwärtsgegangen. Sie spazierte also auf Amaroq zu. Ihr Herz schlug wild, als sie knurrwinselnd den Laut hervorstieß, mit dem kleine Wölfe ehrfurchtsvoll um Aufmerksamkeit bitten. Dann legte sie sich auf den Bauch und blickte schwärmerisch zu dem Leitwolf auf.

Der riesige Wolf ging in Verteidigungsstellung und wich ihrem Blick aus. Sie hatte also etwas Falsches gesagt! Vielleicht hatte sie ihn sogar beleidigt. Irgendeine nichtssagende Geste, für Miyax bedeutungslos, war offensichtlich bedeutsam für den Wolf. Zornig richtete er seine Ohren nach vorn, und alles schien verloren. Am liebsten wäre Miyax in wilder Flucht davongerannt, aber sie nahm all ihren Mut zusammen und schmeichelte sich näher an ihn heran. Und dann patschte sie ihn leicht unter dem Kinn auf den Hals.

Ein Signalruf war das. Er durchlief den Körper des Wolfs und weckte in dem riesigen Tier ein Gefühl von Zärtlichkeit und Zuneigung für das Kind, das dicht vor seinen Pranken lag und ihn anlächelte. Amaroq legte die Ohren zurück und wedelte freundschaftlich. Er konnte auf die zärtlichen Klapse unter seinem Kinn nicht anders antworten, denn die Wurzeln dieses Signals reichten bis in die Urgeschichte der Wölfe zurück. Generationen und Generationen von Leitwölfen hatten es auf ihn vererbt. Seine Augen wurden sanft, und Wohlgeruch, herrlicher Wolfsduft entströmte der Duftdrüse an seinem Schwanzansatz. Das fremde Kind, das verlaufene Menschenmädchen, wurde von Wolfsduft durchtränkt. Miyax war in das Rudel aufgenommen.

Aus: Jean Craighead George, Julie von den Wölfen

Was macht es Miyax möglich, in der Tundra zu überleben?

Was erfahren Sie aus dem Text über die Sprache der Wölfe?

Verhältnis Mensch – Natur: Wodurch wird es in unserer Zeit belastet?

Anhang

Aufbau und Gegensatz von Roman – Novelle – Erzählung

Roman: Verästelte und vielfach verschlungene Handlungsfäden mit vielen Personen und mehreren Schauplätzen. Die handelnden Personen werden ausführlich charakterisiert; um die Hauptfigur, den „Helden", gruppieren sich viele Nebenfiguren, die in teils mehr, teils weniger bedeutsamer und folgenreicher Beziehung zur Hauptfigur und zueinander stehen. Der Erzählfluß ist breit und gemächlich, daher auch die Länge des Romans[1]).

Novelle: Die Handlung in der Novelle ist straffer, gedrängter zusammengefaßt als im Roman. Die Personen sind zwar genau, aber weniger ausführlich charakterisiert; um die Hauptfigur gruppieren sich weniger Nebenfiguren, sie sind eng mit der Hauptfigur verknüpft. Der Erzählfluß verläuft rascher, das Ziel ist eher erreicht, die Novelle ist daher kürzer als der Roman. Heutzutage verwischt sich manchmal die Grenze zwischen Novelle und Roman.

Erzählung: Die Erzählung ist noch kürzer, sie steuert geradlinig auf ihr Ziel zu. Häufig fehlen Nebenfiguren ganz. Die Personencharakteristik ist präzise, aber kurz.

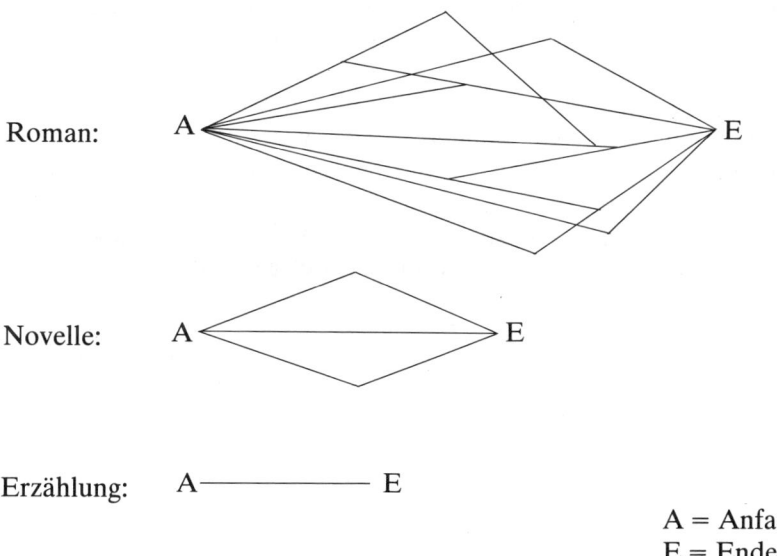

Roman: A E

Novelle: A E

Erzählung: A —— E

A = Anfang
E = Ende

[1]) Darstellung des „modernen" Romans siehe Seite 73ff.

Probleme der Lyrik

In der Lyrik ist das Mittelmaß schlechthin unerträglich, ihr Feld ist schmal, ihre Mittel sehr subtil; demnach müssen auch ihre Maßstäbe extrem sein. Mittelmäßige Romane sind nicht so unerträglich, sie können unterhalten, belehrend, spannend sein, aber Lyrik muß exorbitant sein. Und zu ihrem Wesen gehört auch noch etwas anderes, eine tragische Erfahrung der Dichter an sich selbst: Keiner auch der großen Lyriker unserer Zeit hat mehr als sechs bis acht vollendete Gedichte hinterlassen – also um diese sechs Gedichte die dreißig bis fünfzig Jahre Askese, Leiden, Kampf . . .

Zum Vorgang beim Entstehen eines Gedichts: Der Autor besitzt einen dumpfen schöpferischen Keim, einen Ariadnefaden, denn – und nun kommt das Rätselhafte – das Gedicht ist schon fertig, ehe es begonnen hat, der Dichter weiß nur seinen Text noch nicht. Das Gedicht kann gar nicht anders lauten, als es eben lautet, wenn es fertig ist. Sie, die Dichter, wissen ganz genau, wann es fertig ist, das kann natürlich lange dauern, wochenlang, jahrelang, aber bevor es nicht fertig ist, geben sie es nicht aus der Hand. Immer wieder fühlen sie an ihm herum, am einzelnen Wort, am einzelnen Vers.

Welchen Wesens sind diese Lyriker? Sie sind keine Träumer, sie sind Verwerter von Träumen. Sie sind auch eigentlich keine geistigen Menschen, keine Ästheten, sie machen ja Kunst, das heißt, sie brauchen ein hartes, massives Gehirn, ein Gehirn mit Eckzähnen, das Widerstände, auch die eigenen, zermalmt. Sie sind Kleinbürger mit einem besonderen Drang. Innerhalb der Gesellschaft sind sie völlig uninteressant. Sie sind aber auch keine Himmelsstürmer, sie sind meistens recht still, sie dürfen ja auch nicht alles gleich fertigmachen wollen, man muß die Themen weiter in sich tragen, jahrelang, man muß schweigen können –. Also, was sind sie? Sonderlinge, Einzimmerbewohner, sie geben die Existenz auf, um zu existieren. Eigentlich sind sie nur Erscheinungen, und sind diese Erscheinungen dann tot und man nimmt sie vom Kreuz, muß man ehrlicherweise zugeben, daß sie sich selber an dieses Kreuz geschlagen haben – was zwang sie dazu? Etwas muß sie doch gezwungen haben . . .

Aus: Gottfried Benn, Rede zu Problemen der Lyrik

Wesen und Entwicklung des Dramas

1. Wesen des Dramas:

Die Handlung wird von Personen auf einer Bühne dargestellt. In Form von Dialogen (Gesprächen zwischen zwei oder mehreren Personen) und Monologen (Selbstgesprächen) wird die Handlung vorangetrieben, werden Gefühle und Gedanken der Personen wiedergegeben. So nimmt der Zuschauer unmittelbar am Geschehen teil und ist stets zu Anteilnahme und Urteil aufgerufen.

Die Handlung selbst entsteht aus einem Konflikt (Zusammenstoß von Personen oder Personengruppen, die gegensätzliche Haltungen verkörpern). Der Konflikt kann auch ein innerer Widerstreit gegensätzlicher Werthaltungen sein (z. B. Pflicht/ Neigung, Wille/Aufgabe).

2. Entwicklung des europäischen Dramas:

Das Drama hat seinen Ursprung in der griechischen Antike. Tragödien und Komödien, deren Stoffe meist der griechischen Sagenwelt entnommen sind, werden in Rundtheatern unter freiem Himmel aufgeführt.

In Mitteleuropa entwickelt sich das Drama im Zuge der Christianisierung aus dem geistlichen Spiel. Schauplatz ist das Kircheninnere, Darsteller sind Geistliche, die Stoffe sind der biblischen Geschichte entnommen, um sie dem Volk recht anschaulich darzustellen und es im christlichen Glauben zu festigen (insbesondere das Spiel vom Leiden Christi, das „Passionsspiel").

Mit dem ausklingenden Mittelalter setzt eine Verweltlichung des Dramas ein, Schwänke und Fastnachtsspiele entstehen. „Fahrendes Volk" übernimmt statt der Geistlichen die Darstellung der Rollen, Schauplatz wird der Markt.

Die Neuzeit erweitert die Themen durch historische Stoffe (Shakespeares Stücke erreichen den Kontinent). Auch die italienische Commedia dell'arte (Stegreifbühne mit feststehenden Typen) beeinflußt die Entwicklung des Dramas im deutschsprachigen Raum. Berufsschauspieler spielen bereits auf festen Bühnen, Dichter schreiben Theaterstücke.

In der Klassik erreicht das Drama einen Höhepunkt an Geschlossenheit (Goethe, Schiller). Schauplatz sind eigene Gebäude, „Theater" genannt.

Auf das Drama des 20. Jahrhunderts hat Bert Brecht mit seinem „epischen Theater" starken Einfluß ausgeübt.

3. Gattungen des Dramas:

Die *Tragödie:* ernste Handlung, tragische Lösung des Konflikts durch Scheitern oder Tod des Helden.

Das *Schauspiel:* ernste Handlung, der Konflikt wird überwunden, eine Lösung deutet sich an.

Die *Komödie:* die Handlung ist komisch, der Konflikt oft nur scheinbar; menschliche Schwächen werden entlarvt.

Die *Oper:* musikalische Ausdeutung eines dramatischen Stoffes.

Das *Hörspiel:* im 20. Jahrhundert entstanden, arbeitet mit akustischen Mitteln (Musik, Geräusche, Sprache). Es kann sich über jede räumliche Beschränkung hinwegsetzen, daher werden oft phantastische Stoffe verarbeitet.

Literarische Begriffe in alphabetischer Reihenfolge

Der **Aphorismus:** kurzer, ungebundener Sinnspruch.

Die **Anekdote** (griech. kurze Geschichte): schildert einen Vorfall, der für das Bild einer Persönlichkeit oder einer Zeit bezeichnend ist, und endet oft mit einem heiteren, überraschenden Schlußeffekt (Pointe).

Die **Ballade:** längeres Gedicht, das ein außergewöhnliches Ereignis erzählt. In der Ballade sind lyrische, epische und dramatische Elemente vermischt: *lyrisch:* Reime, klangvolle, bildhafte Sprache; *episch:* erzählende Teile; *dramatisch:* direkte Rede.

Das **Epigramm:** kurz gefaßter, dichterisch geformter Gedanke.

Das **Epos:** Roman in Versform.

Der (Das) **Essay:** Abhandlung, die eine literarische oder wissenschaftliche Frage in knapper und stilistisch anspruchsvoller Form erörtert.

Die **Fabel:** kurze, sprachlich knapp gestaltete Vers- oder Prosaerzählung, deren Handlungsträger meistens Tiere mit menschlichen Eigenschaften sind. Neben den Tierfabeln gibt es auch Fabeln aus der Pflanzenwelt oder solche, in denen Menschen vorkommen. Im Handlungsablauf wird eine Lebenserfahrung oder eine allgemeine Wahrheit dargestellt.

Das **Fastnachtsspiel:** aus germanisch-heidnischem Brauchtum (Winteraustreibung, Frühlingstanz) entstandenes volkstümliches Spiel; Ehe-, Streit-, Gerichtsszenen werden revueartig dargestellt. Später wird das Fastnachtsspiel durch die Meistersinger literarisch ausgeformt.

Die **Heimatdichtung:** Dichtung, die aus der Verbundenheit mit der Heimat und der Beobachtung der Landschaft und ihrer Bewohner entsteht.

Das **Hörspiel:** neue dramatische Literaturgattung seit Entstehen des Rundfunks. Das Sichtbare muß durch Sprache, Töne, Geräusche ersetzt werden. Besondere Wirkung kann durch Verschiebung von Zeit und Raum erzielt werden.

Die **Hymne:** ursprünglich Kultgesang; Lobgesang zu Ehren der Götter, ohne feste formale und inhaltliche Kennzeichen; gehobene Sprache.

Die **Kurzgeschichte:** kurze Prosaform zwischen Novelle und Anekdote; sie zeigt einen Menschen in einem entscheidenden Lebensausschnitt (Schicksalsbruch). Auf die Zustandsschilderung folgt der Bericht einer Entscheidung, die den Menschen trifft oder die vom Menschen getroffen wird.

Das **Märchen:** phantastische Prosaerzählung, die den Leser in eine magische Welt versetzt. Die Naturgesetze sind aufgehoben, es geschehen Wunder, eine ausgleichende Gerechtigkeit belohnt die „Guten" und bestraft die „Bösen".

Die **Metapher:** bildliche Übertragung eines konkreten Begriffes. Beispiel: Vater = Haupt der Familie.

Das **Motiv:** Beweggrund, Problem, prägendes Grundschema, das in der Dichtung eine individuelle Ausformung erfährt (z. B. Liebe der Kinder feindlicher Geschlechter, feindliche Brüder).

Die **Ode:** streng geformtes, feierliches Gedicht.

Die **Parabel** (griech. Gleichnis): lehrhafte Erzählung, die eine Erkenntnis oder eine sittliche Wahrheit symbolisch verständlich macht.

Das **Passionsspiel:** geistliches Drama (die Leidensgeschichte Christi wird dargestellt).

Die **Poesie:** a) bildhafte, in gebundener Sprache (Versen) geschriebene Dichtung, b) dichterischer Stimmungsgehalt, Zauber.

Das **politische Lehrstück:** Drama, das die Zuschauer für eine bestimmte politische Idee gewinnen will.

Die **Posse:** derb-komisches Theaterstück mit kritischem Einschlag, auch mit Gesang- und Tanzeinlagen.

Die **Prosa:** Rede oder Schrift in ungebundener Form.

Die **Sage:** Erzählung, deren Handlung und Gestalten aus der volkstümlichen Überlieferung stammen. Die Götter- und Heldensagen spiegeln Glaube, Sitte und Rechtsordnung ihrer Entstehungszeit wider. Sie wurden ursprünglich nur mündlich überliefert.

Die **Satire:** Literaturgattung, die durch Spott, Ironie, Übertreibung bestimmte Personen, Anschauungen, Ereignisse oder Zustände kritisieren oder verächtlich machen will. Sie kann sich mit allen literarischen Formen verbinden.

Der *Schwank:* a) dramatischer Schwank: Lustspielart von unbeschwerter, gelöster Heiterkeit, unterhält durch Situations-, Typen- und Charakterkomik, b) epischer Schwank: anekdotenhafte, auf eine überraschende Wendung (Pointe) zugespitzte Erzählung; lustige Einfälle und komische Begebenheiten werden ausgeschmückt, z. B. ein Dummer wird von einem Gescheiteren überlistet.

Das **Sprichwort:** faßt eine volkstümliche Wahrheit in sprachlich knappe Form.

Der **Stoff:** erzählbarer Inhalt eines Werkes.

Das **Symbol:** Kennzeichen, Sinnbild für einen Begriff. Beispiel: Rose = Symbol für Liebe und Vergänglichkeit.

Das **Volksbuch:** unterhaltende und belehrende Prosaschrift des ausgehenden Mittelalters. Ursprünglich in Versform, später in Prosaform umgesetzt. Durch die Verbreitung der Buchdruckerkunst wurden Volksbücher allen Bevölkerungsschichten zugänglich.

Autorenverzeichnis

Abraham a Sancta Clara (1644–1709): Augustinermönch. Er wurde durch seine volkstümlichen, angriffslustigen Predigten berühmt. Hauptwerke: Mercks Wien; Judas, der Erzschelm.

Aichinger, Ilse (1921): Österreichische Schriftstellerin. Gestaltet in ihren Erzählungen die Angstzustände der Menschen in einer von Terror beherrschten Welt. Roman: Die größere Hoffnung; Erzählung: Der Gefesselte.

Andergassen, Eugen (1907): Vorarlberger Dramatiker und Hörspielautor. Treffende Schilderung und Gemütstiefe kennzeichnen sein Werk. Dramen: Die Heimkehr; Die Schlacht bei Frastanz.

Anzengruber, Ludwig (1839–1889): Schrieb Volksstücke, die von sozialen und aufklärerischen Ideen getragen sind. Sie spielen meist in bäuerlichem Milieu. Volksstücke: Der Meineidbauer; Die Kreuzelschreiber; Das vierte Gebot; Romane: Der Schandfleck; Der Sternsteinhof.

Arnim, Achim von (1781–1831): Dichter der deutschen Romantik. Gab mit Clemens von Brentano die Volksliedersammlung „Des Knaben Wunderhorn" heraus.

Artmann, Hans Carl (1921): Schreibt Dialektgedichte, setzt die österreichische Tradition barocker Sprachartistik fort. Gedichtbände: Med ana schwoazzn dintn; ein lilienweißer brief aus lincolnshire; Prosa: von denen husaren und anderen seiltäntzern.

Frau Ava (gestorben um 1127): Sie war die erste mit Namen überlieferte Dichterin, die in deutscher Sprache schrieb. Verfasserin geistlicher Gedichte.

Bachmann, Ingeborg (1926–1973): Österreichische Lyrikerin und Erzählerin. Märchenmotive, eine scharfe, kritische Beobachtungsgabe und Schilderungen kennzeichnen ihre Lyrik. Gedichte: Anrufung des großen Bären; Die gestundete Zeit; Hörspiel: Der gute Gott von Manhattan; Erzählungen.

Balzac, Honoré de (1799–1850): Französischer Schriftsteller. Als realistischer Erzähler schildert er in seinem aus vielen Einzelbänden bestehenden Romanzyklus „Die menschliche Komödie" die Gesellschaft seiner Zeit.

Baumann, Hans (1914): Deutscher Kinder- und Jugendbuchautor: Steppensöhne; Das Gold der Götter.

Bayer, Konrad (1932–1964): Österreichischer Schriftsteller, Mitglied der Wiener Gruppe. Er erprobte in seinen Texten verschiedene Ausdrucksmittel der Sprache, zweifelte aber die Sprache als Mittel der Verständigung zwischen Menschen an. Romane: der kopf des vitus bering; der sechste sinn.

Beer, Natalie (1903–1987): Vorarlbergerin. Entstammt der Familie der Barockbaumeister Beer. Gedichte, Erzählungen, Romane. U. a.: Mathis, der Maler; Als noch die Sonne schien; Der brennende Rosenbusch.

Benn, Gottfried (1886–1956): Deutscher Schriftsteller, Hautarzt in Berlin, in beiden

Weltkriegen Militärarzt. Seine Gedichte zeichnen sich durch eine sprachlich exakte Ausdrucksform aus und vermeiden jeden Gefühlsüberschwang. Gedichte: Morgue; Fleisch; Erzählung: Gehirne.

Bergman, Ingmar (1918): Schwedischer Film- und Theaterregisseur, Drehbuchautor. Seine Filme schildern vor allem seelische Konflikte. Filme: Das Schweigen; Szenen einer Ehe; Zauberflöte.

Bernhard, Thomas (1931–1989): Österreichischer Schriftsteller. Krankheit und Tod bedrohen seine Figuren, zum Teil spiegeln sich in ihnen auch Lebenserfahrungen Bernhards. Seinen Stil kennzeichnen Wiederholungen und indirekte Rede. Dramen: Ein Fest für Boris; Der Ignorant und der Wahnsinnige; Erzählungen; Der Stimmenimitator; Romane: u. a.: Frost; Der Keller.

Bernstein, Leonard (1918–1990): Amerikanischer Dirigent, Komponist, Pianist und Musikschriftsteller: Musicals: Candide; West Side Story.

Billinger, Richard (1890–1965): Österreichischer Lyriker und Dramatiker. Wahrt in seinen Dramen die Tradition des österreichischen Bauerntums und des Barocktheaters. Dramen: Traube in der Kelter; Der Gigant.

Böll, Heinrich (1917–1985): Deutscher Schriftsteller, der sich in seinen ersten Erzählungen, Kurzgeschichten und Romanen vor allem mit der Nachkriegszeit auseinandersetzte und sich später den Auswirkungen der Wohlstandsgesellschaft und den Phänomenen des Terrorismus zuwandte. Romane: Ansichten eines Clowns; Das Brot der frühen Jahre; Doktor Murkes gesammeltes Schweigen; Die verlorene Ehre der Katharina Blum. Er schrieb auch Gedichte und Hörspiele.

Borchert, Wolfgang (1921–1947): Deutscher Schriftsteller. Wegen seiner Ablehnung des Krieges und des nationalsozialistischen Regimes wurde er während des Zweiten Weltkrieges von einem Kriegsgericht verurteilt und starb 1947 an den Folgen der Haft. Der Krieg und das Elend der Nachkriegszeit sind Grundthemen seines Werkes. Heimkehrerdrama: Draußen vor der Tür; Kurzgeschichten: Die Hundeblume; An diesem Dienstag; Das Brot.

Brecht, Bertolt (1898–1956): Deutscher Schriftsteller und Regisseur, der durch seine neu entwickelte Form des „epischen Theaters" einen großen Einfluß auf die moderne Dramatik ausübte. Der Zweck des epischen Theaters ist es, kritisches Bewußtsein in den Zusehern zu wecken. Dramen: Die Dreigroschenoper; Mutter Courage und ihre Kinder; Der gute Mensch von Sezuan; Der kaukasische Kreidekreis. Brecht war auch ein bedeutender Lyriker.

Brentano, Clemens von (1778–1841): Dichter der deutschen Romantik. Schrieb Märchen: Gockel, Hinkel und Gackeleia; Novelle: Die Geschichte vom braven Kasperl und dem schönen Annerl. Gemeinsam mit Achim von Arnim gab er die Volksliedersammlung „Des Knaben Wunderhorn" heraus.

Broch, Hermann (1886–1951): Österreichischer Dichter, Philosoph und Mathematiker. Schildert die Gefahren eines möglichen Weltunterganges und des Gottesverlustes. Romane: Der Tod des Vergil; Die Schuldlosen.

Büchner, Georg (1813–1837): Sozial stark engagierter deutscher Dramatiker. Sein Drama „Woyzeck" stellt den Menschen als Leidenden, Unterdrückten, von Milieu und Herkunft Abhängigen dar. Alban Berg verwendete das Stück als Libretto für seine Oper „Wozzeck". Lustspiel: Leonce und Lena.

Busta, Christine (1915–1987): Österreichische Dichterin. Liebe zum Kleinen, Unscheinbaren und sprachliche Gestaltungskraft kennzeichnen ihre Lyrik. Gedichtesammlungen: Der Regenbaum; Die Scheune der Vögel; Salzgärten; Die Sternenmühle (Gedichtband für Kinder).

Calderón de la Barca, Pedro (1600–1681): Größter spanischer Dramatiker der Barockzeit. Übte einen großen Einfluß auf die Entwicklung des Dramas im europäischen Raum aus. Dramen: Der Richter von Zalamea; Dame Kobold (Lustspiel).

Canetti, Elias (1905–1994): Der einzelne und das Phänomen der Macht stehen im Mittelpunkt seines Denkens. Philosophisch-soziologische Untersuchung: Masse und Macht; Roman: Die Blendung; Autobiographische Trilogie: Die gerettete Zunge, Die Fackel im Ohr, Das Augenspiel; Drama: Die Komödie der Eitelkeit.

Celan, Paul (1920–1970): Lyriker und Übersetzer. Lebte kurze Zeit in Wien, meist in Frankreich. Celans Lyrik ist reich an ungewöhnlichen, kühnen, visionären Metaphern; die verknappte Sprache weckt die Phantasie der Leser. Gedichtbände: Mohn und Gedächtnis; Atemwende; Fadensonnen; Lichtzwang.

Csokor, Franz Theodor (1885–1969): Österreichischer Schriftsteller, Dramaturg und Regisseur. Schrieb Dramen in expressionistischem Stil: Die rote Straße; Der Schlüssel zum Abgrund; Die Sünde wider den Geist; Dritter November 1918.

Doderer, Heimito v. (1896–1966): Österreichischer Schriftsteller. Seine kunstvoll komponierten Romane entwerfen ein breites Bild der Wirklichkeit. Das Schicksal vieler Einzelpersönlichkeiten wird nebeneinander gestaltet. Romane: Die Strudelhofstiege; Die Dämonen.

Dor, Milo (1923): Österreichischer Schriftsteller serbischer Herkunft. Beschreibt in seinen Romanen die Machtlosigkeit des Individuums gegenüber organisiertem Terror. Romane: Nichts als Erinnerung; Die weiße Stadt.

Droste-Hülshoff, Annette von (1797–1849): Realistische Erzählerin. Lebte zurückgezogen auf Schloß Meersburg am Bodensee. Gedichte und Balladen (z. B.: Der Knabe im Moor) spiegeln die Atmosphäre der Landschaft wider; Novelle: Die Judenbuche; geistliche Lieder: Das geistliche Jahr.

Dürrenmatt, Friedrich (1921–1990): Schweizer Schriftsteller. Schreibt vor allem Dramen, die auf gesellschaftliche und moralische Widersprüche hinweisen. Die hiefür geeignete Form ist für Dürrenmatt die Komödie und – noch gesteigert – die Groteske. Dramen: Romulus der Große; Der Besuch der alten Dame; Die Physiker; Hörspiel: Die Panne; Kriminalromane: Der Richter und sein Henker; Der Verdacht; Justiz.

Ebner-Eschenbach, Marie von (1830–1916): Österreichische Dichterin, die sich in ihrem Leben und ihren Erzählungen und Romanen für die Armen und Leidenden einsetzte. Schlicht und doch künstlerisch vollendet erzählt sie aus dem altösterreichischen Leben. Sammlung: Dorf- und Schloßgeschichten (Krambambuli); Romane: Das Gemeindekind; Božena.

Eckhart, Johannes (1260–1327): Bekannt als Meister Eckhart. Faßte mystisches Gedankengut zu einer Lehre zusammen.

Eich, Günter (1907–1972): Deutscher Lyriker. Wirkte als Hörspielautor richtungsweisend für diese Gattung. Gedichtband: Abgelegene Gehöfte; Hörspiele: Träume; Die Mädchen von Viterbo.

Eichendorff, Josef Freiherr von (1788–1857): Deutscher Dichter der Romantik. Schrieb vor allem Gedichte, deren einfache, klingende Sprache und Naturbeseeltheit heute noch berühren. Lieder: Wem Gott will rechte Gunst erweisen; In einem kühlen Grunde. Viele seiner Lieder sind von Schumann vertont worden. Novelle: Aus dem Leben eines Taugenichts.

Enzensberger, Hans Magnus (1929): Deutscher Schriftsteller, der sich in seinen zeitkritischen Dichtungen gegen die Vermassung des Menschen wendet. Gedichtbände: Landessprache; Blindenschrift.

Ertl, Emil (1860–1935): Wiener Schriftsteller. Begründete den Wiener Heimat- und Geschichtsroman. Roman: Volk an der Arbeit.

Freytag, Gustav (1816–1895): Deutscher, realistischer Schriftsteller. Wollte das deutsche Volk dort schildern, „wo es in seiner Tüchtigkeit zu finden ist, bei seiner Arbeit". Romane: Soll und Haben (Kaufmannsroman); Die verlorene Handschrift (Gelehrtenroman); Die Ahnen (Romanzyklus).

Fried, Erich (1921–1988): Österreichischer Lyriker, der nach England emigrierte. Bemüht sich in seinen Gedichten um Ausdruck in knappster Form (Wortmontagen, Wortketten), vermeidet Sprachbilder. Gedichtbände: Reich der Steine; Warngedichte; Gegengift.

Frisch, Max (1911): Schweizer Schriftsteller, zunächst Journalist und Architekt. Das Ringen des modernen Menschen, sich selbst zu erkennen und seine eigene Existenz zu ergründen, ist das Grundthema seines Werkes. Frisch meint, daß nur eine Besinnung auf echte Menschlichkeit die Menschen und die Gesellschaft gesunden lassen könne. Dramen: Die chinesische Mauer; Andorra; Biedermann und die Brandstifter; Romane: Homo faber; Stiller; Mein Name sei Gantenbein.

Frischmuth, Barbara (1941): Österreichische Schriftstellerin. Die Darstellung von Frauenschicksalen nimmt in ihren Erzählungen und Romanen eine Vorrangstellung ein; sie ist nicht nur eine realistische Erzählerin, sondern läßt auch phantastische, märchenhafte Elemente in ihre Werke einfließen. Romane: Das Verschwinden des Schattens in der Sonne; Die Mystifikationen der Sophie Silber; Erzählungen: Haschen nach Wind; Kinderbuch: Ida und Ob.

Fritsch, Gerhard (1924–1969): Österreichischer Lyriker und Erzähler. Setzt sich in seinen Romanen mit der österreichischen Vergangenheit auseinander. Gedichte: Der Geisterkrug; Romane: Moos auf den Steinen; Katzenmusik.

Fromm, Erich (1900–1994): Deutscher Psychoanalytiker. Hielt sich längere Zeit in den USA und in Mexiko City auf. Das Übel unserer Gesellschaft ist nach Ansicht Fromms ihre Existenzweise des Habens. Fromms Ideen sind auf die Möglichkeit des „Seins" gerichtet und wollen dazu beitragen, daß die Menschen wieder toleranter, hilfsbereiter, bedürfnisloser und friedfertiger werden. Werke: Haben oder Sein; Die Kunst des Liebens.

Fussenegger, Gertrud (1912): Österreichische Schriftstellerin. Ihre besondere Aufmerksamkeit gilt dem Menschen in der Auseinandersetzung mit seinem Schicksal. Romane: Die Pulvermühle; Das Haus der dunklen Krüge.

Gandhi, genannt Mahatma (Große Seele) (1869–1948): Führer der indischen Unabhängigkeitsbewegung. Er verband die östliche und christliche Religion und war – gestärkt durch seine asketische Lebensweise – der Bahnbrecher des gewaltfreien Widerstandes. Er wurde 1948 ermordet.

George, Craighead Jean: Zeitgenössische amerikanische Schriftstellerin. Jugendbücher: Julie von den Wölfen; Rotkehlchen hat gesungen; Aufstieg zur Sonne.

Goethe, Johann Wolfgang von (1749–1832): Er beeinflußte die Entstehung und Entwicklung der Epoche des Sturm und Drang und gilt als der bedeutendste Dichter der deutschen Klassik. Dramen: Götz von Berlichingen; Torquato Tasso; Iphigenie auf Tauris; Faust I/II; Romane: Wilhelm Meisters Lehr- und Wanderjahre; Die Wahlverwandtschaften. Tief empfunden und richtungsweisend ist auch seine Lyrik; Balladen: Der Erlkönig; Der Fischer.

Gottfried von Straßburg: mittelhochdeutscher Epiker. Seine Herkunft und sein Leben sind weitgehend unbekannt. Tristan und Isolde.

Gotthelf, Jeremias (1797–1854): Schweizer realistischer Erzähler, der vor allem seine Heimat und ihre Bewohner darstellt (Heimatdichtung). Roman: Uli der Knecht; Erzählungen: Elsi die seltsame Magd; Die schwarze Spinne.

Grengg, Maria (1889–1963): Niederösterreichische Schriftstellerin. Schrieb Jugendbücher, Romane, Novellen, Märchen und Aufsätze über Kunst und Naturwissenschaft. Romane: Die Kindlmutter; Lebensbaum.

Grillparzer, Franz (1791–1872): Österreichischer Dichter zur Zeit des Biedermeier. Er war Beamter an der Finanzhofkammer in Wien. Da der erhoffte künstlerische Erfolg zum Teil ausblieb, zog er sich immer mehr in die Einsamkeit zurück. 1832 wurde er Direktor am Hofkammerarchiv und entwickelte sich zu einem der besten Kenner der österreichischen Geschichte. Seine Kenntnisse verarbeitete er in seinen Geschichtsdramen. Dramen: Sappho; Das Goldene Vließ; König Ottokars Glück und Ende; Der Traum ein Leben; Libussa; Novellen: Der arme Spielmann; Das Kloster von Sendomir; Epigramme; Gedichte.

Grimm, Jakob (1785–1863) und Wilhelm (1786–1859): Universitätsprofessoren in Göttingen, Begründer der Germanistik (wissenschaftliche Beschäftigung mit den germ. Sprachen und der deutschen Literatur), Verfasser einer dt. Grammatik. Gemeinsam sammelten sie Märchen, die sie unter dem Titel „Kinder- und Hausmärchen" herausgaben.

Grimmelshausen, Hans Jakob Christoffel von (1622–1676): Er verarbeitete seine Erlebnisse während des Dreißigjährigen Krieges in dem großen deutschen Barockroman: Der abenteuerliche Simplicissimus (historisch-realistischer Entwicklungsroman).

Grogger, Paula (1892–1984): Steirische Dichterin. Entwirft in ihrem Werk ein Gesamtbild von Brauchtum, Volk und Landschaft ihrer Ennstaler Heimat. Roman: Das Grimmingtor; Erzählungen: Die Sternsinger; Die Legende von der Mutter; Der Paradeisgarten.

Gunnarsson, Gunnar (1889–1975): Isländischer Schriftsteller. Schrieb Romane in dänischer, später auch isländischer Sprache über isländische Gegenwart und Geschichte. Romane: Die Leute auf Borg; Schiffe am Himmel; Erzählungen; Dramen.

Habeck, Fritz (1916): Österreichischer Schriftsteller. Behandelt vorwiegend geschichtliche Themen aus Gegenwart und Vergangenheit. Romane: Der Scholar vom linken Galgen; Das Boot kommt nach Mitternacht; Jugendbücher: Der Kampf um die Barbacane; Aufstand der Salzknechte.

Hagelstange, Rudolf (1912): Deutscher Dichter. Er glaubt ebenso wie Saint-Exupéry an den Durchbruch der Humanität; schrieb Lyrik von betonter Formkunst, Romane und Erzählungen. Gedichte: Lied der Jahre; Romane: Altherrensommer; Spielball der Götter.

Hakel, Hermann (1911–1987): Schriftsteller und Herausgeber. Die Erfahrungen seiner Emigration während des 2. Weltkrieges schlagen sich auch in seinen Werken nieder. Prosaskizzen: Zwischenstation 1949; Gedichte: Ein Totentanz; Hier und dort.

Handke, Peter (1942): Österreichischer Schriftsteller. In seinen ersten Werken (Dramen, Prosatexte) versuchte er, Sprach- und Bewußtseinsklischees aufzuzeigen, allmählich wandte er sich einer mehr realistischen Schreibweise zu. Dramen: Publikumsbeschimpfung; Kaspar; Erzählende Prosa: Die Angst des Tormanns beim Elfmeter; Wunschloses Unglück; Langsame Heimkehr.

Hartmann von Aue (um 1168–1210): Mittelhochdeutscher Epiker. Erec; Iwein; Der arme Heinrich.

Hauptmann, Gerhart (1862–1946): Deutscher Dichter, dessen erste Dramen und Erzählungen der Richtung des Naturalismus zuzuordnen sind. Grundton dieser Werke ist das soziale Mitgefühl. Sein Gesamtwerk reicht weit über die naturalistischen Anfänge hinaus. Dramen: Vor Sonnenaufgang; Die Weber; Der Biberpelz (Komödie); Die Ratten (Tragikomödie); Erzählung: Bahnwärter Thiel.

Haushofer, Marlen (1920–1970): Österreichische Schriftstellerin. Stellt in ihren Erzählungen und Romanen die Bedrohtheit des modernen Menschen dar. Romane: Die Wand; Die Mansarde; Kinderbücher: Brav sein ist schwer; Müssen Tiere draußen bleiben?; Hörspiele; Erzählungen.

Hausmann, Manfred (1898–1986): Deutscher Schriftsteller. Begann mit romantischen Vagabundenromanen, wandte sich später religiösen Themen zu. Roman: Lampion (ein Landstreicher) küßt Mädchen und kleine Birken; Legendenspiel: Fischbecker Wandteppich; Übersetzung chinesischer und japanischer Lyrik.

Hebbel, Friedrich (1813–1863): Deutscher Dichter. Lebte ab 1845 in Wien. Hebbel gilt als Schöpfer der realistischen Tragödie. Er gestaltet den Konflikt zwischen der heranwachsenden Generation und der bestehenden Gesellschaftsordnung. Meist stehen bedeutende geschichtliche Persönlichkeiten im Mittelpunkt seiner Dramen. Dramen: Maria Magdalena; Judith; Die Nibelungen. Er schrieb auch Gedichte und Erzählungen.

Heine, Heinrich (1797–1856): Dichter des Jungen Deutschland. Er gilt als erster bedeutender Journalist, der angriffslustig und ironisch zeitkritische und politische

Themen aufgriff. Manche seiner Gedichte sind stimmungsvoll, volksliedähnlich (Du bist wie eine Blume; Leise zieht durch mein Gemüt), in anderen zerstört er die Stimmung bewußt durch Ironie.

Heinrich von Veldeke (1140–1200): Höfischer Epiker und Minnesänger. War bedeutend durch seine Neuerungen in Form, Reim und Sprache. Epos: Eneid.

Hesse, Hermann (1877–1962): Deutscher Schriftsteller. Ließ sich nach einer Kaufmanns- und Schlosserlehre in der Schweiz nieder. Er fühlt sich besonders von der östlichen Philosophie angezogen und schildert in seinen Erzählungen und Romanen Menschen, die auf der Suche nach Selbstfindung sind. Romane: Peter Camenzind; Siddharta; Das Glasperlenspiel; Der Steppenwolf; Gedichte.

Hoffmann, Ernst Theodor Amadeus (1776–1822): Musiker, Zeichner und Dichter der Romantik. Seine Novellen sind voll krausen, kritischen, phantasiereichen Humors. Novellensammlungen: Phantasiestücke in Callots Manier; Nachtstücke; Roman: Die Elixiere des Teufels.

Hofmannsthal, Hugo von (1874–1929): Österreichischer Dichter. Die ersten Gedichte und Dramen, die von Schönheit und Harmonie, aber auch Todessehnsucht erfüllt sind, stehen dem Impressionismus/Symbolismus nahe. Aus seiner späteren Zusammenarbeit mit Richard Strauss entstanden Operntextbücher (Libretti): Der Rosenkavalier; Elektra. Er belebt die mittelalterlichen Mysterienspiele und wird zu einem der Mitbegründer der Salzburger Festspiele. Dramen: Der Tor und der Tod (Jugenddrama); Jedermann; Der Schwierige; Gedichte.

Holz, Arno (1863–1929): Theoretiker und Dichter des Naturalismus; Prosastudie: Papa Hamlet; Drama: Die Familie Selicke.

Horvath, Ödön von (1901–1938): Österreichischer Schriftsteller. Entlarvt in seinen „Volksstücken" kleinbürgerliche Dummheit, die Verlogenheit falsch verstandener Ideale und die verdeckte Grausamkeit zwischenmenschlicher Beziehungen. Dramen: Geschichten aus dem Wiener Wald; Kasimir und Karoline; Roman: Jugend ohne Gott.

Hrotsvitha von Gandersheim (ca. 935–1000): Stammte aus sächsischem Adel und war Benediktinerin im Kloster zu Gandersheim. Sie schrieb in lateinischer Sprache die ersten Dramen auf deutschem Boden.

Innerhofer, Franz (1944): Österreichischer Schriftsteller, verarbeitet in seinen Romanen die Erlebnisse der eigenen Kindheit und Jugend und entlarvt darin die Klischeevorstellungen vom idyllischen Landleben. Romane: Schöne Tage; Schattseite; Die großen Wörter.

Jandl, Ernst (1925): Österreichischer Dichter. Schreibt Texte und Gedichte, in denen er durch Klangexperimente, durch scheinbar sinnlose Laut-, Silben-, Wort- und Satzverformungen neue Sprach- und Vorstellungsmöglichkeiten erschließt. Lyrik: Laut und Luise; Sprechblasen; Die Bearbeitung der Mütze; Hörspiel: Fünf Mann Menschen (mit Friederike Mayröcker).

Janetschek, Albert (1925): Österreichischer Schriftsteller. Verarbeitet in seinem Werk zeitkritische Fragen auf ironisch-satirische Weise; schreibt hauptsächlich Lyrik: Notation für die Zukunft; Auskunft über Adam.

Janisch, Heinz (1960): Burgenländischer Schriftsteller. Lyrik und Prosa.

Jünger, Ernst (1895–1993): Deutscher Schriftsteller. Sein Gesamtwerk spiegelt die politische und geistige Entwicklung Deutschlands seit dem Ersten Weltkrieg wider. Tagebuchaufzeichnungen: In Stahlgewittern; Das abenteuerliche Herz.

Jungk, Robert (1913): Journalist und Schriftsteller, der sich besonders mit der Zukunftsforschung beschäftigt und vor der zunehmenden Technisierung der Welt warnt. Schriften: Die Zukunft hat schon begonnen; Der Jahrtausendmensch; Der Atomstaat.

Kästner, Erich (1899–1974): Deutscher Schriftsteller, der sich sachlich-kritisch mit der Wirklichkeit auseinandersetzt (Neue Sachlichkeit). Er schrieb zeitkritische Gedichte, satirische und humorvolle Romane; bekannt wurde er vor allem auch durch seine Jugendbücher. Gedichte: Herz auf Taille; Romane: Drei Männer im Schnee; Fabian; Jugendbücher: Das fliegende Klassenzimmer; Pünktchen und Anton; Das doppelte Lottchen; Autobiographie: Als ich ein kleiner Junge war.

Kafka, Franz (1883–1924): Österreichischer Erzähler. Seine Romane und Erzählungen spielen in einer scheinbar realen Welt, die jedoch bald Eigengesetze entwickelt und eine unheimliche, beunruhigende Wirkung auf den Leser ausübt. Kafkas Auffassung: „Ein Buch muß die Axt sein für das gefrorene Meer in uns." Romane: Der Prozeß; Das Schloß; Erzählungen.

Kaschnitz, Marie Luise (1901–1974): Deutsche Schriftstellerin. Sie setzt sich in ihrem Werk mit der Bedrohung des Menschen im 20. Jahrhundert auseinander, versucht dabei aber immer wieder eine Möglichkeit zu finden, Leid und Einsamkeit zu bewältigen. Gedichte (Hiroshima); Hörspiele; Kurzgeschichten: Lange Schatten; Das dicke Kind.

Keller, Gottfried (1819–1890): Schweizer Dichter, der zu den großen Erzählern der Weltliteratur gehört. Roman: Der grüne Heinrich; Novellensammlung: Züricher Novellen.

Kießling, Franz (1918–1979): Österreichischer Schriftsteller. Gedichtband: Seht wie ihr lebt.

Kleist, Heinrich von (1777–1811): Großer deutscher Dramatiker. Die Gedanken, daß „Vervollkommnung der Zweck der Schöpfung" und „Bildung und Wahrheit der einzig erstrebenswerte Reichtum" seien, bilden die Grundlage seiner schriftstellerischen Tätigkeit. Dramen: Das Käthchen von Heilbronn; Prinz Friedrich von Homburg; Lustspiele: Der zerbrochene Krug; Amphitryon.

Kloepfer, Hans (1867–1944): Steirischer Heimatdichter. „Gedichte in steirischer Mundart"; Erzählungen und Schilderungen: Vom Kainachboden; Aus dem Sulmtal; Steirische Geschichten.

Koren, Hanns (1906–1985): Steirischer Kulturpolitiker, Volkskundler und Volksbildner. Volkskundliche Schriften; Reden; Nachlese.

Kübler-Ross, Elisabeth: Schweizer Ärztin, seit Jahren in den USA in der Psychiatrie tätig. Ihr Buch „Interviews mit Sterbenden", das Gespräche mit Schwerkranken und Sterbenden zusammenfaßt, soll andere Menschen ermutigen, die Hoffnungslosen aufzusuchen und ihnen in den letzten Stunden des Lebens zu helfen.

Kunze, Reiner (1933): DDR-Schriftsteller. 1977 übersiedelte er in die Bundesrepublik Deutschland. Sein schriftstellerisches Anliegen ist es, zu Unmenschlichkeiten Stellung zu nehmen und Strukturen und Mechanismen, die den Menschen bedrohen, aufzuzeigen. Prosa: Die wunderbaren Jahre; Gedichte: Sensible Wege.

Lasker-Schüler, Else (1869–1945): Deutsche Lyrikerin, Repräsentantin des Expressionismus. Ihr Werk entführt den Leser in eine traumhafte, phantastische Welt. Gedichtbände: Styx; Mein blaues Klavier.

Lavant, Christine (1915–1973): Österreichische Lyrikerin. Ihre Sprache ist bildreich und mythisch. Gedichtsammlungen: Die unvollendete Liebe; Der Pfauenschrei; Erzählungen: Nell.

Lessing, Gotthold Ephraim (1729–1781): Dichter und Kritiker der Aufklärung. Sein künstlerisches Vorbild war William Shakespeare. Er übte einen wesentlichen Einfluß auf die Entwicklung des deutschen Theaters aus. Werke: erstes bürgerliches Trauerspiel nach englischem Vorbild: Miß Sara Sampson; erstes deutsches Lustspiel: Minna von Barnhelm; dramatisches Gedicht: Nathan der Weise (Toleranzgedanke); Tragödie: Emilia Galotti. Auch seine Fabeln, die er im Stil des französischen Dichters La Fontaine verfaßte, werden heute noch gelesen.

Liebl, Franz (1923): Lebt in Bayern. Gedichtbände: Die hohe Hymne; Immer hab ich dich gesucht; Zeitgitter; Hinter den sieben Bergen.

London, Jack (1876–1916): Amerikanischer Schriftsteller. Er führte ein abenteuerliches Leben, war Jäger, Matrose, Goldsucher, Mitarbeiter bei Zeitungen. Romane: Ruf der Wildnis; Lockruf des Goldes; König Alkohol; Südseegeschichten; Abenteuer des Schienenstrangs.

Lothar, Ernst (1890–1974): Österreichischer Schriftsteller und Theaterleiter. Gesellschafts- und Zeitromane.

Lütgen, Karl (1911): Deutscher Abenteuerschriftsteller. Verbindet in seinen Büchern abenteuerliche Schilderung mit Sachinformation. Bücher: Der große Kapitän; Kein Winter für Wölfe; Die Großen der Welt.

Luther, Martin (1483–1546): Deutscher Theologe. Er schlug 1517 seine Thesen, die gegen den Ablaßhandel gerichtet waren, in Wittenberg an. Flugschriften: Von der Freiheit eines Christenmenschen. Verfasser von Kirchenliedern (Ein feste Burg ist unser Gott). Besondere Bedeutung für die Entwicklung der deutschen Sprache erlangte seine Bibelübersetzung.

Mann, Thomas (1875–1955): Deutscher Schriftsteller. Schrieb vor allem Romane und Erzählungen, seine Romane sind sachliche Zeitanalysen in geschliffenem Stil. Romane: Buddenbrooks; Der Zauberberg; Novellen: Der Tod in Venedig; Tristan.

Mayröcker, Friederike (1924): Österreichische Schriftstellerin. Sie geht ähnlich wie Ernst Jandl von Sprachspielen aus. Phantasie und Traumwelt nehmen in ihren Dichtungen breiten Raum ein. Prosabände: Das Licht in der Landschaft; Ein Lesebuch (Prosa, Gedichte, Hörspiele, Zeichnungen); Pegas das Pferd (Kinderbuch).

Mell, Max (1882–1971): Österreichischer Schriftsteller. Er glaubte, daß nur eine Besinnung auf christliche Werte die Leere und Sinnlosigkeit unserer Zeit bewältigen könne. Er erneuerte das religiöse Laienspiel, schrieb Dramen, Erzählungen und Gedichte. Legendenspiele: Das Apostelspiel; Das Nachfolge-Christi-Spiel; Dramen: Paracelsus und der Lorbeer; Erzählungen: Das Donauweibchen; Steirischer Lobgesang.

Michelangelo Buonarroti (1475–1564): Einer der bedeutendsten Künstler der Renaissance: Bildhauer, Maler, Baumeister, Dichter.

Mühringer, Doris (1920): Österreichische Dichterin. Kurzprosa, Essays, vor allem Lyrik. Im Mittelpunkt ihrer Lyrik steht der Mensch in seiner Einsamkeit und der Mensch in seiner Umwelt. Gedichtbände I, II, III, IV; Kurzprosa: Tanzen unter dem Netz.

Musil, Robert (1880–1942): Österreichischer Schriftsteller und Ingenieur. Versucht in seinen Werken die Mathematik mit der Mystik zu verbinden und rationelle, wissenschaftliche Methoden in der Kunst anzuwenden. Roman: Der Mann ohne Eigenschaften; Novelle: Die Verwirrung des Zöglings Törleß.

Nabl, Franz (1883–1974): Lebte als freier Schriftsteller in Graz. Treffende Milieuschilderung, tiefgründige Charakterisierungskunst und klarer Stil kennzeichnen seine Romane und Erzählungen. Romane: Der Ödhof; Die Ortliebschen Frauen; Novelle: Kindernovelle.

Neidhart von Reuental (1180–1250): Minnesänger, Begründer der „Höfischen Dorfpoesie". Seine Lieder sind im Stil der volkstümlichen Tanzweisen gehalten.

Nestroy, Johann Nepomuk (1801–1862): Schauspieler, später Direktor am Theater in der Leopoldstadt. Schrieb Volksstücke, Komödien und Possen, in denen er die menschlichen Schwächen kritisierte und verspottete. Nestroy war ein Meister der Sprachkunst. Zauberposse: Der böse Geist Lumpazivagabundus; Realistisch-satirische Zeitstücke: Einen Jux will er sich machen; Freiheit in Krähwinkel; Der Talisman; Lokalstück: Das Mädel aus der Vorstadt.

Nitsch, Matthes (1884–1972): Burgenländischer Heimatdichter. Roman: Hans und Hanni; Geschichtensammlung: Wunder der Heimat.

Noack, Hans-Georg (1926): Deutscher Jugendschriftsteller. Schreibt vor allem Bücher, die sich mit zeitgeschichtlichen und gesellschaftspolitischen Fragen beschäftigen. Jugendbücher: Hautfarbe Nebensache; Benvenuto heißt willkommen; Rolltreppe abwärts; Suche Lehrstelle, biete . . .

Novalis, (Friedrich von Hardenberg) (1772–1801): Deutscher Dichter der Romantik. Trat für die Poetisierung der Wirklichkeit ein. Roman: Heinrich von Ofterdingen; Lyrik: Hymnen an die Nacht.

Nyunaï, Jean-Paul (1932): Afrikanischer Schriftsteller. Lebt in Kamerun.

Oberkofler, Josef Georg (1889–1962): bedeutender Tiroler Heimatdichter. Gedichte; Erzählungen; Romane (u. a.: Der Bannwald).

Perkonig, Josef (1890–1959): Kärntner Schriftsteller. Behandelt in seinen Romanen vor allem Grenzlandprobleme. Romane: Heimat in Not; Menschen wie du und ich.

Petzold, Alfons (1882–1923): Österreichischer Arbeiterdichter. Trotz mißlicher Lebensumstände bewahrte er eine optimistische Lebenseinstellung; er schrieb Romane und Erzählungen, die das Leben der Arbeiter zum Inhalt haben. Roman (autobiographisch): Das rauhe Leben; Gedichte.

Plenzdorf, Ulrich (1934): DDR-Schriftsteller. Erfolgreich mit seinem an Goethes Roman „Die Leiden des jungen Werther" anknüpfenden Bühnenstück: „Die neuen Leiden des jungen W.".

Raimund, Ferdinand (1790–1836): Österreichischer Bühnendichter und Schauspieler. Er knüpfte an die österreichische Volksdichtung an und brachte das romantische Volks- und Zauberspiel zur Blüte. Er vermenschlichte Feen und Geister und verband in geschickter Weise Märchenwelt und Wirklichkeit. Werke: Der Barometermacher auf der Zauberinsel; Der Bauer als Millionär; Der Alpenkönig und der Menschenfeind; Der Verschwender.

Rilke, Rainer Maria (1875–1926): Einer der bedeutendsten österreichischen Lyriker der Jahrhundertwende, der einen großen Einfluß auf die nachfolgende Entwicklung der Lyrik ausübte. Gedichtbände: Das Buch der Bilder; Das Stundenbuch; Duineser Elegien; Sonette an Orpheus; Roman: Die Aufzeichnungen des Malte Laurids Brigge; Lyrische Prosaerzählung: Die Weise von Liebe und Tod des Cornets Christoph Rilke.

Rinser, Luise (1911): Deutsche Schriftstellerin. Während des Zweiten Weltkrieges verhaftet. Sie verarbeitet in ihrem Werk auf kritische Weise politische und religiöse Entwicklungen in der Gesellschaft. Lebensprobleme der Frau bilden einen weiteren Schwerpunkt ihres Schaffens. Romane: Mitte des Lebens; Die gläsernen Ringe; Tagebücher: Gefängnistagebuch; Baustelle.

Rosegger, Peter (1843–1918): Österreichischer Heimatdichter. Er stellte in seinen Erzählungen und Romanen die Welt der steirischen Bergbauern, in der er aufgewachsen ist und für die er gewirkt hat, dar. Romane: Die Schriften des Waldschulmeisters; Jakob der Letzte; Erzählungen: Als ich noch der Waldbauernbub war; Gedichte in steirischer Mundart.

Roth, Eugen (1895–1976): Deutscher Schriftsteller. Humorvolle Versbücher: Ein Mensch; Die Frau in der Weltgeschichte; Mensch und Unmensch.

Roth, Joseph (1894–1939): Österreichischer Schriftsteller. Thema seiner Gesellschaftsromane ist die Tragik des Judentums und der untergehenden k. u. k. Donaumonarchie. Romane: Radetzkymarsch; Kapuzinergruft.

Saar, Ferdinand von (1833–1906): Österreichischer Lyriker und Erzähler. Lebensart und Lebensstil der österreichischen Aristokratie sind in seinen „Novellen aus Österreich" festgehalten.

Sachs, Hans (1494–1576): Nürnberger Schuster, bedeutendster Vertreter des Meistergesangs. Schrieb viele Meisterlieder, Schwänke und Fastnachtsspiele: Der fahrende Schüler aus dem Paradeis; Das Kälberbrüten.

Saint-Exupéry, Antoine de (1900–1944): Französischer Schriftsteller. Trotz zunehmender Mechanisierung und Technisierung war er davon überzeugt, daß Menschlichkeit auch im 20. Jahrhundert noch möglich ist. Romane: Nachtflug; Wind, Sand und Sterne; Märchen: Der kleine Prinz.

Salewski, Wolfgang: Deutscher Diplom-Psychologe und Konfliktspezialist, der in der Bundesrepublik als Berater in verschiedenen Krisenfällen herangezogen wird.

Schenk-Danzinger, Charlotte (1905): Österreichische Entwicklungspsychologin.

Schiller, Friedrich von (1759–1805): Deutscher Dichter. Dramen der Sturm- und Drang-Periode: Die Räuber; Die Verschwörung des Fiesko zu Genua. Aus der persönlichen Freundschaft mit Goethe entstanden die klassischen Dramen: Don Carlos; Wallenstein (geschichtliche Tragödie); Maria Stuart; Die Jungfrau von Orleans; Wilhelm Tell. Bekannt sind auch seine Balladen (Ideenballaden): Die Bürgschaft; Die Kraniche des Ibykus; Der Taucher. Weitere Werke: Historische Schriften und theoretische Abhandlungen.

Schnitzler, Arthur (1862–1931): Österreichischer Schriftsteller und Arzt. Durchleuchtete in seinen Dramen und Erzählungen – beeinflußt von der Psychoanalyse Sigmund Freuds – vor allem das Seelenleben der Menschen. Dramen: Liebelei; Der grüne Kakadu; Das weite Land; Erzählungen: Leutnant Gustl; Der blinde Geronimo und sein Bruder.

Schönherr, Karl (1869–1943): Tiroler Schriftsteller, dessen fast naturalistische Volksstücke eine scharfe, realistische Darstellung von Personen und eine genaue Milieuschilderung auszeichnen.

Schulte-Willekes, Hans: Hörfunk- und Fernsehreporter, Redakteur beim „Stern“, Reporter bei der BILD-Zeitung; heute freier Journalist in Hamburg. Sachbuch: „Schlagzeile“.

Schweitzer, Albert (1875–1965): Deutscher Theologe, Arzt und Schriftsteller, der sich in der Missionsstation Lambarene (Afrika) für die schwarze Bevölkerung einsetzte. Werke: Zwischen Wasser und Urwald; Aus meinem Leben und Denken; Afrikanische Geschichten.

Schweitzer, Renate: Ehemals Lehrling, Bundessiegerin in einem Berufswettkampf.

Shakespeare, William (1564–1616): Bedeutender englischer Dramatiker, der die verschiedenartigsten menschlichen Schicksale, Irrungen und Tragödien meisterhaft darstellt. Romantische Tragödie: Romeo und Julia; Königsdrama: Richard II.; Komödien: Der Kaufmann von Venedig; Wie es euch gefällt; Was ihr wollt; Tragödien: Hamlet; Othello; Macbeth; König Lear. Auf dem Kontinent wurden die Werke Shakespeares zuerst durch Wanderbühnen verbreitet. Die erste dichterische Shakespeare-Übersetzung stammt von August Wilhelm von Schlegel und Ludwig Tieck (Anfang des 19. Jahrhunderts).

Stifter, Adalbert (1805–1869): Österreichischer Dichter, dessen Liebe der genauen Naturdarstellung und der Schilderung der unscheinbarsten Lebewesen galt. Seine Erzählungen faßte er in Sammlungen zusammen: Studien (Brigitta; Das Heidedorf); Bunte Steine (Bergkristall); Roman: Der Nachsommer.

Solschenizyn, Alexander (1918): Russischer Schriftsteller, der in seinen Büchern das Leben in russischen Konzentrationslagern, das er aus eigener Erfahrung kennt, schildert. Seine Bücher wurden in seiner Heimat verboten. 1974 wurde Solschenizyn ausgewiesen, er lebt derzeit in den USA. Romane: Der Archipel Gulag; Krebsstation; Erzählungen: Ein Tag des Iwan Denissowitsch; Im Interesse der Sache.

Soyfer, Jura (1912–1939): Geboren in Rußland, lebte ab 1917 in Wien, starb im Konzentrationslager Buchenwald. Dramen und Kleinkunst.

Storm, Theodor (1817–1888): Norddeutscher Dichter. Er schrieb Novellen, Natur- und Liebesgedichte mit melancholischer Grundstimmung. Novellen: Immensee; Viola Tricolor; Pole Poppenspäler; Der Schimmelreiter.

Szabo, Wilhelm (1901–1986): Österreichischer Schriftsteller, ehemals Lehrer im Waldviertel. Schrieb vor allem Gedichte. Gedichtbände: Das Unbefehligte; Herz in der Kelter.

Téllez, Hernando: Lateinamerikanischer, zeitgenössischer Autor. Guerillaerzählungen.

Tichy, Herbert (1912–1987): Österreichischer Geologe und Reiseschriftsteller. Unternahm zahlreiche Forschungsreisen, verarbeitete seine Erfahrungen in Reiseschilderungen und Jugendbüchern. Reiseberichte: China ohne Mauer; Die Wandlung des Lotos; Keine Zeit für Götter; Jugendbücher: Flucht durch Hindustan; Der weiße Sahib; Honig vom Binungsbaum; Menschenwege – Götterberge.

Trakl, Georg (1887–1914): Österreichischer Dichter. Schrieb vor allem expressionistische Gedichte. Trakl nahm sich während des Ersten Weltkriegs das Leben. Gedichtbände: Aufbruch; Der Herbst des Einsamen.

Trenker, Luis (1892–1990): Geboren in St. Ulrich/Südtirol; Filmschauspieler, Regisseur, Drehbuchautor, Autor von Büchern über Berge und Heimat.

Urban, Gustav: Jugendbuchautor (Die Stimme des Jogi).

Vieser, Dolores (1904–1986): Erzählt aus Geschichte und Gegenwart ihrer Kärntner Heimat. Werke: Das Singerlein; Der Gurnitzer; Hemma von Gurk; An der Eisenwurzen; Licht im Fenster.

Vogel, Alois (1922): Österreichischer Schriftsteller. Roman: Totale Verdunkelung; Gedicht: Erosionsspuren.

Waggerl, Karl Heinrich (1897–1973): Österreichischer Schriftsteller. Lebte in Wagrain; „Heimatdichter", der das bäuerliche Leben in seinen Romanen und Erzählungen humorvoll und feinfühlig schilderte. Romane: Brot; Mütter; Das Jahr des Herrn; Erzählungen: Fröhliche Armut; Lyrik: Heiteres Herbarium.

Walther von der Vogelweide (um 1170–1230): Er ist der bedeutendste mittelhochdeutsche Lyriker. Da es mehrere Vogelweiderhöfe gab, bleibt seine Herkunft ungewiß. Walther führte ein unstetes Wanderleben, schrieb Minnelieder und Sprüche.

Weigel, Hans (1908–1991): Österreichischer Schriftsteller und Kritiker; Förderer junger Autoren. Roman: Der grüne Stern; Essays und Prosa: O du mein Österreich; Die Leiden der jungen Wörter; Ad absurdum; In memoriam.

Weinheber, Josef (1892–1945): Österreichischer Dichter, vor allem Lyriker, der sich in seinen Gedichten um Maß, Form und Schönheit bemühte. Gedichtsammlungen: Kammermusik; Wien wörtlich (Dialektgedichte).

Welsh, Renate (1937): Österreichische Jugendschriftstellerin. Schreibt engagierte Romane für junge Menschen. Jugendbücher: Der Staatsanwalt klagt an; Ülkü, das fremde Mädchen; Empfänger unbekannt – zurück.

Werfel, Franz (1890–1945): Österreichischer Schriftsteller. Sein Werk ist erfüllt vom Glauben an die Kraft echter Menschlichkeit. In seinem Alterswerk nimmt die Religiosität einen immer größeren Raum ein. Romane: Die vierzig Tage des Musa Dagh; Das Lied von Bernadette.

Wernher der Gartenaere: Wahrscheinlich ein Ritter aus dem Innviertel, schrieb um 1280 die Verserzählung „Meier Helmbrecht".

Wiechert, Ernst (1887–1950): Seine Romane gestalten ein schlichtes und selbstloses Menschenbild mit naturmystischen Elementen: Die Majorin; Das einfache Leben; Die Jerominkinder.

Wilde, Oscar (1856–1900): Englischer Schriftsteller. Schrieb geistreiche Gesellschaftskomödien, die mit Witz und Ironie die menschlichen Schwächen der „besseren" Gesellschaft bloßstellen. Seine Märchen werden heute noch gerne gelesen. Komödie: Ein idealer Gatte; Märchen: Der glückliche Prinz; Der Student und die Rose. Die dramatische Ballade „Salome" wurde von Richard Strauss vertont.

Wildgans, Anton (1881–1932): Österreichischer Dichter, Direktor des Wiener Burgtheaters. Sein Versroman „Kirbisch" schildert das Leben in einem niederösterreichischen Dorf während des Ersten Weltkriegs. Gedichtsammlung „Und hättet der Liebe nicht".

Wolfram von Eschenbach (um 1170–1220): Mittelhochdeutscher Epiker ritterlicher Herkunft. Er schrieb das Epos „Parzival".

Zellner-Regula, Jolanda (1920): Sudetendeutsche, lebt nun in Graz. Lyrik.

Zuckmayer, Carl (1896–1977): Deutscher Dramatiker. Schrieb zuerst lebensvolle Volksstücke: Der fröhliche Weinberg; Der Schinderhannes. In seinen späteren „Zeitstücken" setzt er sich mit Themen politischer Aktualität auseinander: Der Hauptmann von Köpenick; Des Teufels General.

Zweig, Stefan (1881–1942): Österreichischer Dichter, der in seinen Novellen ein genaues Bild von Seelenzuständen entwirft. Novellen: Schachnovelle; Verwirrung der Gefühle. Historisch-biographische Erzählungen: Maria Stuart; Maria Antoinette[1]).

[1]) Die Werke der hier genannten Autoren sind meist nicht vollzählig angeführt. Literaturgeschichten, Bibliotheken und Buchhandlungen bieten Ihnen weitere Informationen.

Fremdwörterverzeichnis

Absolutismus	unumschränkte Fürstengewalt
abstrakt	rein begrifflich, gegenstandslos
absurd	widersinnig, unvernünftig
Aggression	Angriff, Angriffsverhalten
Akustik	Lehre vom Schall
akzeptieren	etw. annehmen, mit etw./jem. einverstanden sein
Albergo	Hotel, Gasthaus
allegorisch	sinnbildlich, gleichnishaft; Darstellung eines Begriffes in einem Bild
anonym	ungenannt, ohne Namensnennung
Antike	das griech.-röm. Alterum
Apostolat	Sendung, Amt der Apostel
Arie	Sologesangstück, Lied in der Oper
atonal	nicht tonal, auf eine bestimmte Tonart verzichtend
Bai	Meeresbucht
banal	nichtssagend, alltäglich, gewöhnlich
Basar	orientalische Verkaufsstätte, Kaufhaus
Bootssteven	aufrechtstehende Balken, die – auf dem Kiel stehend – vorne und hinten den Schiffsrumpf begrenzen
Buddha	der „Erleuchtete", Beiname eines asiatischen Religionsgründers
Code (auch Kode)	Zeichensystem als Grundlage für Verständigung
Collage	aus buntem Papier od. anderem Material geklebtes Bild, Kombination von verschiedenartigem sprachlichem Material
Dämon	Wesen zwischen Gott und Mensch, böser Geist, auch das Böse im Menschen
Definition	Begriffsbestimmung
dekadent	im Absterben, im Verfall begriffen
dementieren	als falsch erklären, widerrufen
demonstrieren	beweisen, vorführen; eine Massenversammlung veranstalten oder daran teilnehmen
Demokratie	Volksherrschaft

Denunziation	allgemein: Anzeige (gebraucht als Bezeichnung für eine Anzeige aus niedrigen Beweggründen)
Detail	Einzelheit
diametral	genau entgegengesetzt
Dissident	jem., der mit der offiziellen Meinung nicht übereinstimmt, Andersdenkender
Duett	zweistimmiger musikalischer Vortrag, Komposition für zwei Singstimmen
Egoismus	Ichsucht, Eigenliebe
Ekstase	„Aussichherausgetretensein", Verzückung, rauschhafter Zustand, in dem der Mensch der Kontrolle des normalen Bewußtseins entzogen ist
elementar	grundlegend, wesentlich
Emigration	Auswanderung, besonders aus wirtschaftlichen, politischen oder religiösen Gründen
Engagement	persönlicher Einsatz, Anstellung
Erosion	Zerstörungsarbeit des fließenden Wassers, des Windes und Eises
Ethik	Sitten- und Morallehre
Exil	Verbannung, Verbannungsort
Fanatismus	rücksichtsloser, leidenschaftlicher Einsatz für eine Idee oder eine Sache
Fresko	auf frischem, noch feuchtem Kalkmörtel ausgeführte Malerei
Fundament	Grundlage, Unterbau, Grundbegriff
Funktion	Verrichtung, Tätigkeit, Amt, Stellung
Genius	Schutzgeist, schöpferische Kraft eines Menschen, schöpferisch begabter Mensch
Genremalerei	Malerei, die typische Zustände aus dem täglichen Leben einer bestimmten Berufsgruppe oder einer sozialen Klasse darstellt
Girlande	bandförmiges Laub- oder Blumengewinde
Gosse	Rinnstein
Graphik	Kunst und Technik des Holzschnitts, des Kupferstichs, der Radierung, der Lithographie, der Zeichnung
Habit	Ordenstracht, Amtskleidung
Halluzination	Sinnestäuschung, Trugwahrnehmung

Harmonie	Zusammenklang; Eintracht, Ebenmaß
Harpune	an langer Leine befestigter Wurfspieß mit Widerhaken zum Fangen von Fischen (besonders von Walen)
horizontal	waagrecht
Humanität	Menschlichkeit, der Sinn für das Gute
Idealismus	Glaube an die Geltung von sittlichen Ideen, Opferbereitschaft
Ideologie	die Gesamtheit der Anschauungen (Ideen), auf die sich ein politisch, religiös oder philosophisch bedingtes Weltbild gründet
Idol	Abgott, falsches Ideal
Infantilität	Kindlichkeit, kindliches Wesen; Unentwickeltheit
Inferno	Hölle
infundieren	hineingießen
Infusion	Einführung größerer Flüssigkeitsmengen in den Organismus
Initiative	Entschlußkraft, Unternehmungsgeist
irdisch	von dieser Welt
Irrationales	etwas, was man durch logisches Denken nicht erfassen kann
Jolle	kleines Boot
Kajak	einsitziges Männerboot bei den Eskimos
Kalebasse	Flaschenkürbis; aus einem Kürbis hergestelltes Gefäß mit oder ohne Flaschenhals
kalkulieren	berechnen, veranschlagen; abschätzen, überlegen
Kapitalismus	Wirtschaftssystem, das auf dem freien Unternehmertum basiert und dessen treibende Kraft das Gewinnstreben einzelner ist
Karibu	nordamerikanisches Ren
Klischee	Druckstock; Nachahmung ohne Aussagewert
Kolonie	auswärtige Besitzung eines Staates, die politisch und wirtschaftlich von ihm abhängig ist
Kommerz	Handel
Konflikt	Zusammenstoß, Streit; Zwiespalt
Kongregation	kirchliche Vereinigung; engerer Verband von Klöstern innerhalb eines röm.-kath. Ordens
Konsequenz	Folge, Auswirkung; Zielstrebigkeit, Beharrlichkeit
Kontinuität	Fortdauer, lückenloser Zusammenhang
Kontrapunkt	selbständig geführte Gegenstimme zur Melodie
Kontrast	Gegensatz

Kooperation	Zusammenarbeit
Kontor	Geschäftszimmer; Niederlassung eines Handelsunternehmens
Lemming	Wühlmaus der nördlichen Zone unserer Erde
Libretto	Textbuch von Opern, Singspielen, Operetten, Oratorien
Liturgie	Gottesdienstordnung der christlichen Kirchen
Logis	Wohnung; Mannschaftsraum auf Schiffen
Logik	folgerichtiges Denken
Lyrik	Dichtungsgattung, in der Erleben, Gefühle, Stimmungen, Gedanken mit den Formmitteln von Reim, Rhythmus, Metrik, Takt, Vers, Strophe ausgedrückt werden
Manager	Geschäftsführer, Betriebsdirektor; urspr. Organisator von Veranstaltungen
Manuskript	Handschrift; hand- od. maschinenschriftliche Druckvorlage
Marine	Seewesen eines Staates, Flotte
Machete	Buschmesser
Materialismus	Weltanschauung, die nur das Körperliche, Stoffliche gelten lassen will
Metaphysik	Lehre von den Zusammenhängen jenseits der sinnlichen Wahrnehmung
Meteorologie	Wetterkunde
Milieu	Umwelt, Umgebung, Lebensbereich
Missionar	in der Mission tätiger Priester oder Prediger; Glaubensbote
Monolog	Selbstgespräch; längere Rede, die jemand während eines Gesprächs hält
Montage	Zusammenbau von Maschinen; Zusammensetzen verschiedener Elemente (in der Kunst)
morbid	kränklich, schwächlich
Motiv	Beweggrund, Leitgedanke, Ursache; kleinstes formbildendes Element
mystisch	dunkel, geheimnisvoll; zur Mystik gehörend (religiöse Richtung, die die Einswerdung mit Gott anstrebt)
mythologisch	sagen-, götterkundlich
Opal	Halbedelstein
Optimist	lebensbejahender, zuversichtlicher Mensch
Original	Urschrift, Urtext; eigentümlicher, durch seine besondere Eigenart auffallender Mensch
Ornament	Verzierung, Verzierungsmotiv

Palais	(französisch: Schloß), prächtiges Gebäude
Paternoster	(lat.) Vaterunser; ständig umlaufender Aufzug ohne Tür zur ununterbrochenen Beförderung von Personen oder Gütern
Pensum	zugeteilte Aufgabe, Arbeit
Perspektive	Blickwinkel, Ausblick
Phänomen	außergewöhnliches, seltenes Ereignis, Vorkommnis; Mensch mit außergewöhnlichen Fähigkeiten; das Erscheinende, sich den Sinnen Zeigende
Phrase	Satz, Redensart, Geschwätz
plazieren	an einen bestimmten Platz legen, setzen, stellen
Pluralismus	Vielgestaltigkeit weltanschaulicher, politischer oder gesellschaftlicher Meinungen, Wünsche, Interessen
pointiert	betont; zugespitzt
Produktivität	Ergiebigkeit, Leistungsfähigkeit; Schaffenskraft
profan	weltlich, ungeweiht
Prophet	Seher, Mahner
Proviant	Verpflegung
Psychoanalyse	Verfahren zur Untersuchung und Behandlung seelischer Fehlleistungen, Störungen oder Verdrängungen mit Hilfe der Traumdeutung und der Erforschung der dem Unbewußten entstammenden Triebkonflikte (Begründer: Sigmund Freud)
radikal	rücksichtslos; vollständig, bis auf die Wurzel gehend
raffiniert	durchtrieben, gerissen, schlau
Rationalisierung	Aufwandersparnis zur Erzielung größerer Gewinne
Razzia	polizeiliche Fahndungsstreife
Reaktion	Rückwirkung; Antwort eines Organismus oder eines Organs auf einen Reiz
Realität	Wirklichkeit
Reduktion	Verringerung
Rehabilitierung	Wiederherstellung des guten Rufes, Wiedereinsetzung in alte Rechte
Rhythmus	taktmäßige Gliederung
Rubin	roter Edelstein
Sekte	religiöse, von der Kirche abgetrennte Sondergemeinschaft
Semaphor	Mast mit verstellbarem Flügelsignal zur Zeichengebung (z. B. zum Anzeigen der Windstärke)
Skala	Maßeinteilung von Meßinstrumenten; Stufenleiter
Skulptur	Bildhauerarbeit, plastisches Kunstwerk
Slogan	Werbeschlagwort; Schlagwort
Smaragd	grüner Edelstein

Spastiker	jemand, der an einer Stoffwechselkrankheit leidet, die mit Neigung zu Krämpfen verbunden ist
stilisieren	Formen, die in der Natur vorkommen, vereinfachen oder verändern, um die Grundstrukturen sichtbar zu machen
Stuck	Mischung aus Gips, Kalk und Sand zur Formung von Plastiken und Ornamenten an Wänden und Decken
Symmetrie	Spiegelungsgleichheit, Ebenmaß
symptomatisch	bezeichnend; anzeigend

tabu	unverletzlich, unantastbar; etwas, von dem nicht gesprochen werden darf
Tendenz	Neigung, Strömung; eine Entwicklung, die sich abzeichnet
Terror	Schreckens-, Gewaltherrschaft, Einschüchterung, Unterdrückung
Terzett	Musikstück für drei Gesangstimmen
Toleranz	Duldsamkeit
Tradition	Überlieferung, Herkommen; Brauch, Gewohnheit
Traktat	Abhandlung, religiöse Flugschrift
Trilogie	Folge von drei eine Einheit bildenden Werken der Dichtkunst
Triumph	großer Erfolg, Sieg

vegetieren	kümmerlich, kärglich dahinleben
vertikal	senkrecht
visionär	traumhaft, seherisch, im Geiste geschaut
Vitalität	Lebenskraft

Zyklus	periodisch ablaufendes Geschehen; Reihe inhaltlich zusammengehörender Werke
Zyniker	Mensch, der verletzende, spöttische Äußerungen macht